"十二五"普通高等教育本科国家级规划教材配套用书

《高级财务会计》学习指导书

（第二版）

邵毅平　主编
黄平　黄志雄　副主编

中国财经出版传媒集团
中国财政经济出版社

图书在版编目（CIP）数据

高级财务会计学习指导书 / 邵毅平主编. --2版. --北京：中国财政经济出版社，2022.1

“十二五”普通高等教育本科国家级规划教材配套用书

ISBN 978-7-5223-1074-9

Ⅰ. ①高… Ⅱ. ①邵… Ⅲ. ①财务会计-高等学校-教学参考资料 Ⅳ. ①F234.4

中国版本图书馆CIP数据核字（2022）第006033号

责任编辑：李 静　　责任校对：张 凡
封面设计：王 颖　　责任印制：张 健

《高级财务会计》学习指导书（第二版）
GAOJI CAIWU KUAIJI XUEXI ZHIDAOSHU

中国财政经济出版社 出版

URL：http：//www.cfeph.cn

E-mail：cfeph@cfeph.cn

社址：北京市海淀区阜成路甲28号 邮政编码：100142

营销中心电话：010-88191522

天猫网店：中国财政经济出版社旗舰店

网址：https：//zgczjjcbs.tmall.com

北京富生印刷厂印刷 各地新华书店经销

成品尺寸：170mm×240mm 16开 22.5印张 428 000字

2022年1月第2版 2022年1月北京第1次印刷

定价：60.00元

ISBN 978-7-5223-1074-9

（图书出现印装问题，本社负责调换，电话：010-88190548）

本社质量投诉电话：010-88190744

打击盗版举报热线：010-88191661 QQ：2242791300

目　录

第一部分

学习重点与难点、思维导图及各章练习题

第一章

企 业 合 并

一、学习重点与难点

本章的重点和难点主要包括以下五个方面：

（一）企业合并的含义

企业合并的本质是企业控制权的变化。要注意理解企业合并前后报告主体数量变化和会计主体数量变化的区分。合并定义中的“形成一个报告主体”是站在合并后“新出现”的报告主体角度而言的，并不一定意味着原报告主体的消失。

（二）企业合并分类及其会计问题

按企业合并所涉及行业的分类，混合合并中会使得合并后的会计信息难以进行行业比较和分析；按企业合并三种法律形式分类，要理解只有控股合并才产生合并财务报表问题；按会计规范的同一控制下和非同一控制下分类，主要是为了解决企业合并中的资产计价、损益确认等具体问题。

（三）同一控制下企业合并的会计处理

由于最终控制方在合并过程中的主导作用，同一控制下的企业合并事项可以看成是集团内部的一种特殊关联交易事项，因此，该合并交易不符合公允市场中的出售或购买行为，缺乏公平交易基础。同一控制下企业合并的会计处理原则都是基于对同一控制下企业合并的这一核心特征出发的，对于教材中所述的每一条具体处理原则，都应该理解并熟练掌握。其中的难点是同一控制下的“一体化存续观”，即同一控制下企业合并视同合并后形成的报告主体自最终控制方开始实施控制时一直是一体化存续下来的理念。按照一体化存续观，合并后合并方的留存收益应该体现双方合并前留存收益的存续，即合并方合并前留存收益加上被合并方留存收益中归属于合并方的部分之和。但按我国 CAS20 的要求，被合并方合并前留存收益在法人报表层面并没有体现一体化存续观，主要是基于稳健和谨慎的考虑，而在合并财务报表层面，又需要体现这一观念。在学习中应注意结合第二章有关内容进行理解。

（四）非同一控制下企业合并的会计处理

在非同一控制下的企业合并中，将企业合并中一方取得另一方控制权的合并看作购买交易，即合并被看成是两个独立主体基于市场而进行的公平交易行为。这是非同一控制下企业合并会计原则的出发点，对于教材中所述的每一条处理原则都需要全面理解并熟练掌握。

在学习中应注意分清非同一控制下企业合并中两类差额的处理：（1）购买方合并成本与取得的被购买方可辨认资产、负债公允价值之间的差额处理；（2）购买方合并成本的公允价值与合并成本账面价值的差额处理。

最后，在本章的学习中，还需要注意对长期股权投资成本法与权益法差异的复习和掌握。

二、思维导图

- 企业合并
  - 基本概念
    - 控制权的转移或变化
    - 所合并的企业必须构成业务
  - 企业合并的分类
    - 行业：横向合并、纵向合并和混合合并
    - 法律形式：吸收合并、创立合并和控股合并
    - 会计准则：同一控制下的企业合并、非同一控制下的企业合并
  - 同一控制下企业合并的处理原则
    - 合并中不产生新的资产和负债，且按在最终控制方的账面价值为基础
    - 取得净资产的入账价值与合并对价账面差额不作为资产处置损益
    - 对于同一控制下的控股合并，应视同一体化存续下来的
  - 非同一控制下企业合并的处理原则
    - 购买方需要对被购买方的资产、负债进行重新确认和计量
    - 按照购买日的公允价值计量
    - 合并对价公允价值与账面价值差额计入当期损益
    - 合并成本大于可辨认净资产公允价值的差额确认为商誉；合并成本小于可辨认净资产公允价值差额计入合并当期损益
    - 购买日只需编制合并资产负债表
    - 合并方为进行企业合并发生的各项直接相关费用计入当期损益

三、练习题

（一）单项选择题

1. 企业合并后参与合并各方法人地位不变的是（　　）。

A. 新设合并　　B. 控股合并

C. 吸收合并　　D. 同一控制合并

2. A 企业以账面价值 1 500 万元、公允价值 2 000 万元的无形资产取得 B 企业 80% 的股权。股权取得日，B 公司股东权益的账面价值为 2 000 万元，公允价

值为 3 000 万元，但 B 公司股东权益在其最终控制方合并财务报表中的账面价值为 2 500 万元。在同一控制下，A 企业的长期股权投资入账价值为（　　）万元。

A. 2 000　　B. 1 600

C. 2 400　　D. 2 500

3. 关于企业合并，下列说法正确的是（　　）。

A. 合并后报告主体数量不会增加

B. 合并前后，被合并方的控制权发生了变化

C. 企业合并都需要编制合并财务报表

D. 创立合并都是非同一控制下的合并

4. 关于同一控制下的企业合并，下列说法正确的是（　　）。

A. 参与合并的企业在合并前后均受同一方或相同的多方最终控制但该控制可能是暂时性的

B. 参与合并的企业在合并前后均受同一方或相同的多方最终控制且该控制并非暂时性的

C. 参与合并的各方在合并前后不受同一方或相同的多方最终控制且该控制并非暂时性的

D. 参与合并的各方在合并前后不受同一方或相同的多方最终控制但该控制可能是暂时性的

5. 甲公司和乙公司不属于同一控制下的公司，2019 年 1 月 1 日，甲公司以银行存款 900 万元取得乙公司所有者权益的 80%，同日乙公司所有者权益的账面价值为 1 000 万元，可辨认净资产公允价值为 1 500 万元。2019 年 1 月 1 日，甲公司应确认的合并成本为（　　）万元。

A. 900　　B. 800

C. 1 200　　D. 720

6. A 企业以账面价值 1 000 万元、公允价值 2 000 万元的无形资产取得 B 企业 90% 的股权。股权取得日，B 公司股东权益的账面价值为 1 500 万元，公允价值为 1 800 万元。在非同一控制下，A 企业的长期股权投资入账价值为（　　）万元。

A. 1 000　　B. 2 000

C. 1 350　　D. 1 620

7. 甲公司和乙公司不属于同一控制下的公司，2019 年 1 月 1 日，甲公司以一台固定资产投资取得乙公司所有者权益的 60%，该固定资产的公允价值为 2 000万元，账面价值为 1 800 万元，同日乙公司所有者权益的账面价值为 3 100 万元，可辨认净资产公允价值为 3 500 万元。2019 年 1 月 1 日，甲公司应确认的

合并成本为（　　）万元。

A. 1 860　　B. 1 800

C. 2 000　　D. 2 100

8. 甲公司和乙公司同为A集团的子公司，2019年8月1日甲公司发行600万股普通股（每股面值1元）作为对价取得乙公司60%的股权，普通股每股市价为1.5元，同日乙企业账面净资产总额为1 300万元，公允价值为1 500万元，乙公司在其最终控制方合并财务报表中的账面价值为1 400万元。2019年8月1日甲公司取得的长期股权投资的入账价值为（　　）万元。

A. 900　　B. 750

C. 840　　D. 600

9. P公司、S公司同属于A公司控制，2019年1月1日，P公司发行1 000万普通股（每股面值1元，市价4元）取得S公司所有者权益的100%，同日S公司所有者权益的账面价值为2 800万元，S公司所有者权益在A公司合并财务报表中的账面价值为3 500万元（含商誉500万元）。2019年1月1日，P公司应确认的长期股权投资入账价值为（　　）万元。

A. 3 000　　B. 4 000

C. 2 800　　D. 3 500

10. 下列各项关于甲公司2019年发生的交易或事项中，其会计处理会影响当年度甲公司合并所有者权益变动表留存收益项目本年年初金额的是（　　）。

A. 上年末资产的流动性与非流动性划分发生重要差错，本年予以更正

B. 收购受同一母公司控制的乙公司60%股权（至收购时已设立5年，持续盈利且未向投资者分配），交易符合作为同一控制下企业合并处理的条件

C. 自公开市场进一步购买联营企业股权，将持股比例自25%增加到53%并能够对其实施控制

D. 根据外在条件变化，将原作为使用寿命不确定的无形资产调整为使用寿命为10年并按直线法摊销

11. 下列各项中，不属于企业合并准则中所界定的企业合并的是（　　）。

A. A公司通过发行债券自B公司原股东处取得B公司的全部股权，交易事项发生后B公司仍维持其独立法人资格持续经营

B. A公司以其资产作为出资投入B公司，取得对B公司的控制权，交易事项发生后B公司仍维持其独立法人资格继续经营

C. A公司支付对价取得B公司全部净资产，交易事项发生后B公司失去法人资格

D. A公司购买B公司40%的股权，对B公司的生产经营决策产生重大影响

12. 2017 年 12 月 31 日，A 公司董事会作出决议，准备购买甲公司股份；2018 年 1 月 1 日，A 公司取得甲公司 20% 的股份，能够对甲公司施加重大影响；2019 年 7 月 1 日，A 公司又取得甲公司 35% 的股份，从而能够对甲公司实施控制；2020 年 1 月 1 日，A 公司又取得甲公司 5% 的股份，持股比例达到 60%。A 公司和甲公司无关联方关系，根据上述 A 公司对甲公司所进行的股权交易资料判断购买日为（　　）。

A. 2017 年 12 月 31 日　　B. 2018 年 1 月 1 日

C. 2019 年 7 月 1 日　　D. 2020 年 1 月 1 日

13. 2020 年 1 月 1 日，M 公司通过向 N 公司股东定向增发 1 500 万股普通股（每股面值为 1 元，市价为 4 元），取得 N 公司 70% 股权，并控制 N 公司，另以银行存款支付财务顾问费 100 万元。双方约定，如果 N 公司未来 3 年平均净利润增长率超过 10%，M 公司需要另外向 N 公司原股东支付 80 万元的合并对价；当日，M 公司预计 N 公司未来 3 年平均净利润增长率很可能达到 12%。该项交易前，M 公司与 N 公司及其控股股东不存在关联方关系。不考虑其他因素，M 公司该项企业合并的合并成本为（　　）万元。

A. 6 000　　B. 6 180

C. 6 240　　D. 6 080

14. 下列关于合并范围的说法中，错误的是（　　）。

A. 在判断投资方是否拥有被投资方的权力时，应仅考虑投资方和其他方享有的实质性权利

B. 在判断投资方是否拥有被投资方的权力时，应考虑投资方和其他方享有的保护性权利和实质性权利

C. 实质性权利通常是当前可执行的权力，但某些情况下目前不可行使的权力也可能是实质性权力

D. 投资方仅仅持有保护性权力不能对被投资方实施控制，也不能阻止其他方对被投资方实施控制

15. 下列情况中，被购买方可以按合并中确定的有关资产、负债的公允价值调账的是（　　）。

A. 同一控制的控股合并　　B. 同一控制的吸收合并

C. 非同一控制的控股合并　　D. 非同一控制的吸收合并

（二）多项选择题

1. 下列项目中，不属于《企业会计准则第 20 号——企业合并》规范的内容有（　　）。

A. 两方形成合营企业的企业合并

B. 两方以上形成合营企业的企业合并

C. 仅通过合同而不是所有权份额将两个或两个以上单独的企业合并形成一个报告主体的企业合并

D. 通过所有权份额将两个或者两个以上单独的企业合并形成一个报告主体的企业合并

2. 关于同一控制下的企业合并，下列说法中正确的有（　　）。

A. 合并方在企业合并中取得的资产和负债，应当按照合并日被合并方净资产在其最终控制方合并财务报表中的账面价值计量

B. 合并方取得的净资产账面价值与支付的合并对价账面价值的差额，应当调整资本公积；资本公积不足冲减的，调整留存收益

C. 合并方取得的净资产公允价值与支付的合并对价账面价值的差额，应当调整资本公积；资本公积不足冲减的，调整留存收益

D. 合并方取得的净资产公允价值与支付的合并对价公允价值的差额，应当调整资本公积；资本公积不足冲减的，调整留存收益

3. 关于同一控制下的企业合并，下列说法正确的有（　　）。

A. 合并方为进行企业合并发生的各项直接相关费用，应当于发生时计入当期损益

B. 为企业合并发生的债券或承担其他债务支付的手续费、佣金等，应当计入所发行债券及其他债务的初始计量金额

C. 为企业合并发行的债券或承担其他债务支付的手续费、佣金等，应当计入当期损益

D. 企业合并中发行权益性证券发生的手续费、佣金等费用，应当抵减权益性证券溢价收入，溢价收入不足冲减的，冲减留存收益

4. 购买方对合并成本与合并中取得的被购买方可辨认净资产公允价值份额的差额，下列说法中正确的有（　　）。

A. 购买方对合并成本大于合并中取得的被购买方可辨认净资产公允价值份额的差额，应当确认为商誉

B. 购买方对合并成本大于合并中取得的被购买方可辨认净资产公允价值份额的差额，应当计入当期损益

C. 购买方对合并成本小于合并中取得的被购买方可辨认净资产公允价值份额的差额，应当确认为商誉

D. 购买方对合并成本小于合并中取得的被购买方可辨认净资产公允价值份额的差额，首先对取得的被购买方各项可辨认资产、负债及或有负债的公允价值

以及合并成本的计量进行复核，经复核后合并成本仍小于合并中取得的被购买方可辨认净资产公允价值份额的，其差额应当计入当期损益

5. 关于非同一控制下企业合并中，购买方合并成本大于被购买方可辨认净资产公允价值的差额的处理，下列说法正确的有（　　）。

A. 在吸收合并的情况下，作为商誉直接记入购买方企业账簿中

B. 在控股合并的情况下，该商誉隐含在购买方个别报表的长期股权投资成本中

C. 在控股合并方式下，在合并财务报表中需要确认为商誉

D. 作为合并当期的营业外支出处理

6. 关于非同一控制下的控股合并中，购买方合并成本小于被购买方可辨认净资产公允价值的差额的处理，下列说法正确的有（　　）。

A. 应该作为购买方个别财务报表的营业外收入

B. 在购买日的合并财务报表中应该作为留存收益处理

C. 在购买当期的合并利润表中应该作为营业外收入处理

D. 在购买方个别报表中不作任何处理

7. 关于非同一控制下的企业合并中，合并方发出非货币性资产作为合并对价的公允价值与其账面价值的差额的处理，下列说法正确的有（　　）。

A. 应该作为购买方个别财务报表的资产处置损益

B. 购买方应作为资本公积处理

C. 如果是控股合并，会影响合并当期的合并损益

D. 如果是控股合并，在合并财务报表中调整为资产公允价值

8. 在非同一控制下的企业合并中，下列哪些应作为购买方的合并成本（　　）。

A. 购买方为进行企业合并支付的现金或非现金资产、发行或承担的债务、发行的权益性证券等在购买日的公允价值

B. 合并合同或协议中对可能影响合并成本的未来事项作出约定的，购买日估计未来事项很可能发生并且对合并成本的影响金额能够可靠计量的预计负债

C. 购买方为合并而支付的审计费、评估费等

D. 购买方为进行企业合并支付的现金或非现金资产、发行或承担的债务、发行的权益性证券等在购买日的账面价值

9. 关于企业合并下列说法正确的有（　　）。

A. 同一控制下合并中也可能确认商誉资产

B. 合并后法人主体不可能比合并前增加

C. 合并后会计主体可能比合并前增加

D. 通过权益互换实现的企业合并，发行权益性证券的一方通常为购买方

10. 下列子公司不应该包括在合并财务报表合并范围之内的有（　　）。

A. 受所在国外汇管制，资金调度受限的境外子公司

B. 已宣告破产的子公司

C. 合营企业

D. 联营企业

11. 下列关于非同一控制下企业合并会计处理的表述中，正确的有（　　）。

A. 购买日为实际取得被购买方控制权的日期

B. 合并成本大于合并取得的可辨认净资产公允价值份额的差额应作为合并商誉在合并资产负债表中列示

C. 为取得股权投资支付的相关直接费用应计入合并成本

D. 为取得股权投资支付的相关直接费用应计入当期损益

12. 下列各项中，属于投资性主体的特征的有（　　）。

A. 拥有一个以上投资

B. 拥有一个以上投资者

C. 投资者不是该主体的关联方

D. 该主体的所有者权益以股权或类似权益存在

13. 下列各项中，属于合并财务报表的编制程序的有（　　）。

A. 设置合并工作底稿

B. 将母公司与纳入合并范围的子公司的报表数据过入合并工作底稿，并进行加总

C. 编制调整分录和抵销分录，将母子公司的内部交易进行抵销处理

D. 计算合并财务报表各项目的合并数额

14. 下列关于企业合并的说法中，正确的有（　　）。

A. 非同一控制下企业合并被投资单位要根据购买日净资产公允价值进行调整

B. 非同一控制下企业合并中，若购买方取得被投资方 100% 股权，且被购买方在企业合并后仍持续经营，被购买方可以按照合并确定的资产、负债的公允价值调账

C. 同一控制下的企业合并投资单位应该将取得的长期股权投资以被投资方可辨认净资产的公允价值的份额入账

D. 同一控制下企业合并和非 100% 控股的非同一控制下企业合并被投资单位不需要作会计处理，被投资单位需要变更股东

15. 非同一控制下企业合并成本小于合并中取得的被购买方可辨认净资产公

允价值份额的部分，正确的会计处理有（　　）。

A. 在吸收合并的情况下，应计入购买方的合并当期的个别利润表

B. 在控股合并的情况下，应体现在合并当期期末的合并利润表中

C. 在吸收合并的情况下，应体现在合并当期的合并利润表中

D. 在控股合并的情况下，应计入购买方的合并当期的个别利润表

（三）判断题

1. 新设合并、吸收合并和控股合并都产生合并财务报表问题。（　　）

2. 某家电公司与另一家电公司的合并属于纵向合并。（　　）

3. 合并日需要编制合并利润表和合并现金流量表的合并方式是同一控制下的控股合并。（　　）

4. 在非同一控制下，合并方合并成本大于合并中取得被购买方可辨认净资产公允价值份额之间的差额，应确认为商誉。（　　）

5. 在控股合并中，合并后的报告主体数量与合并前没有变化。（　　）

6. 在新设合并中，新设立的会计主体就是合并方。（　　）

7. 通过权益互换实现的企业合并，发行权益性证券的一方也可能是被合并方。（　　）

8. 在同一控制下的企业合并中，不可能因合并而确认被合并方的商誉。（　　）

9. 在非同一控制下的控股合并中，长期股权投资入账价值与合并方合并成本公允价值一致。（　　）

10. 在非同一控制下的控股合并中，长期股权投资入账价值与合并方合并成本公允价值一致时不会产生商誉或合并利得。（　　）

11. 在同一控制下企业控股合并中，因未来存在一定不确定性事项而发生的或有对价。合并日因或有对价确认预计负债或资产的，该预计负债或资产金额与后续或有对价结算金额的差额计入营业外收支。（　　）

12. 在同一控制下企业控股合并中，因未来存在一定不确定性事项而发生的或有对价。合并日 12 个月内出现对合并日已存在情况的新的或进一步证据需要调整或有对价的，应当予以确认并对长期股权投资成本进行调整。（　　）

13. 在同一控制下企业控股合并中，因未来存在一定不确定性事项而发生的或有对价。合并日 12 个月后出现对合并日已存在情况的新的或进一步证据需要调整或有对价的，应当予以确认并将其计入当期损益。（　　）

14. 企业合并的结果通常是一个企业取得了对一个或多个业务的控制权。（　　）

15. 如果一个企业取得了对另一个或多个企业的控制权，则该交易或事项形成企业合并。（　　）

（四）计算与账务处理题

1. 2019 年 1 月，A 公司发行 100 万股每股面值 1 元的股份换取了 B 公司全部股份，B 公司随即注销法人资格，发行股份的公允价值为 300 万元，此外，A 公司还发生了如下合并费用（单位：元）

法律费用（直接与合并相关）	20 000
证券所登记费	10 000
股份发行费	5 000
与合并相关的评估费用	8 000

在合并日，B 公司有关资产和权益简况资料如表 1－1 所示。

表 1－1　　B 公司合并日资产和权益简况表　　单位：万元

项　　目	账面价值	公允价值
流动资产	100	150
固定资产	200	180
负债	40	40
股本	150	
资本公积	60	
盈余公积	30	
未分配利润	20	

要求：

（1）假定该合并属于同一控制下的企业合并，编制 A 公司相关会计处理分录。

（2）假定该合并属于非同一控制下的企业合并，编制 A 公司相关会计处理分录。

2. 2019 年 6 月 30 日，P 公司向 S 公司的股东定向增发 1 000 万股普通股（每股面值为 1 元）对 S 公司进行合并，并于当日取得对 S 公司 100% 的股权。参与合并企业在 2019 年 6 月 30 日企业合并前，有关资产、负债情况如表 1－2 所示。

表 1－2 资产负债表（简表）

2019 年 6 月 30 日 单位：万元

项 目	P 公司	S 公司	
	账面价值	账面价值	公允价值
资产：			
货币资金	2 000	200	200
应收账款	8 000	800	800
存货	10 000	4 000	5 000
长期股权投资	6 000	1 000	1 500
固定资产	15 000	8 000	9 500
无形资产	4 000	1 000	2 000
商誉			
资产总计	45 000	15 000	19 000
负债和所有者权益			
短期借款	5 000	2 000	2 000
应付账款	3 000	1 000	1 000
其他负债	2 000	1 000	1 000
负债合计	10 000	4 000	4 000
实收资本（股本）	20 000	6 000	
资本公积	5 000	2 000	
盈余公积	1 000	300	
未分配利润	9 000	2 700	
所有者权益合计	35 000	11 000	15 000
负债和所有者权益总计	45 000	15 000	19 000

假定：P 公司和 S 公司为同一集团内的两个全资子公司，合并前其共同控制的母公司为 A 公司。该项合并中参与合并的企业在合并前及合并后均为 A 公司最终控制。

要求：

（1）编制 P 公司对 S 公司控股合并的会计分录。

（2）编制 P 公司对 S 公司吸收合并的会计分录。

3. 2019 年 6 月 30 日，A 公司发行 1 000 万股普通股（每股面值为 1 元，每股市价 10 元），取得 B 公司的 60% 的股权。参与合并企业在 2019 年 6 月 30 日企业合并前，有关资产、负债情况如表 1－3 所示。

表 1-3　　资产负债表（简表）

2019 年 6 月 30 日　　单位：万元

项　目	A 公司	B 公司	
	账面价值	账面价值	公允价值
资产：			
货币资金	2 000	200	200
应收账款	8 000	800	800
存货	10 000	4 000	5 000
长期股权投资	6 000	1 000	1 500
固定资产	15 000	8 000	9 500
无形资产	4 000	1 000	2 000
商誉			
资产总计	45 000	15 000	19 000
负债和所有者权益			
短期借款	5 000	2 000	2 000
应付账款	3 000	1 000	1 000
其他负债	2 000	1 000	1 000
负债合计	10 000	4 000	4 000
实收资本（股本）	20 000	6 000	
资本公积	5 000	2 000	
盈余公积	1 000	300	
未分配利润	9 000	2 700	
所有者权益合计	35 000	11 000	15 000
负债和所有者权益总计	45 000	15 000	19 000

假定该项合并为非同一控制下的企业合并。

要求：

（1）编制合并日 A 公司对 B 公司进行控股合并的会计分录。

（2）若 A 公司发行 1 600 万股普通股（每股面值为 1 元，每股市价 10 元）对 B 公司进行吸收合并，并于当日取得 B 公司净资产。编制 A 公司对 B 公司吸收合并的会计分录。

4. 假设业务题 3 中的 A 公司于 2019 年 6 月 30 日用账面价值为 3 000 万元、公允价值为 5 000 万元的存货和账面价值为 2 000 万元、公允价值为 4 800 万元的无形资产，自 S 公司原股东那里换取 60% 的股权。其他资料同业务题 3。

要求：作购买日 A 公司取得股权的会计分录。

（五）案例

1. 甲公司为某省国资委控制的国有企业，2019 年 10 月，因该省国资委系统出于整合同类业务的需要，由甲公司通过定向发行其普通股的方式给乙公司部分股东，取得对乙公司控制权。该项交易前，乙公司的股权由该省国资委下属丙投资公司持有并控制。双方签订的协议约定：（1）以 2019 年 9 月 30 日为评估基准日，根据独立的评估机构评估确定的乙公司全部股权以公允价值 4.02 亿元为基础确定甲公司应支付的对价。（2）甲公司普通股作价 5 元/股，该项交易中甲公司向丙投资单位发行 3 700 万股本公司普通股取得乙公司 46% 股权。（3）甲公司在本次交易中定向发行的 3 700 万股向丙投资公司发行后，即有权力调整和更换乙公司董事会成员，该事项不受本次交易中股东名册变更及乙公司有关工商注册变更的影响。2019 年 12 月 10 日，甲公司向丙投资公司定向发行了 3 700 万股并于当日对乙公司董事会进行改造。

请仔细阅读以上信息，并结合本章内容，讨论：甲公司对乙公司的合并应当属于哪一种类型？

2. 甲公司 2019 年 2 月通过公开市场购入乙公司 600 万股股票，占乙公司公开发行在外股份的 2%，该部分股份取得以后，甲公司将其作为以公允价值计量且其变动计入当期损益的金融资产核算。2020 年，甲公司与乙公司签订以下协议：（1）甲公司向乙公司捐赠其 100% 持股的三家公司股权，按照双方确定的评估基准日 2020 年 6 月 30 日，三家公司股权的评估价值合计为 65 000 万元；（2）双方应于 2020 年 7 月 31 日前办妥上述三家公司股权过户手续；（3）乙公司应于 2020 年 8 月 31 日前通过股东大会决议，以公积金转增股本的方式向甲公司发行股份 16 250 万股（4 元/股）。2020 年 8 月 10 日，乙公司股东大会通过以公积金转增股本的方式向甲公司发行 16 250 万股本公司股票。该股份发行后，甲公司向乙公司董事会派出 4 名成员（乙公司董事会由 7 人组成），日常财务和生产经营决策由董事会决定，所有董事会表决事项均需半数以上董事同意方可表决通过；甲公司持有乙公司发行在外股份为 36.43%，除甲公司所持股份外，乙公司其他股东持有其股份的情况如表 1－4 所示。

表 1－4

股　东	持股乙公司比例（%）
A	10
B	8
C	7

续表

股　东	持股乙公司比例（%）
D	6
E	5
F	4.5
其他社会公众股（较为分散）	23.07

请仔细阅读以上信息，并结合本章内容，讨论：甲公司合并乙公司属于哪一种类型？

第二章

合并日、购买日合并财务报表的编制

一、学习重点与难点

本章的重点和难点主要包括以下六个方面：

（一）合并财务报表的编制原理

合并财务报表的编制基础是母子公司个别法人报表，需要反映集团主体角度的财务状况、经营成果、现金流量和权益变动等信息。母子公司个别报表项目的简单相加并不能代表集团报告主体角度的信息。因此，合并财务报表的编制过程需要对母子公司个别报表信息进行适当的抵销和调整后再相加得出，这一过程通常利用合并工作底稿予以完成。理解教材中关于合并财务报表编制过程的“替代”“补充”和“挤干”三个要点对于理解合并过程至关重要。合并工作底稿的抵销与调整本身只是合并过程中的一种形式或手段，其目的在于得出集团主体角度的会计信息。因此，在学习中不能纠结于抵销和调整本身，而应该始终“不忘初心”——即最终通过抵销与调整想要的合并结果是什么？该合并结果是否达到了集团主体角度需要传达和反映的信息？这样才能真正理解和掌握抵销与调整过程。换言之，真正理解了合并财务报表编制原理，即使不通过底稿借贷抵销调整的形式，而是通过直接计算也能得出每一个合并财务报表项目的数字。

（二）合并范围的确定

合并财务报表的合并范围应当以控制为基础予以确定。控制是指投资方拥有对被投资方的权力，通过参与被投资方的相关活动而享有可变回报，并且有能力运用对被投资方的权力影响其回报金额。

投资方享有现时权利使其目前有能力主导被投资方的相关活动，而不论其是否实际行使该权利，视为投资方拥有对被投资方的权力。具体包括：

1. 持有半数以上表决权而拥有权力

2. 持有半数或以下表决权而拥有权力

具体通过以下方面进行判断：（1）投资方通过与其他表决权持有人之间的协议能够控制半数以上表决权；（2）通过结合其他合约安排中的决策制定权利赋予投资方拥有权力；（3）投资方持有的表决权相对于其他投资方持有的表决权份额的大小以及其他投资方持有表决权的分散程度；（4）投资方和其他投资方持有被投资方的潜在表决权，如可转换公司债券、可执行认股权证等；（5）其他相关事实和情况：①投资方能否任命或批准被投资方的关键管理人员；②投资方能否出于其自身利益决定或否决被投资方的重大交易；③投资方能否掌控被投资方董事会等类似权力机构成员的任命程序，或者从其他表决权持有人手中获得代理权；④投资方与被投资方的关键管理人员或董事会等类似权力机构中的多数成员是否存在关联方关系。

3. 来自表决权之外的其他权利的权力

投资方对被投资方的权力通常来自表决权，但有时，投资方对一些主体的权力不是来自表决权，而是由一项或多项合同安排决定。例如证券化产品、资产支持融资工具、部分投资基金等结构化主体。

当投资方因参与被投资方的相关活动而享有的回报可能由于被投资方的业绩而发生变动时，该投资方被视为享有可变回报。投资方在评价其享有被投资方的回报是否可变以及可变的程度时，需基于合同安排的实质，而不是法律形式。

投资方拥有对被投资方的权力和通过参与被投资方的相关活动享有的可变回报之间是否存在联系是判断控制的关键因素，即投资方必须有能力运用对被投资方的权力影响其回报金额。

投资方应当在综合考虑所有相关事实和情况的基础上对是否控制被投资方进行判断。一旦相关事实和情况的变化导致对控制定义所涉及的相关要素发生变化时，投资方应当进行重新评估。相关事实和情况主要包括：被投资方的设立目的、被投资方的相关活动以及如何对相关活动作出决策、投资方享有的权利是否使其目前有能力主导被投资方的相关活动、投资方是否通过参与被投资方的相关活动而享有可变回报、投资方是否有能力运用对被投资方的权力影响其回报金额、投资方与其他方的关系。

除了对投资性主体的合并财务报表编制准则允许豁免外，所有子公司都要纳入合并财务报表范围。

（三）关于合并抵销分录

对于底稿中的抵销与调整分录，在学习和理解中需要注意以下几点：

1. 这些分录借记或贷记均针对的是底稿中的财务报表项目，而不是会计科目。抵销调整分录的作用范围也仅仅限于在底稿中计算得出合并金额而已，分录不会影响或改变母子公司法人账簿或法人报表的记录结果。

2. 这些分录虽然也遵循了复试记账法的“有借必有贷、借贷必相等”的规则，但是，抵销与调整分录的借方和贷方并不像经济业务的会计分录那样具有明确的对应关系。在学习中应始终站在合并财务报表的编制原理的角度和底稿全过程来审视和理解抵销与调整分录，才不至于被抵销分录本身牵着鼻子走。

3. 这些分录一般不直接针对母子公司个别报表中的“间接项目”，而是针对“直接项目”。

（四）同一控制下合并日合并财务报表的编制要点

1. 合并会计报表包括完整的所有报表。

2. 合并利润表和合并现金流量表应包括合并当年年初至合并日的期间损益和现金流量。

3. 由于母公司长期股权投资按母公司在子公司拥有的净资产的账面价值确认，而且子公司的资产、负债、损益以及少数股东权益均按原账面价值并入。下面的等式总是成立：合并抵销长期股权投资项目 + 应在合并股东权益中转确认的少数股东权益项目金额（全资时为0） = 应抵销的子公司股东权益账面金额。

4. 在合并资产负债表中，对于被合并方在企业合并前实现的留存收益（盈余公积和未分配利润之和）中归属于合并方的部分，应自合并方的资本公积转入留存收益。

5. 如果集团内部间在合并日之前有其他内部交易事项，也要抵销调整。

（五）非同一控制下购买日合并财务报表的编制要点

1. 购买日，仅需编制合并资产负债表。

2. 对子公司可辨认资产与负债按公允价值100%调整后并入，如果有商誉只确认母公司已购得部分，少数股东权益按子公司可辨认净资产公允价值乘以少数股权比例计算。

3. 长期股权投资小于合并中取得被购买方可辨认净资产公允价值份额的差额，按母公司拥有的股权比例确认为盈余公积和未分配利润。

4. 购买日前子公司的盈余公积和未分配利润不需从资本公积中转出。

（六）关于合并理论

不同的合并理论主要在以下三个问题上有不同看法或做法：

1. 对合并财务报表信息的作用与服务对象。
2. 对子公司财务报表是否全面合并。
3. 对少数股东权益的性质及其计价。
4. 对少数股东损益的性质及其计价。

二、思维导图

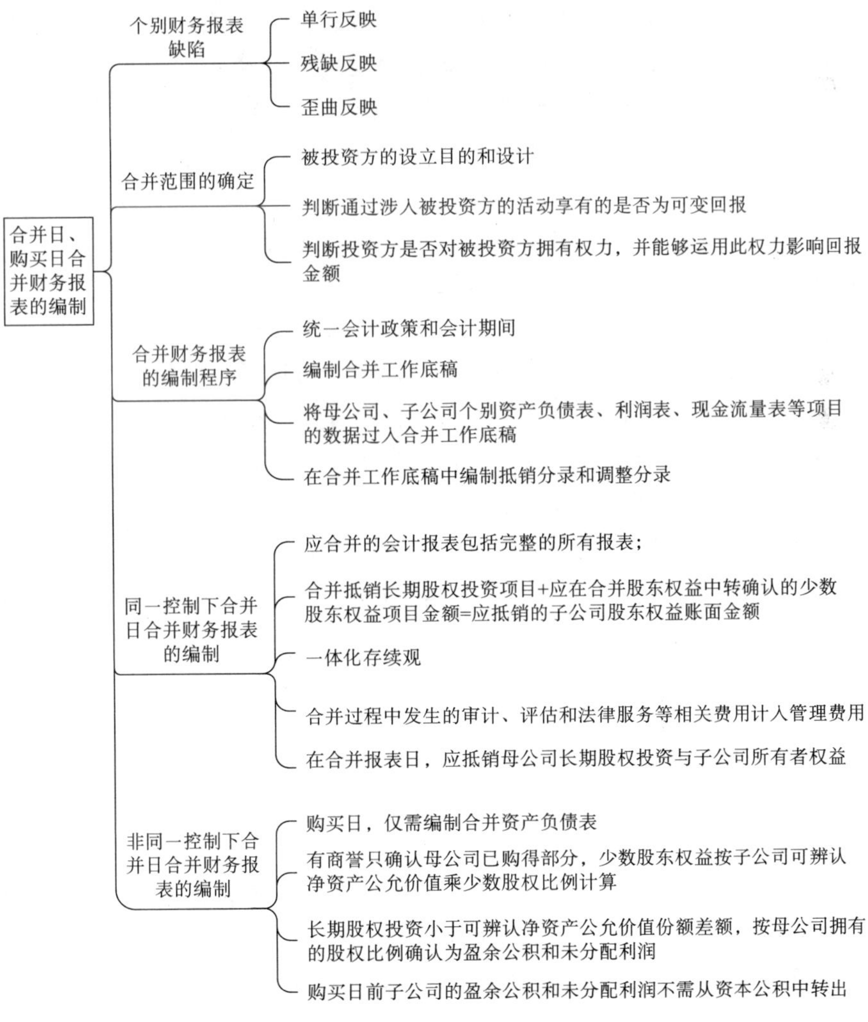

三、练习题

（一）单项选择题

1. 在判断控制时，应识别被投资方的相关活动，下列说法中错误的是（　　）。

A. 相关活动包括商品和劳务的销售和购买

B. 相关活动包括资产的购买与处置

C. 相关活动包括对被投资方回报影响甚微的行政活动

D. 相关活动包括确定资本结构和获取融资

2. 合并资产负债表中的少数股东权益是指（　　）。

A. 持有母公司 50% 以下股权的股东

B. 母公司对子公司应享有的权益

C. 子公司净资产被母公司以外的股东所享有的权益

D. 子公司留存收益中归属于少数股东的部分

3. 关于合并底稿中抵销母公司对子公司的长期股权投资，是因为（　　）。

A. 从合并主体角度看，母公司个别财务报表高估了长期股权投资

B. 从合并主体角度看，母公司的对外投资都需要抵销

C. 母公司在合并子公司的过程中，相当于出售了长期股权投资

D. 因为长期股权投资本身属于单行合并信息，在合并过程中将被具体的子公司资产和负债项目取代，如果不抵销，导致重记

4. 在合并工作底稿中借记非全资子公司的少数股权比例部分的股东权益项目，是因为（　　）。

A. 在母公司个别财务报表的净资产中已经包含了少数股东权益

B. 合并所有者权益中，少数股东权益不能作为权益项目

C. 子公司个别财务报表中的少数股权比例部分高估了

D. 少数股东权益在合并财务报表中需要改记“少数股东权益”，这里的借记表示从原项目名转出的含义

5. A、B 公司为同一集团内的两家子公司。2019 年 6 月 30 日，A 公司发行 1 000万股股票（每股面值 1 元，市价 8 元），取得 B 公司 100% 的股权。B 公司在合并日的账面股东权益与其在最终控制方合并财务报表中的账面价值一致，分

别为：股本 1 500 万元，资本公积 800 万元，盈余公积 900 万元，未分配利润 300 万元。B 公司可辨认净资产的公允价值为 6 600 万元。则关于合并日的合并资产表下列说法正确的是（　　）。

A. 应确认合并商誉 1 400 万元

B. B 公司的资产和负债应按账面价值并入

C. 应抵销的母公司长期股权投资为 8 000 万元

D. 应从资本公积中转出的金额为 1 700 万元

6. A、B 公司为同一集团内的两家子公司。2019 年 6 月 30 日，A 公司发行 5 000万股股票（每股面值 1 元，市价 4 元），取得 B 公司 100% 的股权。B 公司在合并日的账面股东权益与其在最终控制方合并财务报表中的账面价值一致，分别为：股本 1 500 万元，资本公积 800 万元，盈余公积 900 万元，未分配利润 300 万元。合并前，A 公司资本公积（资本溢价）为 2 000 万元。则合并日 A 公司记录取得该股权后，A 公司个别报表中的资本公积为（　　）万元。

A. 2 800　　B. 1 200

C. 500　　D. 3 500

7. A、B 公司为同一集团内的两家子公司。2019 年 6 月 30 日，A 公司发行 5 000万股股票（每股面值 1 元，市价 4 元），取得 B 公司 100% 的股权。B 公司在合并日的账面股东权益与其在最终控制方合并财务报表中的账面价值一致，分别为：股本 1 500 万元，资本公积 800 万元，盈余公积 900 万元，未分配利润 300 万元。合并前，A 公司资本公积（资本溢价）为 2 000 万元。则合并日合并资产负债表中的资本公积为（　　）万元。

A. 0　　B. 500

C. 800　　D. 2 800

8. A、B 公司为同一集团内的两家子公司。2019 年 6 月 30 日，A 公司发行 5 000万股股票（每股面值 1 元，市价 4 元），取得 B 公司 100% 的股权。B 公司在合并日的账面股东权益与其在最终控制方合并财务报表中的账面价值一致，分别为：股本 1 500 万元，资本公积 800 万元，盈余公积 900 万元，未分配利润 300 万元。合并前，A 公司资本公积（资本溢价）为 2 100 万元。则合并日资产负债表中的合并盈余公积和未分配利润项目中，应包括子公司合并日前的盈余公积和未分配利润分别是（　　）。

A. 900 万元和 300 万元

B. 不包括子公司的盈余公积和资本公积

C. 450 万元和 150 万元

D. 600 万元和 0

9. 已知母公司以3 000 000元的成本取得了子公司90%的股权，合并日子公司账面净资产金额为3 000 000元，经辨认，子公司存货公允价高于账面净值100 000元，其余资产、负债均与账面价值相同。如果该合并为非同一控制下的合并，则合并日的商誉为（　　）元。

A. 0　　B. 300 000

C. 200 000　　D. 210 000

10. 假设子公司购买日的可辨认净资产的公允价值高于其账面价值，如果按我国准则讲解要求在合并财务报表中确认子公司资产、负债的递延所得税负债共30万元，购买日的合并商誉为50万元。那么，如果不确认该递延所得税负债，购买日的商誉应为（　　）万元。

A. 50　　B. 80

C. 0　　D. 20

11. 甲公司为增值税一般纳税人，2020年1月1日，甲公司以其一台生产用设备作为对价从乙公司的原股东处取得乙公司70%的股权，能够控制乙公司的生产经营决策。当日，乙公司可辨认净资产的账面价值为7 600万元，公允价值为8 300万元；甲公司作为对价的生产设备原价为5 150万元，已累计提取折旧800万元，未计提减值准备，当日的公允价值为5 200万元，增值税税额为676万元。甲公司为进行该项企业合并另支付资产评估、审计费等50万元。相关资产所有权转移手续和股权过户手续于2020年1月1日办理完毕。甲公司和乙公司在此之前不存在任何关联方关系。假定，该项交易前甲公司和乙公司采用的会计政策相同，不考虑所得税影响。2020年1月1日，甲公司合并资产负债表中应确认的商誉金额为（　　）万元。

A. 66　　B. 0

C. 116　　D. 200

12. 甲公司和乙公司为同一集团下的两个子公司。2020年4月1日，甲公司以一项无形资产为对价取得乙公司70%的股权，另为企业合并支付了审计咨询等费用20万元。甲公司该项无形资产原值600万元，预计使用年限10年，至购买股权当日已经使用了4年，无预计净残值，采用直线法计提摊销，当日该无形资产的公允价值为500万元；另约定若乙公司2020年度盈利超过1 000万元，则甲公司需另向乙公司原股东支付50万元。同日，乙公司相对于最终控制方而言的所有者权益账面价值总额为600万元，公允价值为750万元，甲公司预计乙公司2020年度很可能盈利1 200万元，假定甲公司和乙公司采用的会计政策及会计期间均相同，则甲公司取得该项长期股权投资时应确认的资本公积为（　　）万元。

A. 30　　B. 10

C. 25　　D. 20

13. M公司为增值税一般纳税人，2020年7月1日，M公司以其一项专利技术作为对价从N公司的原股东处取得N公司80%的股权，能够控制N公司的生产经营决策。当日，N公司可辨认净资产的账面价值为5 800万元，公允价值为6 400万元；M公司作为对价的专利技术原价为6 200万元，已累计提取摊销1 400万元，未计提减值准备，当日的公允价值为5 200万元，增值税税额为312万元。M公司为进行该项企业合并另支付资产评估、审计费等50万元。相关资产所有权转移手续和股权过户手续于2020年1月1日办理完毕。M公司和N公司在此之前不存在任何关联方关系。假定，该项交易前M公司和N公司采用的会计政策相同，不考虑所得税影响。2020年7月1日，M公司合并资产负债表中应确认的商誉金额为（　　）万元。

A. 80　　B. 872

C. 480　　D. 392

14. 2020年1月1日，甲公司以增发1 000万股普通股（每股市价1.5元，每股面值1元）作为对价，从W公司处取得乙公司80%的股权，能够对乙公司实施控制，另用银行存款支付发行费用80万元。当日，乙公司可辨认净资产账面价值为1 600万元，公允价值为1 800万元，差额为乙公司一项固定资产所引起，该项固定资产的账面价值为300万元，公允价值为500万元。甲公司与W公司不具有关联方关系；假定该项企业合并符合《关于企业重组业务企业所得税处理若干问题的通知》中关于特殊性税务处理的有关规定，有关各方选择采用免税处理。假定甲、乙公司适用的所得税税率是25%，所得税均采用资产负债表债务法核算。该项企业合并的合并商誉为（　　）万元。

A. 20　　B. 60

C. 100　　D. 180

15. 在非同一控制下控股合并中，因未来存在一定不确定性事项而发生的或有对价，下列会计处理方法正确的是（　　）。

A. 购买方应当将合并协议约定的或有对价作为企业合并转移对价的一部分，按照其在购买日的公允价值计入企业合并成本

B. 购买日后出现对购买日已存在情况的新的或者进一步证据而需要调整或有对价的，应当予以确认并对原计入合并商誉的金额进行调整

C. 自购买日起12个月以后出现对购买日已存在情况的新的或者进一步证据而需要调整或有对价的，应当予以确认并对原计入合并商誉的金额进行调整

D. 自购买日起12个月内出现对购买日已存在情况的新的或进一步证据而需

要调整或有对价的，如果或有对价属于权益性质的，不进行会计处理

（二）多项选择题

1. 按我国现行准则对控制的定义中强调的三要素包括（　　）。

A. 投资方拥有对被投资方的权力

B. 投资方通过参与被投资方的相关活动而享有可变回报

C. 投资方有能力运用对被投资方的权力影响其回报金额

D. 投资方拥有被投资方 50% 以上的股权

2. 在持有被投资方半数或以下表决权的情况下，通过综合考虑以下（　　）事实和情况，可以确定投资方拥有对被投资方的权力在判断是否对被投资方拥有权力。

A. 投资方通过与其他表决权持有人之间的协议能够控制半数以上表决权

B. 通过结合其他合约安排中的决策制定权赋予投资方拥有权力

C. 投资方是被投资方的主要客户或供应商

D. 投资方持有的表决权相对于其他投资方持有的表决权份额的大小以及其他投资方持有表决权的分散程度

3. 下列各项中，哪些做法体现了母公司理论的要求（　　）。

A. 对非全资子公司的资产和负债 100% 全额并入

B. 把少数股东权益作为特殊的负债，列示在负债项目中

C. 把少数股东权益作为合并股东权益的组成部分

D. 对合并商誉只确认母公司已购得部分

4. A、B 公司为同一集团内的两家子公司。2019 年 6 月 30 日，A 公司发行 3 000万股票（每股面值 1 元，市价 4 元），取得 B 公司 80% 的股权。B 公司在合并日的账面股东权益与其在最终控制方合并财务报表中的账面价值一致，分别为：股本 1 500 万元，资本公积 800 万元，盈余公积 900 万元，未分配利润 300 万元。合并前，A 公司股本为 5 000 万元，资本公积（资本溢价）为 1 500 万元、盈余公积为 2 000 万元、未分配利润为 1 000 万元。B 公司可辨认净资产的公允价值为 9 000 万元。则关于合并日资产负债表中，下列说法正确的有（　　）。

A. 合并未分配利润为 1 240 万元　　B. 合并资本公积为 340 万元

C. 合并股本为 8 000 万元　　D. 合并盈余公积为 2 900 万元

5. A、B 公司为非同一控制下的两家公司。2019 年 6 月 30 日，A 公司发行 1 000万股股票（每股面值 1 元，市价 8 元），取得 B 公司 100% 的股权。B 公司在购买日的账面股东权益为：股本 1 500 万元，资本公积 800 万元，盈余公积 900 万元，未分配利润 300 万元。B 公司可辨认净资产的公允价值为 6 600 万元。

则关于购买日的合并资产表下列说法正确的有（　　）。

A. 应确认合并商誉 1 400 万元

B. B 公司的资产和负债应按账面价值并入

C. 应抵销的母公司长期股权投资为 8 000 万元

D. 应从资本公积中转出的金额为 1 700 万元

6. A、B 公司为非同一控制下的两家公司。2019 年 6 月 30 日，A 公司发行 2 000万股票（每股面值 1 元，市价 5 元），取得 B 公司 80% 的股权。B 公司在合并日的账面股东权益的账面金额为 8 000 万元，可辨认净资产的公允价值为 15 000万元。则关于合并日资产负债表中，下列说法正确的有（　　）。

A. 少数股东权益为 3 000 万元

B. 应抵销的长期股权投资为 10 000 万元

C. 因长期股权投资小于合并中取得被购买方可辨认净资产公允价值份额的差额，需在合并财务报表中确认的盈余公积和未分配利润共 3 000 万元

D. 因长期股权投资小于合并中取得被购买方可辨认净资产公允价值份额的差额，需在合并财务报表中确认的盈余公积和未分配利润共 2 000 万元

7. 甲公司为非投资性主体，乙公司为甲公司的子公司，乙公司是投资性主体，乙公司拥有丙公司、丁公司、卯公司三家子公司，其中丁公司主要为乙公司投资活动提供相关服务。根据现行准则要求，下列说法正确的有（　　）。

A. 甲公司的合并范围包括乙公司、丙公司、丁公司和卯公司

B. 乙公司的合并范围包括丙公司、丁公司和卯公司

C. 乙公司的合并范围不包括丙公司和卯公司

D. 甲公司的合并范围包括乙公司和丁公司

8. P 公司于 2019 年 6 月 30 日非同一控制下取得了 S 公司 80% 的股权，控制了 S 公司，P 公司合并对价包括现金 2 000 万元，无形资产账面价值 500 万元（公允价值 1 000 万元）。S 公司在合并日的可辨认净资产账面价值为 3 000 万元（公允价值为 4 000 万元）。关于合并日的合并资产负债表，下列说法正确的有（　　）。

A. 合并后留存收益比母公司个别报表的留存收益多 200 万元

B. 合并后留存收益比母公司个别报表的留存收益多 1 100 万元

C. 少数股东权益为 600 万元

D. 少数股东权益为 800 万元

9. 按现行准则的要求，关于非同一控制的合并商誉，下列说法正确的有（　　）。

A. 在合并财务报表中需要确认子公司全部的商誉，包括少数股东的商誉

B. 在母公司个别财务报表中，母公司购得的商誉反映在长期股权投资中

C. 合并商誉需要分期摊销，减少以后各期的合并净利润

D. 商誉需要定期进行减值测试

10. 如果在合并日之前，母子公司之间存在商品交易事项，在合并日的合并财务报表中，下列说法正确的有（　　）。

A. 在同一控制下，需要对该商品交易视同内部交易进行抵销调整处理

B. 在非同一控制下，不需要对该商品交易视同内部交易进行抵销调整处理

C. 在同一控制下，不需要对该商品交易视同内部交易进行抵销调整处理

D. 在非同一控制下，需要对该商品交易视同内部交易进行抵销调整处理

11. 非上市公司购买上市公司股权实现间接上市的，交易发生时，上市公司未持有任何资产、负债或仅持有现金、交易性金融资产等不构成业务的资产或负债的，上市公司在编制合并财务报表时，下列会计处理正确的有（　　）。

A. 购买企业应按照权益性交易的原则进行处理

B. 企业合并成本与取得的上市公司可辨认净资产公允价值份额的差额不得确认商誉

C. 企业合并成本与取得的上市公司可辨认净资产公允价值份额的差额不得确认当期损益

D. 企业合并成本与取得的上市公司可辨认净资产公允价值份额的差额应当确认为商誉或是计入当期损益

12. 下列关于合并财务报表的概述正确的有（　　）。

A. 同一控制下的企业合并，在合并日需要编制合并资产负债表、合并利润表和合并现金流量表

B. 非同一控制下的企业合并，在购买日需要编制合并资产负债表和合并利润表

C. 合并财务报表，是以母公司和子公司组成的企业集团为一个报告主体，以母公司和子公司单独编制的个别报表为基础，由母公司编制的综合反映企业集团财务状况、经营成果以及现金流量的财务报表

D. 合并财务报表的编制单位是母公司

13. 非同一控制下控股合并购买日编制合并财务报表，下列处理中正确的有（　　）。

A. 合并资产负债表中取得的被购买方各项资产和负债按照公允价值确认

B. 合并前留存收益中归属于合并方的部分应自资本公积转入留存收益

C. 无须将合并前留存收益自资本公积转入留存收益

D. 购买方合并成本大于购买日享有被购买方可辨认净资产账面价值份额的

差额确认为合并商誉

14. 关于同一控制下企业合并，下列会计处理中正确的有（　　）。

A. 同一控制下企业合并，需要确认被合并方原有商誉

B. 同一控制下企业合并，需要确认新的商誉

C. 同一控制下企业合并，不确认被合并方原有商誉

D. 同一控制下企业合并，不确认新的商誉

15. 甲公司与乙公司均为丙公司的子公司。2020 年 6 月 1 日，甲公司以银行存款 1 000 万元和一项无形资产作为对价，取得丙公司持有的乙公司 60% 的股权，能够对乙公司实施控制。合并过程中另发生法律咨询费用 10 万元。当日，该项无形资产的账面价值为 700 万元，公允价值为 800 万元；乙公司相对于丙公司而言的所有者权益账面价值总额为 2 400 万元，其中盈余公积为 80 万元，未分配利润为 320 万元，可辨认净资产公允价值为 2 500 万元。甲公司的“资本公积——股本溢价”科目贷方余额为 200 万元。不考虑其他因素，下列关于甲公司对该项企业合并业务的处理，正确的有（　　）。

A. 甲公司在合并财务报表中应确认商誉 300 万元

B. 编制合并财务报表时，甲公司应将乙公司合并前实现的留存收益中归属于甲公司的部分予以全额恢复

C. 甲公司在合并日编制合并财务报表时，需要编制合并利润表

D. 甲公司与乙公司之间在 2020 年 6 月以前发生的交易，应当按照合并财务报表的有关原则予以抵销

（三）判断题

1. 合并工作底稿中的抵销调整分录，不影响母公司和子公司个别法人报表。（　　）

2. 按照母公司理论，对于非全资子公司报表项目只合并母公司购得股权比例部分。（　　）

3. 在母公司理论下，少数股东权益作为特殊的负债，不作为合并所有者权益构成部分，所以，子公司的少数股权比例部分的资产和负债不能并入合并资产和合并负债项目中。（　　）

4. 当母公司由非投资性主体转变为投资性主体时，应自转变日起对所有子公司不再予以合并。（　　）

5. 投资方在判断是否拥有对被投资方的权力时，应当仅考虑与被投资方相关的实质性权利，但不需要考虑其他方在被投资方中所享有的实质性权利。（　　）

6. 同一控制下在合并财务报表中，对被合并方合并前留存收益中归属于母公司股东的部分，从母公司资本溢价中调整转出为合并留存收益项目，是为了使合并留存收益更为可观。（ ）

7. 在合并日，虽然母公司个别资产负债表中单行合并了所有子公司的净资产，但母公司个别财务报表仍无法反映母子集团资产和负债的全貌信息。（ ）

8. 在合并日，之所以要编制合并资产负债表，是因为母公司个别财务报表中无法反映少数股权部分的资产、负债和权益。（ ）

9. 在合并资产负债中，将少数股东权益项目单列，是为了满足少数股东的对合并财务报表的信息需求。（ ）

10. 在同一控制下，合并日资产负债表中，对子公司的资产和负债项目按子公司法人报表的账面价值并入。（ ）

11. 同一控制下企业合并中，为进行企业合并而支付的审计费用、评估费用、法律服务费用等，应当于发生时计入当期损益。（ ）

12. 非同一控制下企业合并中，为进行企业合并而支付的审计费用、评估费用、法律服务费用等，应当于发生时计入合并成本。（ ）

13. 以发行债券方式进行的企业合并，与发行债券相关的佣金、手续费等应计入债务工具的初始计量金额。（ ）

14. 以发行权益性证券作为合并对价的，与所发行权益性证券相关的佣金、手续费应计入权益工具的初始计量金额。（ ）

15. 企业取得了不形成业务的一组资产或是净资产时，应将购买成本基于购买日所取得各项可辨认资产、负债账面价值基础上进行分配。（ ）

（四）计算与账务处理题

1. P公司和S公司合并日前（2019 年 12 月 31 日）资产负债表如表 2－1 所示。

表 2－1　P 公司和 S 公司合并前资产负债表（简表）　单位：万元

项　目	P公司		S公司	
	账面价值	公允价值	账面价值	公允价值
现金	2 000	2 000	300	300
存货	1 000	1 100	1 200	1 400
无形资产	3 000	4 000	—	—

续表

项　目	P公司		S公司	
	账面价值	公允价值	账面价值	公允价值
资产总计	6 000	6 100	1 500	1 700
短期借款	1 500	1 500	200	200
股本	2 000		1 000	
资本公积	1 000		200	
未分配利润	1 500		100	
负债与所有者权益合计	6 000	6 100	1 500	1 700

2020年1月1日P公司以全部存货资产换取了S公司80%的股权，从而控制了S公司。

要求：

（1）假设合并属于同一控制下的合并，且S公司净资产账面价值与其在最终控制方合并财务报表中的价值一致，自制工作底稿完成合并日合并资产负债表工作底稿。

（2）假设合并属于非同一控制下的合并，自制工作底稿完成合并资产负债表工作底稿。

2. 2019年6月30日，P公司向S公司的股东定向增发1 000万股普通股（每股面值为1元）对S公司进行合并，并于当日取得对S公司100%的股权。参与合并企业在2019年6月30日企业合并前，有关资产、负债情况如表2-2所示。

表2-2　　　　资产负债表（简表）

2019年6月30日　　　　单位：万元

项　目	P公司	S公司	
	账面价值	账面价值	公允价值
资产：			
货币资金	2 000	200	200
应收账款	8 000	800	800
存货	10 000	4 000	5 000
长期股权投资	6 000	1 000	1 500
固定资产	15 000	8 000	9 500
无形资产	4 000	1 000	2 000

续表

项　目	P 公司	S 公司	
	账面价值	账面价值	公允价值
商誉			
资产总计	4 5000	15 000	19 000
负债和所有者权益			
短期借款	5 000	2 000	2 000
应付账款	3 000	1 000	1 000
其他负债	2 000	1 000	1 000
负债合计	10 000	4 000	4 000
实收资本（股本）	20 000	6 000	
资本公积	5 000	2 000	
盈余公积	1 000	300	
未分配利润	9 000	2 700	
所有者权益合计	35 000	11 000	15 000
负债和所有者权益总计	45 000	15 000	19 000

假定：P 公司和 S 公司为同一集团内的两个全资子公司，合并前其共同控制的母公司为 A 公司。该项合并中参与合并的企业在合并前及合并后均为 A 公司最终控制。

要求：运用工作底稿编制 P 公司对 S 公司合并日的合并资产负债表。

3. 2019 年 12 月 31 日，A 公司发行 6 000 万股普通股（每股面值为 1 元，每股市价 2 元），取得 B 公司的 60% 的股权。参与合并企业在 2019 年 12 月 31 日前，有关资产、负债情况如表 2 - 3 所示。

表 2 - 3　　　　资产负债表（简表）

2019 年 12 月 31 日　　　　单位：万元

项　目	A 公司	B 公司	
	账面价值	账面价值	公允价值
资产：			
货币资金	2 000	200	200
应收账款	8 000	800	800
存货	10 000	4 000	5 000
长期股权投资	6 000	1 000	1 500
固定资产	15 000	8 000	9 500

续表

项　目	A 公司	B 公司	
	账面价值	账面价值	公允价值
无形资产	4 000	1 000	2 000
商誉			
资产总计	45 000	15 000	19 000
负债和所有者权益：			
短期借款	5 000	5 000	5 000
应付账款	3 000	1 000	1 000
其他负债	2 000	1 000	1 000
负债合计	10 000	7 000	7 000
实收资本（股本）	20 000	3 000	
资本公积	5 000	2 000	
盈余公积	1 000	500	
未分配利润	9 000	2 500	
所有者权益合计	35 000	8 000	12 000
负债和所有者权益总计	45 000	15 000	19 000

假定该项合并为同一控制下的企业合并。

要求：

（1）编制合并日 A 公司对 B 公司进行控股合并的会计分录。

（2）编制 A 公司对 B 公司合并日的合并资产负债表。

4. 2019 年 6 月 30 日，P 公司向 S 公司的股东定向增发 1 000 万股普通股（每股面值为 1 元，市价 12 元）对 S 公司进行合并，并于当日取得对 S 公司 100% 的股权。参与合并企业在 2019 年 6 月 30 日企业合并前，有关资产、负债情况如表 2－4 所示。

表 2－4　　　　资产负债表（简表）

2019 年 6 月 30 日　　　　单位：万元

项　目	P 公司	S 公司	
	账面价值	账面价值	公允价值
资产：			
货币资金	2 000	200	200
应收账款	8 000	800	800
存货	10 000	4 000	5 000

续表

项　目	P 公司	S 公司	
	账面价值	账面价值	公允价值
长期股权投资	6 000	1 000	1 500
固定资产	15 000	8 000	9 500
无形资产	4 000	1 000	2 000
商誉			
资产总计	45 000	15 000	19 000
负债和所有者权益：			
短期借款	5 000	2 000	2 000
应付账款	3 000	1 000	1 000
其他负债	2 000	1 000	1 000
负债合计	10 000	4 000	4 000
实收资本（股本）	20 000	6 000	
资本公积	5 000	2 000	
盈余公积	1 000	300	
未分配利润	9 000	2 700	
所有者权益合计	35 000	11 000	15 000
负债和所有者权益总计	45 000	15 000	19 000

假定：P 公司和 S 公司为非同一控制下的两个独立公司。

要求：运用工作底稿编制 P 公司对 S 公司购买日的合并资产负债表。

5. 2019 年 1 月 1 日 P 公司取得了 S 公司 80% 的股权，从而控制了 S 公司。该合并属于非同一控制下的合并，合并日 P 公司取得 S 公司股权后的个别资产负债表和合并资产负债表（按现行准则要求编制）如表 2－5 所示。

表 2－5　　资产负债表（简表）

2019 年 1 月 1 日　　单位：万元

项　目	P 公司个别报表	PS 合并财务报表
流动资产	5 000	7 000
长期股权投资——S 公司	2 200	—
固定资产（净）	1 600	2 600
合并商誉	—	300
资产总计	8 800	9 900
流动负债	1 000	1 625
股本	4 000	4 000

续表

项　目	P公司个别报表	PS合并财务报表
盈余公积	2 000	2 000
未分配利润	1 800	1 800
归属于母公司股东的所有者权益	—	7 800
少数股东权益	—	475
所有者权益总计	7 800	8 275

S公司个别报表中在合并日无商誉，S公司合并日的流动资产账面价值高于公允价值400万元，其他资产和负债的账面价值与公允价值一致。

要求：

（1）计算确定合并日S公司个别报表流动资产总额。

（2）分别按实体理论和母公司理论计算合并日少数股东权益。

（3）按现行准则要求编制合并日抵销与调整分录（S公司净资产项目以“净资产”替代）。

（五）案例

中国南车与中国北车均是我国轨道交通装备制造业的领军企业和全球重要的轨道交通装备制造商及解决方案提供商，不可避免地为了抢占国内外市场而打起价格战，进而出现了故意压低报价甚至不惜以零利润为手段以寻求市场份额的不良竞争。比如，两者均在2013年参与了阿根廷政府组织的电力轨道列车招标项目，中国北车在首轮报价中以230万美元/辆的价格加上先进的设备等取得了较大的竞争优势，但中国南车为了获得此次招标竟给出了127万美元/辆的报价并最终中标，而当时多家国际公司的报价均在200万美元/辆以上。与此类似的恶劣竞争还有很多，在这种情况下，出于促进中国南车与中国北车良性竞争的考虑，同时也为了进一步集中优势参与国际竞争、增强协同效应、拓展多元化，我国政府于2014年决定对两者实行合并。

中国南车与中国北车于2014年底正式宣布将进行合并，并于2015年完成换股、中国北车摘牌、合并后的中国中车保留中国南车的股票代码进行复牌等多个合并任务。合并报告书中明确表明“合并后新公司同时承接中国南车与中国北车的全部资产、负债、业务、人员、合同、资质及其他一切权利与义务”。此次合并在技术上采取中国南车吸收合并中国北车的方式进行，即中国南车向中国北车全体A股（H股）换股股东发行中国南车A股（H股）股票，并且拟发行的A股股票将申请在上交所上市流通，拟发行的H股股票将申请在香港联交所上市流通，中国北车的 A 股股票和 H 股股票相应予以注销。最终确定的换股比例为 1∶1.1，也就是每 1 股中国北车 A 股（H 股）股票可以换取 1.1 股中国南车将发行的中国南车 A 股（H 股）股票。该换股比例由合并双方在以相关股票于首次董事会决议公告日前 20 个交易日的交易均价作为市场参考价的基础上，综合考虑了历史股价、经营业绩、市值规模等多方面的因素后，经由公平的协商确定。请问在合并会计处理方法上中国南车与北车合并应当采用权益结合法，还是购买法？并说明理由。

第三章

合并日、购买日后合并财务报表的编制

一、学习重点与难点

本章的重点和难点主要包括以下四个方面：

（一）合并日后底稿中的权益法调整问题

由于我国准则对控制下的子公司投资采用成本法进行核算，母公司个别报表中的单行合并结果与相应的子公司股东权益或当期损益之间的金额对等关系不再成立，而这又会导致合并抵销分录的借贷平衡关系不成立。因此，底稿的权益法调整只是建立有关抵销调整项目的平衡作用。在学习底稿中的权益法转换时，需要注意以下几点：

1. 区分同一控制下和非同一控制下的区别，前者按子公司账面价值基础调整，后者按购买日公允价值调整。

2. 区分合并当期调整和合并以后各期调整的差别，合并当期的调整只涉及对当期的成本法转换成权益法，而以后各期除了当期的转换，还包括对以前各期成本法结果转换成权益法。

3. 底稿调整只需按简单权益法调整即可，即只调整子公司当期损益、利润分配以及其他所有者权益变动。对于母子公司之间的内部交易未实现损益可以不调整（结合第四章有关内容）。

（二）合并日后合并工作底稿的理解

合并日后合并工作底稿中将合并利润表和合并资产负债表结合在一起编制，

这里的难点是合并日后“归属于母公司股东所有的年末未分配利润”在底稿中的求得程序问题。在合并日后底稿中，“未分配利润——年末”项目是个间接计算项目，是根据其他合并后项目计算得出的。底稿上半段的任务是两项：一是完成合并利润表；二是完成对归属于母公司股东所有的年末未分配利润的确定，即底稿上半段中年末未分配利润的确定。上半段任务二确定的年末未分配利润合计数是为底稿下半段中的年末未分配所用，即底稿下半段中的年末未分配利润合并数是直接抄转于上半段的确定结果，而不是通过下半段本身抵销调整计算得出的，该项目的合计数取得方法与合并日的底稿运算过程完全不同。简言之，底稿上半段中那些部分所有者权益变动项目的作用就是专门为了确定合并日后的年末未分配利润。因此，上半段底稿中，子公司的年初未分配利润、当年利润分配项目与计算确定年末未分配利润无关，需要抵销。

理解了上述关系，才能理解“年末未分配利润”项目在合并日后底稿两笔分段抵销调整分录中的平衡作用，并非表示调整增加或减少。

（三）非同一控制下对子公司报表项目的公允价值基础调整问题

在合并日后，非同一控制下仍然需要对子公司各报表项目按购买日的公允价值基础进行调整，随着资产的减值或使用、出售等，有些公允价值与账面价值的差额不再像合并日那样只调整资产负债表了，而是要调整利润表或年初未分配利润，对于尚未耗用的资产或清偿的负债继续在资产负债表中调整为公允价值基础的摊余价值。

（四）合并现金流量表的编制

合并现金流量表的编制方法有两种：第一种方法是以合并资产负债表和合并利润表为基础结合其他有关资料，采用与个别现金流量表相同的方法编制出合并现金流量表。第二种方法则是以母公司和纳入合并范围的子公司的个别现金流量表为基础，通过编制抵销分录，将母公司与纳入合并范围的子公司以及子公司相互之间发生的经济业务对个别现金流量表中的现金流量的影响予以抵销，从而编制出合并现金流量表。相比较而言，第二种方法更为合理、简便。在实务一般宜采用第二种方法编制。合并现金流量表的编制要点比较简单，只要将涉及集团内部的相互流入或流出项目进行抵销即可。

二、思维导图

- 合并日、购买日后合并财务报表的编制
  - 长期股权投资的会计处理方法
    - 对子公司投资的初始计量
    - 长期股权投资的后续计量：成本法
    - 长期股权投资的后续计量：权益法
  - 同一控制下合并日后合并财务报表的编制要点
    - 在合并底稿中对母公司长期股权投资及投资收益按权益法进行调整
    - 将经调整后的母公司长期股权投资项目和投资收益项目分别与子公司的股东权益和利润分配等项目进行抵销
    - 合并所有者权益变动表，应结合前期有关合并财务报表、本期其他合并财务报表以及本期个别所有者权益变动表分析填列
  - 非同一控制下购买后合并财务报表的编制
    - 商誉只确认母公司已购得部分
    - 购买日前子公司的盈余公积和未分配利润不用从资本公积中转出
    - 长期股权投资成本法核算的结果调整为权益法核算的结果的会计处理与同一控制原理相同
    - 长期股权投资小于被购买方可辨认净资产公允价值差额，需按母公司拥有股权比例确认为盈余公积和未分配利润
  - 合并现金流量表的编制
    - 企业集团内部当期以现金投资或收购股权增加投资所产生的现金流量的抵销处理
    - 企业集团内部当期取得投资收益收到的现金与分配股利、利润或偿付利息支付的现金的抵销
    - 企业集团内部以现金结算债权与债务所产生的现金流量的抵销
    - 企业集团内部当期销售商品所产生的现金流量的抵销
    - 企业集团内部处置固定资产等收回的现金净额与购建固定资产等支付现金的抵销

三、练习题

（一）单项选择题

1. 在不考虑内部交易的情况下，同一控制下合并利润表中的少数股东损益计算如下（　　）。

A. 按子公司在最终控制方合并财务报表中净资产的账面价值为基础计算的净利润乘以少数股权比例计算

B. 按子公司法人报表账面净利润乘以少数股权比例

C. 按合并净利润减去子公司的净利润计算

D. 按合并净利润乘以少数股权比例

2. 在不考虑内部交易的情况下，非同一控制下合并利润表中的少数股东损益计算如下（　　）。

A. 以子公司法人账面净利润乘以少数股权比例

B. 以子公司购买日资产、负债公允价值为基础调整后的净利润乘以少数股权比例

C. 以子公司资产、负债在合并利润表编制日的公允价值为基础计算的净利润乘以少数股权比例

D. 以合并净利润减去子公司公允价值基础的净利润计算

3. 在同一控制下的合并中，合并日为 2019 年 12 月 31 日，子公司少数股权比例为 20%，2020 年末子公司股东权益的账面价值为 3 000 万元，子公司 2020 年度实现净利润 500 万元，提取盈余公积 50 万元，分配现金股利 100 万元，除利润及利润分配外，当年无其他权益变动事项发生，假定子公司净资产账面价值与其在最终控制方合并财务报表角度的账面价值一致，不考虑内部交易的影响，则在合并日的少数股东权益为（　　）万元。

A. 580　　　　B. 600

C. 520　　　　D. 700

4. 在非同一控制下的合并中，购买日为 2019 年 12 月 31 日，子公司少数股权比例为 20%，2020 年末子公司可辨认净资产的账面价值为 3 000 万元，购买日的合并商誉为 200 万元，该商誉没有发生减值，2020 年子公司实现净利润 500 万元，提取盈余公积 50 万元，分配现金股利 100 万元，除利润及利润分配外，当年无其他权益变动事项发生，在 2020 年度子公司出售了合并日存货，该存货

在合并日的公允价值高于账面价值 30 万元，其他资产和负债在合并日的公允价值与账面价值相等，不考虑内部交易的影响，则在 2019 年末的少数股东权益和少数股东损益分别为（　　）万元。

A. 600 和 100　　B. 640 和 100

C. 600 和 94　　D. 640 和 100

5. 甲公司拥有对四家公司的控股权，其下属子公司的会计政策和会计估计均符合会计准则规定。不考虑其他因素，甲公司在编制 2019 年合并财务报表时，对其子公司进行的下述调整中，正确的是（　　）。

A. 将子公司（乙公司）1 年以内应收账款坏账准备的计提比例由 3% 调整为与甲公司相同的计提比例 5%

B. 对 2019 年通过同一控制下企业合并取得的子公司（丁公司），将其固定资产、无形资产的折旧和摊销年限按照与甲公司相同的期限进行调整

C. 将子公司（丙公司）投资性房地产的后续计量模式由成本模式调整为与甲公司相同的公允价值模式

D. 将子公司（戊公司）闲置不用但没有明确处置计划的机器设备由固定资产调整为持有待售非流动资产并相应调整后续计量模式

6. 在底稿中对子公司投资由成本法调整为权益法，主要是为了（　　）。

A. 在合并财务报表需要按权益对子公司进行核算

B. 利用权益法下长期股权投资和投资收益与子公司净资产或当期净利润之间的对应关系，建立起有关底稿调整会计分录的平衡关系

C. 调整母公司个别财务报表的需要

D. 使得合并利润更加真实可靠

7. 关于合并日后合并工作底稿中的年末未分配利润的合并数，下列说法错误的是（　　）。

A. 不包括少数股东的年末未分配利润

B. 资产负债表中的年末未分配利润的合并数直接抄转于底稿上半段的合并数

C. 只反映归属于母公司股东所有的年末未分配利润

D. 等于合并净利润加上归属于母公司股东的年初未分配利润再减去母公司当年利润分配金额

8. 在合并现金流量表时，抵销母公司当年从子公司那里“取得投资收益收到的现金”的对应抵销项目应该是（　　）。

A. 母公司的投资收益项目

B. 子公司的利润分配项目

C. 母公司的投资活动支付现金项目

D. 子公司的筹资活动分配股利、利润或偿付利息支付的现金项目

9. 甲公司及子公司对投资性房地产采用不同的会计政策。具体为子公司乙对作为投资性房地产核算的房屋采用公允价值模式进行后续计量；子公司丙对作为投资性房地产核算的土地使用权采用成本模式计量，按剩余 15 年期限分期摊销计入损益；子公司丁对出租的房屋采用成本模式计量，并按房屋仍可使用年限 10 年计提折旧；子公司戊对在建的投资性房地产采用公允价值模式进行后续计量。甲公司自身对作为投资性房地产的房屋采用成本模式进行后续计量，并按房屋仍可使用年限 20 年计提折旧。不考虑其他因素，下列关于甲公司在编制合并财务报表时，对纳入合并范围的各子公司投资性房地产的会计处理中，正确的是（　　）。

A. 将投资性房地产的后续计量统一为成本模式，同时统一有关资产的折旧或摊销年限

B. 对于公允价值能够可靠计量的投资性房地产采用公允价值计量，其他投资性房地产采用成本模式计量

C. 区分在用投资性房地产与在建投资性房地产，在用投资性房地产统一采用成本模式计量，在建投资性房地产采用公允价值模式计量

D. 子公司的投资性房地产后续计量均应按甲公司的会计政策进行调整，即后续计量采用成本模式并考虑折旧或摊销，折旧或摊销年限根据实际使用情况确定

10. 按现行准则要求，合并利润表中的合并净利润，下列说法正确的是（　　）。

A. 不包括少数股东的应享损益

B. 包括了少数股东的应享损益

C. 是母公司理论的体现

D. 等于母公司的净利润与子公司净利润的合并数

11. 甲公司 2019 年 1 月 1 日用银行存款 3 200 万元购入其母公司持有的乙公司 80% 的有表决权股份，合并当日乙公司相对于最终控制方而言的所有者权益账面价值为 3 500 万元，假定最终控制方合并财务报表未确认商誉。2019 年 5 月 8 日乙公司宣告分派 2018 年度现金股利 300 万元。2019 年度乙公司实现净利润 500 万元。2020 年乙公司实现净利润 700 万元。此外乙公司 2020 年购入的以公允价值计量且其变动计入其他综合收益的金融资产公允价值上升导致其他综合收益增加 100 万元。不考虑其他因素影响，则在 2020 年末甲公司编制合并财务报表调整分录时，长期股权投资按权益法调整后的余额为（　　）万元。

A. 3 200　　　　　　　　B. 2 800

C. 3 600　　　　　　　　D. 4 000

12. 甲公司2020年1月1日从集团外部取得乙公司80%股份，能够对乙公司实施控制。2020年1月1日，乙公司除一项固定资产外，其他资产、负债的公允价值与账面价值相等，该固定资产账面价值为500万元，公允价值为600万元，尚可使用年限为10年，采用年限平均法计提折旧，预计净残值为0。2020年甲公司实现净利润2 000万元，乙公司实现净利润为600万元。2020年乙公司向甲公司销售一批A商品，该批A商品售价为100万元，成本为60万元，至2020年12月31日，甲公司将上述商品对外出售60%。2020年甲公司向乙公司销售一批B商品，该批B商品售价为200万元，成本为100万元，至2020年12月31日，乙公司将上述商品对外出售80%。甲公司和乙公司适用的所得税税率均为25%。则甲公司2020年合并利润表中归属于母公司的净利润为（　　）万元。

A. 2 462. 4　　　　　　　　B. 2 446. 4

C. 2 449. 4　　　　　　　　D. 2 000

13. 甲公司和乙公司没有关联方关系。甲公司2020年1月1日以银行存款1 000万元购入乙公司100%股权（交易后乙公司仍保留独立的法人资格），当日乙公司可辨认净资产公允价值为800万元，账面价值为700万元，其差额为一项固定资产评估增值所致。该固定资产在购买日的公允价值为400万元，账面价值为300万元，预计尚可使用年限为5年，采用年限平均法计提折旧，预计净残值为0。2020年乙公司实现净利润300万元。假定不考虑所得税等其他因素，该项固定资产在2020年12月31日合并财务报表上列示的金额为（　　）万元。

A. 240　　　　　　　　B. 300

C. 320　　　　　　　　D. 400

14. 甲公司持有乙公司80%的股权，对其能够实施控制；同时，乙公司持有甲公司5%的股权，对其不构成重大影响。下列关于甲公司和乙公司的相关处理，表述不正确的是（　　）。

A. 甲公司个别报表中，应将持有的乙公司股权确认为长期股权投资，并按照成本法计量

B. 甲公司合并财务报表中，应将持有乙公司的长期股权投资与乙公司所有者权益进行抵销

C. 甲公司合并财务报表中，应按照乙公司持有甲公司股权的公允价值，将其转为合并财务报表中的库存股

D. 乙公司个别报表中，应将持有甲公司的股权确认为金融资产，按照公允

价值进行计量

15. 甲公司2019年6月30日从集团外部取得乙公司90%的股份，对乙公司能够实施控制。2020年6月20日，乙公司向甲公司销售一件产品，账面价值为152万元，销售价格为200万元，增值税税额为34万元。甲公司将该产品作为管理用固定资产使用，采用年限平均法计提折旧，预计使用年限为4年，预计净残值为0。2020年乙公司按购买日公允价值持续计算的净利润为400万元，假定不考虑所得税等因素的影响。甲公司2020年合并利润表中应确认的少数股东损益为（　　）万元。

A. 34.8　　B. 35.2

C. 35.8　　D. 40

（二）多项选择题

1. A、B公司为同一集团内的两家子公司。2019年12月31日，A公司取得B公司80%的股权。B公司在合并日的账面股东权益为股本1 500万元、资本公积800万元、盈余公积500万元、未分配利润200万元。2020年度，B公司实现净利润1 000万元，共分配现金股利500万元，B公司无其他股东权益变动事项。假设A公司2020年度没有对B公司的长期股权投资计提减值。则下列说法正确的有（　　）。

A. 2020年末，A公司个别报表中对B公司的长期股权投资余额是2 400万元

B. 2020年末合并财务报表的少数股东权益为700万元

C. 2020年末合并财务报表的少数股东损益200万元

D. 2020年末B公司个别报表的股东权益合计为3 500万元

2. A、B公司为同一集团内的两家子公司。其他资料同上题。则A公司在2019年末编制合并财务报表时按权益调整后，下列说法正确的有（　　）。

A. 调整后的长期股权投资和投资收益分别是2 800万元和800万元

B. 调整后的长期股权投资和投资收益分别最终还是要抵销

C. 以后年度的合并中就不需要对2020年度的成本法进行调整了

D. 以后年度的合并中仍然需要对2020年度的成本法进行调整

3. 下列项目中，应纳入A公司合并范围的有（　　）。

A. A公司持有被投资方半数以上投票权，但当这些投票权不是实质性权利

B. A公司持有被投资者48%的投票权，剩余投票权由数千位股东持有，但没有股东持有超过1%的投票权，没有任何股东与其他股东达成协议或能够作出共同决策

C. A 公司持有被投资者 40% 的投票权，其他十二位投资者各持有被投资方 5% 的投票权，股东协议授予 A 公司任免负责相关活动的管理人员及确定其薪酬的权利，若要改变协议，须获得三分之二的多数股东表决权同意

D. E 公司拥有 4 名股东，分别为 A 公司、B 公司、C 公司和 D 公司，A 公司持有 E 公司 40% 的普通股，其他三位股东各持有 20%，董事会由 6 名董事组成，其中 4 名董事由 A 公司任命，剩余 2 名分别由 B 公司、C 公司和 D 公司任命

4. 关于合并抵销调整分录，下列说法错误的有（ ）。

A. 合并抵销分录是在合并底稿中应用的，不应根据该分录改变母子公司的单独法人报表

B. 合并抵销调整分录借记资产项目，表示调整增加，借记负债和所有者权益项目表示减少

C. 合并抵销调整分录借记资产项目，表示调整减少，借记负债和所有者权益项目表示增加

D. 合并抵销调整分录借记收入项目，表示调整增加，贷记收入表示调整减少

5. 关于母公司在报告期增减子公司在合并现金流量表的反映，下列说法正确的有（ ）。

A. 因同一控制下企业合并增加的子公司，在编制合并现金流量表时，应当将该子公司合并当期期初至报告期末的现金流量纳入合并现金流量表

B. 因非同一控制下企业合并增加的子公司，在编制合并现金流量表时，应当将该子公司购买日至报告期末的现金流量纳入合并现金流量表

C. 母公司在报告期内处置子公司，应将该子公司期初至处置日的现金流量纳入合并现金流量表

D. 母公司在报告期内处置子公司，应将该子公司处置日至期末的现金流量纳入合并现金流量表

6. 在非同一控制下，母公司在编制购买日后合并财务报表时按权益调整长期股权投资和投资收益，下列说法正确的有（ ）。

A. 要按子公司资产、负债在购买日的公允价值为基础进行调整

B. 分得的股利要调整减少长期股权投资

C. 对个别报表中原按成本法确认的分得股利应调整减少投资收益

D. 对子公司实现的净利润没有分配的部分，不得调整确认长期股权投资和投资收益的增加

7. 关于非同一控制下的合并财务报表，下列说法正确的有（ ）。

A. 对非全资子公司的资产和负债中母公司拥有的比例部分调整为公允价值

并入，少数股权部分按账面价值并入

B. 少数股东权益和少数股东收益按子公司的账面价值为基础确认

C. 购买当年编制的合并利润表不包括子公司年初至购买日的利润

D. 合并商誉不进行摊销，但要减值测试

8. 2019 年甲公司所属企业集团内各公司发生的下列交易或事项中，不考虑其他因素，会引起甲公司合并财务报表中归属于母公司所有者的权益金额减少的有（　　）。

A. 2 月 3 日，甲公司向其控股 60% 的子公司（乙公司）捐赠货币资金 3 000 万元

B. 12 月 31 日，甲公司的子公司（丁公司）持有的作为以公允价值计量且其变动计入 其他综合收益的金融资产公允价值相对年初下降 1 200 万元

C. 8 月 20 日，甲公司的子公司（戊公司）以资本公积金转增股本，每 10 股转增 3 股

D. 9 月 10 日，甲公司控股 70% 的子公司（丙公司）向所有股东按持股比例派发 1 亿元的股票股利

9. 关于合并范围，下列说法正确的有（　　）。

A. 在判断投资方是否拥有对被投资方的权力时，应仅考虑投资方及其他方享有的实质性权利

B. 在判断投资方是否拥有对被投资方的权力时，应同时考虑投资方及其他方享有的实质性权利和保护性权利

C. 投资方仅持有保护性权利不能对被投资方实施控制，也不能阻止其他方对被投资方实施控制

D. 在判断投资方是否拥有对被投资方的权力时，应仅考虑投资方及其他方享有的保护性权利

10. 母公司个别财务报表中对子公司采用成本法核算，可能的理由包括（　　）。

A. 因为在控制的情况下，由合并财务报表来全面反映控制这一事实

B. 可以使母公司个别财务报表的处理更为稳健和简便

C. 因为在合并底稿中最终会调整为权益法

D. 成本法核算结果更符合母公司控制子公司这一经济事实

11. 2019 年 1 月 1 日，甲公司从非关联方购入乙公司 80% 股权，能够对乙公司的财务和经营政策实施控制。除乙公司外，甲公司无其他子公司。2019 年度，乙公司按照购买日可辨认净资产公允价值为基础计算实现的本年净利润为 2 000万元，无其他所有者权益变动。2019 年末，甲公司合并财务报表中少数股

东权益为 800 万元。2020 年度，乙公司按购买日可辨认净资产公允价值为基础计算的净亏损为 4 500 万元，无其他所有者权益变动。2020 年末，甲公司个别财务报表中所有者权益总额为 8 000 万元。不考虑其他因素，下列各项关于合并财务报表列报的表述中，正确的有（　　）。

A. 2019 年度少数股东损益为 400 万元

B. 2020 年度少数股东损益为 -900 万元

C. 2020 年 12 月 31 日少数股东权益为 0

D. 2020 年 12 月 31 日归属于母公司股东权益为 4 400 万元

12. 甲公司与乙公司均为 A 公司设立的子公司。2020 年 1 月 1 日，甲公司取得乙公司 80% 的股权，能够对乙公司实施控制。取得投资时乙公司所有者权益的账面价值为 3 000 万元，公允价值为 3 200 万元，其差额为一项无形资产形成的，该项无形资产的账面价值为 500 万元，公允价值为 700 万元，预计尚可使用年限为 5 年，预计净残值为 0，采用直线法摊销。假设甲公司与乙公司所采用的会计政策、会计期间一致，2020 年度甲公司与乙公司之间未发生内部交易，不考虑其他因素的影响。则下列说法中，不正确的有（　　）。

A. 甲公司在编制合并财务报表时，应以乙公司的个别财务报表为基础，不需要进行调整

B. 甲公司在编制合并财务报表时，应对乙公司的个别财务报表进行调整，使乙公司的个别财务报表反映为在购买日的公允价值

C. 甲公司在编制合并财务报表时，应将乙公司的无形资产调整为公允价值，借记“无形资产”科目，贷记“资本公积”科目

D. 甲公司在编制 2020 年年末合并财务报表时，应调增乙公司个别报表中无形资产的价值 160 万元

13. 2019 年 1 月 2 日，甲公司与乙公司的原股东 A 公司签订股权转让合同。合同约定：甲公司以银行存款 8 000 万元向 A 公司购买其所持有的乙公司 90% 股权；工商变更登记手续亦于 2019 年 1 月 2 日办理完成，并于当日取得控制权。假定该交易发生前，甲公司和乙公司不存在任何关联方关系。购买日，乙公司可辨认净资产的公允 价值为 8 600 万元。包括乙公司一栋办公楼评估增值 400 万元和应收账款评估减值 200 万元。乙公司办公楼预计使用年限为 15 年，已使用 5 年，预计净残值为零，采用年限平均法计提折旧。截至 2019 年末，应收账款按购买日评估确认的金额收回，评估确认的坏账已核销。自甲公司 2019 年 1 月 2 日取得乙公司 90% 股权到 2019 年 12 月 31 日期间，乙公司利润表中实现净利润 1 000 万元；除实现净损益外，乙公司未发生其他所有者权益项目的变动，乙公司未分配现金股利。2020 年 1 月 1 日至 2020 年 12 月 31 日期间，乙公司利润表

中实现净利润 1 400 万元，其他综合收益增加 120 万元，分配现金股利 180 万元，无其他所有者权益变动。假定不考虑所得税等因素的影响。甲公司下列会计处理中正确的有（　　）。

A. 购买日取得乙公司 90% 股权时形成的商誉为 260 万元

B. 购买日将子公司可辨认资产账面价值调整为公允价值确认资本公积 200 万元

C. 乙公司自购买日公允价值开始持续计算至 2019 年 12 月 31 日可辨认净资产账面价值的金额为 9 800 万元

D. 乙公司自购买日公允价值开始持续计算至 2020 年 12 月 31 日可辨认净资产账面价值的金额为 11 110 万元

14. 合并财务报表格式通常在个别财务报表基础上，需要增加的项目包括（　　）。

A. 合并资产负债表中，在所有者权益项目下，增加“归属于母公司所有者权益合计”和“少数股东权益”项目

B. 合并利润表中，在“净利润”项目下，增加“归属于母公司所有者的净利润”和“少数股东损益”两个项目

C. 合并利润表中，在“综合收益总额”项目下，增加“归属于母公司所有者的综合收益总额”和“归属于少数股东的综合收益总额”两个项目

D. 合并所有者权益变动表中，应增加“少数股东权益”栏目

15. 下列关于合并财务报表的概述正确的有（　　）。

A. 同一控制下的企业合并，在合并日需要编制合并资产负债表、合并利润表和合并现金流量表

B. 非同一控制下的企业合并，在购买日需要编制合并资产负债表和合并利润表

C. 合并财务报表，是以母公司和子公司组成的企业集团为一个报告主体，以母公司和子公司单独编制的个别报表为基础，由母公司编制的综合反映企业集团财务状况、经营成果以及现金流量的财务报表

D. 合并财务报表的编制单位是母公司

（三）判断题

1. 在合并日后的合并底稿中，抵销子公司年初未分配利润和当年利润分配项目，是由于这些项目与底稿中确定归属于母公司股东所有的年末未分配利润无关。（　　）

2. 在底稿中将母公司分得子公司股利收益转换为权益法时，如果是非同一

控制下合并，先需要将该股利收益调整为公允价值基础。 （ ）

3. 合并商誉如果发生减值，应该调整确认资产减值损失，并由此减少合并净利润和少数股东损益。 （ ）

4. 合并利润表中在合并净利润之下要列示少数股东损益是为了体现母公司理论，将少数股东损益并入合并利润表。 （ ）

5. 在母公司理论下，合并净利润不包括少数股东损益，这就要求合并利润表中对子公司的损益项目要按照母公司控股比例进行合并。 （ ）

6. 如果母公司按照完全权益法核算，那么合并财务报表中的归属于母公司股东的权益一定与母公司个别报表中的所有者权益相等。 （ ）

7. 对于母子公司内部商品销售引起的现金流入和现金流出，一方的流出正好与另一方的流入自然抵销了，从整个集团看，现金没有减少也没有增加，所以在合并现金流量表中无须作任何处理。 （ ）

8. P公司控制S公司90%，S公司控制G公司70%，S公司当年净利润1 000万元。不考虑公允价值差异调整和内部交易影响的情况下，则合并利润表中最终的少数股东损益来自于S公司净利润的损益是370万元。 （ ）

9. 在关联附属结构控股情况下，P公司直接持有G公司30%的股权，P公司又通过其子公司S公司持有G公司25%股权，直接和间接合计持有G公司55%的股权，那么，P公司个别财务报表中对S公司股权的核算应该采用权益法。 （ ）

10. 在子公司持有母公司股权的情况下，在子公司个别财务报表中应该对该股权投资按金融资产进行处理。 （ ）

11. 同一控制下的合并财务报表，对非全资子公司的资产和负债也要求全部并入。 （ ）

12. 同一控制下的合并财务报表，少数股东权益和少数股东收益按子公司净资产在其最终控制方合并财务报表中的账面价值为基础确认。 （ ）

13. 同一控制下的合并财务报表，不论合并是否发生在年初，合并当年的合并利润表包括子公司全年利润。 （ ）

14. 同一控制下的合并财务报表，合并利润表中合并净利润不包括少数股东损益。 （ ）

15. 非同一控制下的企业合并，在购买日不需要编制合并利润表。 （ ）

（四）计算与账务处理题

1. 2019年12月31日，A公司发行6 000万股普通股（每股面值为1元，每股市价2元），取得B公司的60%的股权。参与合并企业在2019年12月31日前，有关资产、负债情况如表3－1所示。假设A、B公司的合并符合同一控制，B公司净资产账面价值与其在最终控制方合并财务报表中的账面价值一致。

表3－1　　　　资产负债表（简表）

2019年12月31日　　　　单位：万元

项　目	A公司	B公司	
	账面价值	账面价值	公允价值
资产：			
货币资金	2 000	200	200
应收账款	8 000	800	800
存货	10 000	4 000	4 500
长期股权投资	6 000	1 000	2 000
固定资产	15 000	8 000	9 500
无形资产	4 000	1 000	2 000
商誉			
资产总计	45 000	1 5000	19 000
负债和所有者权益：			
短期借款	5 000	5 000	5 000
应付账款	3 000	1 000	1 000
其他负债	2 000	1 000	1 000
负债合计	10 000	7 000	7 000
实收资本（股本）	20 000	3 000	
资本公积	5 000	2 000	
盈余公积	1 000	500	
未分配利润	9 000	2 500	
所有者权益合计	35 000	8 000	12 000
负债和所有者权益总计	45 000	15 000	19 000

B企业在2020年度实现净利润2 000万元，提取盈余公积200万元，向投资者分配现金股利1 000万元，没有其他影响所有者权益的事项发生。A公司对B公司的投资采用成本法核算。A企业在2020年度实现净利润3 000万元，提取盈余公积300万元，向投资者分配现金股利1 500万元，没有其他影响所有者权益的事项发生。

要求：

（1）编制2020年末合并资产负债表、合并利润表的抵销调整分录。

（2）编制合并所有者权益变动表。

2. 仍沿用业务题 1 的合并日相关资料。现假设，并将合并假设为非同一控制下的合并。B 企业在 2020 年度实现净利润 2 000 万元，提取盈余公积 200 万元，向投资者分配现金股利 1 000 万元，没有其他影响所有者权益的事项发生。B 公司在购买日的存货已经在 2020 年有已经全部出售到集团之外的企业，购买日 B 公司的固定资产如果按公允价值基础应补提的折旧 50 万元，无形资产因其使用寿命不确定而不摊销。

A 公司对 B 公司的投资采用成本法核算。A 企业在 2020 年度实现净利润 3 000万元，提取盈余公积 300 万元，向投资者分配现金股利 1 500 万元，没有其他影响所有者权益的事项发生。另假定，如果有合并商誉，没有发生减值。

要求：

（1）编制 2020 年末合并资产负债表、合并利润表的抵销调整分录。

（2）编制合并所有者权益变动表。

3. P 公司于 2019 年 12 月 31 日取得了 S 公司的控股权益，2020 年底 PS 集团合并财务报表底稿中有两笔调整抵销分录如下（S 公司存货采用先进先出法）：

（1）借：销售成本　　1 000
　　管理费用　　400
　　投资收益　　8 000
　　少数股东损益　　2 000
　　未分配利润——年初　　3 000
　　贷：现金股利　　5 000
　　　　未分配利润——年末　　9 400

（2）借：股本　　20 000
　　资本公积　　4 600
　　盈余公积　　6 000
　　未分配利润——年末　　9 400
　　固定资产净值　　2 000
　　商誉　　5 000
　　贷：长期股权投资　　38 600
　　　　少数股东权益　　8 400

上述抵销分录中的费用项目是因为 S 公司资产负债账面价值与公允价值不一致而进行的底稿调整。合并商誉在 2020 年没有发生减值。S 公司因公允价值高于账面价值的固定资产按直线法折旧。

要求：请根据上述资料：

（1）计算 2019 年 12 月 31 日 P 公司以多少成本（全部用现金支付）取得了 S 公司多少比例的股权？并编制取得股权的会计分录。

（2）请编制 2019 年 12 月 31 日合并抵销分录。

4. P 公司于 2020 年 1 月 1 日，以 420 万元现金购入 S 公司 70% 的股份，同日，S 公司又以 240 万元现金购入了 G 公司 80% 的股份。P 公司和 S 公司取得股权后编制的个别资产负债表和 G 公司个别资产负债如表 3-2 中单独报表（简表）所示。假设合并日，S 公司、G 公司的净资产账面价值与其公允价值一致，合并符合非同一控制下合并。

表 3-2　　合并资产负债表工作底稿（简表）

2020 年 1 月 1 日　　单位：万元

项　　目	单独报表			抵销与调整分录		合并金额
	P 公司	S 公司	G 公司	借方	贷方	
其他资产	600	520	400			
长期股权投资——S 公司	420					
长期股权投资——G 公司		240				
资产总计	1020	760	400			
负债	120	160	100			
股本	400	300	200			
资本公积	200	100	50			
盈余公积	100	60	30			
未分配利润	200	140	20			
归属于母公司股东权益合计						
少数股东权益						
所有者权益合计	900	600	300			
负债和所有者权益总计	1 020	760	400			

要求：

（1）在表 3-2 中完成购买日合并工作底稿。

（2）结合抵销调整会计分录谈谈，G 公司股东权益中，有多少对于 S 公司来说是控制性权益而对于 P 公司来说却是少数股东权益？

5. P 公司于 2020 年 1 月 1 日，以 540 万元现金购入 S 公司 90% 的股份，又以 120 万元现金购入了 G 公司 40% 的股份，同日，S 公司以 60 万元现金取得 G 公司 20% 的股份。假设合并日，S 公司、G 公司的净资产账面价值与其公允价值一致，合并符合非同一控制下合并。

2020年度S公司实现净利润300万元，提取盈余公积30万元，向股东分配股利100万元；G公司在2020年度实现净利润200万元，提取盈余公积20万元，向股东分配股利100万元；除了利润和利润分配之外，S公司、G公司在2020年度没有其他股东权益变动事项发生。2020年末，P公司、S公司和G公司个别财务报表（简表）见2020年末合并工作底稿中的单独报表部分所示（见表3－3）。

表3－3　　合并工作底稿（简表）

2020年12月31日　　单位：万元

项　　目	单独报表			抵销与调整分录		合并金额
	P公司	S公司	G公司	借方	贷方	
营业收入	600	560	400			
营业成本	350	220	150			
投资收益——S公司	90					
投资收益——G公司	40	20				
所得税费用	70	60	50			
净利润	310	300	200			
少数股东损益						
归属于母公司股东的净利润						
未分配利润——年初	200	140	20			
提取盈余公积	30	30	20			
向投资者（股东）分配利润	180	100	100			
未分配利润——年末	300	310	100			
其他资产	740	840	500			
长期股权投资——S公司	540					
长期股权投资——G公司	120	60				
资产总计	1 400	900	500			
负债	370	100	100			
股本	400	300	200			
资本公积	200	100	50			
盈余公积	130	90	50			
未分配利润	300	310	100			
归属于母公司股东权益合计						
少数股东权益						
所有者权益合计	1 030	800	400			
负债和所有者权益总计	1 400	900	500			

要求：

（1）在表3－3中完成2020年末合并工作底稿。

（2）计算确定2020年初（购买日）少数股东权益。

（五）案例

宜华地产（000150）前身是光电股份，2019年广东宜华集团通过股改＋重组方式入主该公司，通过资产置换置入旗下的广东宜华地产96%股权，该公司主业由光电变身地产。

2019年股改时，控股股东宜华集团对宜华地产未来三年经营业绩曾作如下承诺：出现情况之一时，将流通股加对价一次3 402万股，10股流通股获2.7股。如资产置换2019年底完成，资产交割日后至2019年底净利润低于（7 000万元/12）×月份数，或2020年底净利润低于8 000万元，或2021年底净利润低于9 000万元，或2019年或2020年或2021年财报被出具非标准无保留审计意见；未能按时披露年报。则宜华集团追加对价3 402万股。

2019年报披露，广东宜华在购买日2019年9月30日净资产只有1.3亿元，但评估作价6.23亿元，评估值溢价3.79倍，也即宜华集团在将广东宜华注入宜华地产时获取了379%的超额收益。广东宜华净资产评估值6.23亿元，扣除递延所得税负债1.23亿元，公允价值调整后的广东宜华净资产是5亿元，但由于合并成本只有3.84亿元，差额的0.95亿元根据会计制度规定计入2019年损益，这导致2019年宜华地产实现净利1.13亿元，扣除该笔非经常性损益之后，该公司2019年实现净利只有0.3亿元。

由于宜华地产没有披露购买日广东宜华公允价值调整情况，但在2019年报及2020年报分别披露了年报截止日的公允价值调整情况，我们会发现该宜华地产将溢价的5亿元全部分配给外砂商住区地块，该地块账面价值2亿元，但公允价值近7亿元；而对其他1亿元的开发成本和开发产品，基本都没有溢价，账面价值等同于公允价值。也即在2019年9月30日，宜华地产明明知道宜嘉名都市值在3亿元之上，可是仍然按账面价值0.56亿元作为其市值（0.6亿元）。

（资料来源：中国会计视野CPA之声论坛）

请仔细阅读以上信息，并结合本章内容，讨论以下问题：

1. 宜华地产分配合并成本是否合理？其目的是什么？

2. 该合并采用什么方法？为什么？如果采用另一种合并方法，结果会如何？

第四章

合并财务报表——集团内部交易的会计处理

一、学习重点与难点

本章的重点和难点主要包括以下五个方面：

（一）集团内部交易在合并财务报表中的处理要点

对集团内部交易进行抵销调整的目的在于把因内部交易引起的、从集团主体角度看来含有的"水分"有关项目"挤干"，让合并财务报表反映企业集团真实的财务状况、经营成果和现金流量。对于内部交易事项的抵销的基本思路是：首先，要搞清楚这些内部交易事项所影响的个别报表项目和金额；其次，从集团角度重新审视这些内部交易在合并财务报表中应该反映的项目及金额；最后，通过编制抵销和调整分录在底稿中对个别报表的项目和金额进行抵销或调整。

（二）内部交易销售方向对少数股权和少数股东收益的影响

我国目前准则CAS33要求对逆销和平销产生的未实现内部损益在确定少数股东权益与少数股东损益时予以扣除，即内部未实现损益需要在多数股权与少数股权之间进行分摊，这是学习中的一个难点问题。这里所说的逆销和平销，不能仅仅从字面意思去狭义理解为销售业务。例如，子公司对母公司或集团内其他子公司的应收账款计提了资产减值损失，也需要视为逆销或平销的未实现损益。

如果底稿中的权益法调整采用完全权益法，也即权益法调整时对内部交易的未实现损益采用完全权益法调整。那么，调整过程中长期股权投资和投资收益本身的确认可以考虑逆销和平销对母公司权益和收益的影响，那么，根据调整后的长期股权投资和投资收益在“分段法”抵销调整分录中轧差数正好就是准则要求的少数股东权益和少数股东损益。但是，分段抵销分录中必须将内部交易本身的抵销一并考虑进来，否则该分录也无法平衡。这样处理有两个弊端：其一是完全权益法底稿调整本身异常复杂；其二，分段抵销分录需要考虑内部交易的抵销，会使得分段抵销分录过于冗长。因此，教材中采取了底稿中的权益法调整用非完全权益法调整，即不对内部交易的未实现损益进行调整，这样处理的好处是内部交易本身的抵销可以单独进行，但内部交易中逆销和平销对少数股东权益和损益的影响需要单独编制一笔分录来调整逆销和平销对少数股东权益和少数股东损益的影响。关于这一问题的详细理解可以参考“关于内部交易损益合并抵销的探讨”一文（黄平，会计之友，2012 年第 1 期）。

（三）集团内部存货交易的合并抵销

1. 理解从集团视角如何看待内部存货交易所引起的个别报表中有关项目的高估或低估是理解抵销调整分录的关键。

2. 在连续编制合并财务报表的情况下，要学会理解和分析上期内部存货交易对本期合并抵销的影响情况。在上期内部交易已经全部实现对外出售的情况下，影响内部交易双方的年初未分配利润，金额相同但方向相反，因此，本期和以后各期的合并中就无须作任何底稿处理，或者说不抵自消了。但是，上期发生的内部交易含有为出售存货的情况下，对本期合并的影响不属于同一底稿项目，因此，本期合并中仍然要通过抵销分录进行处理。即根据上期末内部交易存货中的未实现利润金额，借记：年初未分配利润（针对上期内部销售方），贷记：营业成本（针对上期内部购买方）。如果内部交易实现利润为负数，则该分录借贷应该倒过来编制。

3. 关于存货交易引起减值问题如何在合并财务报表中的处理，参考教材中固定资产一节的相关举例。

（四）集团内部固定资产交易的合并处理

集团内部固定资产交易的合并处理原理与存货交易是相同的，但是复杂性在于交易之后各年的合并抵销处理，因为固定资产在其使用期间一直在集团内部购入方账上。

理解集团内部交易资产减值准备在合并财务报表中的处理是难点所在，需要分情况考虑，一是该减值没有超过内部交易未实现损益，那么说明集团角度并没有发生减值，需要全部抵销。二是如果该减值超过了内部交易的未实现损益，那么说明集团角度也存在减值，不需要抵销集团角度的减值部分。

（五）集团内部债权债务的合并抵销处理

集团内部债权债务的合并抵销包括集团内部结算类债权债务以及集团内部持有的债权性金融工具。从合并主体角度看，主体内部是不存在债权债务的，或者说持有自己的债务性金融工具应该视同赎回，都需要在合并底稿中予以抵销。抵销的内容包括债权债务的账面价值以及与这些债权债务核算相关的其他项目，如债权人确认的投资收益和债务人确认的利息费用等。

二、思维导图

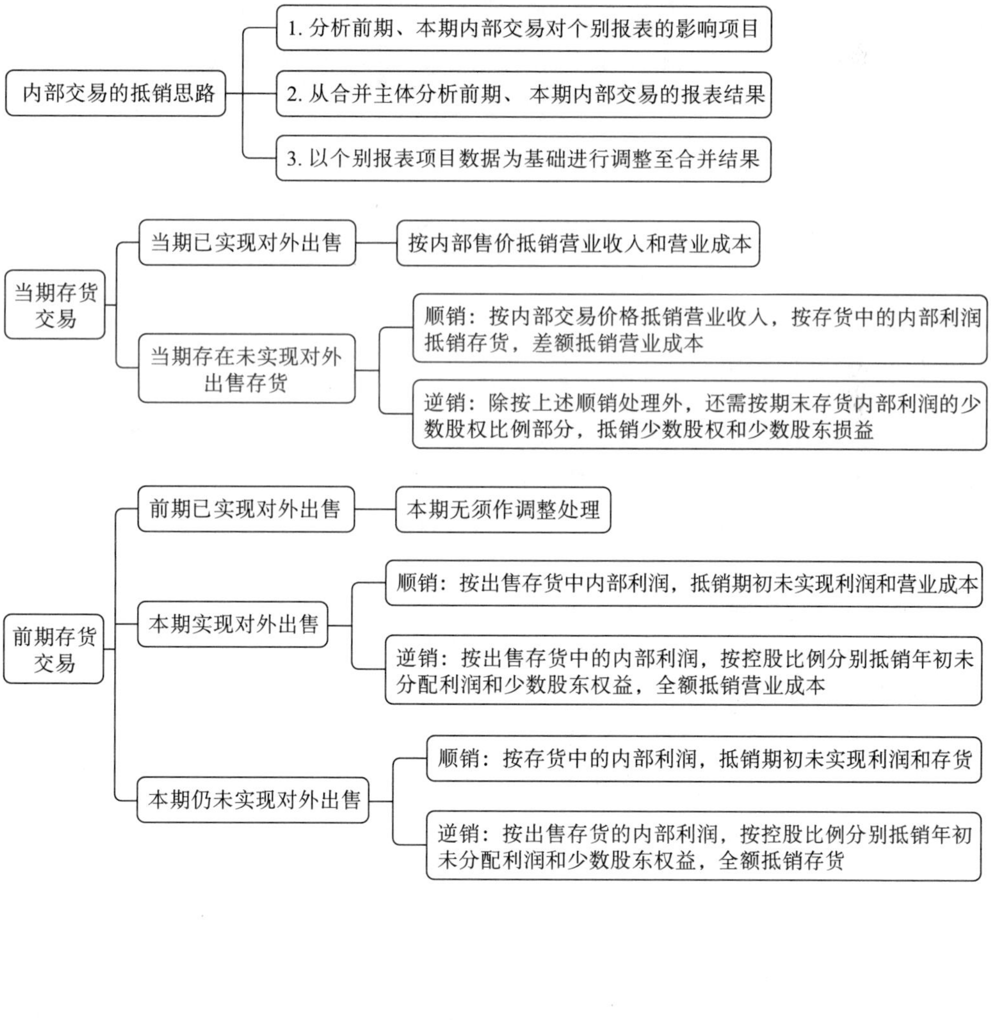

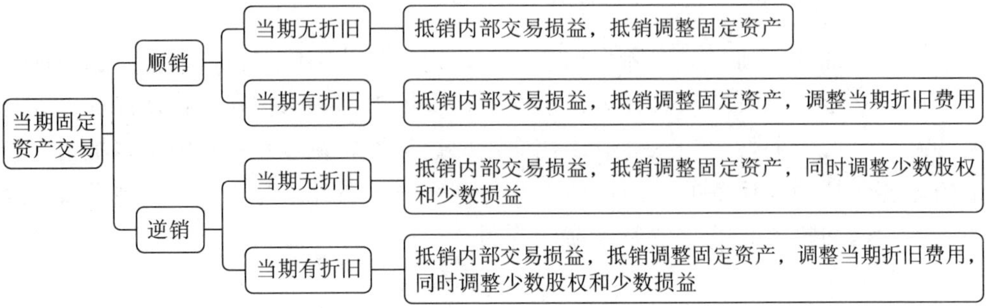

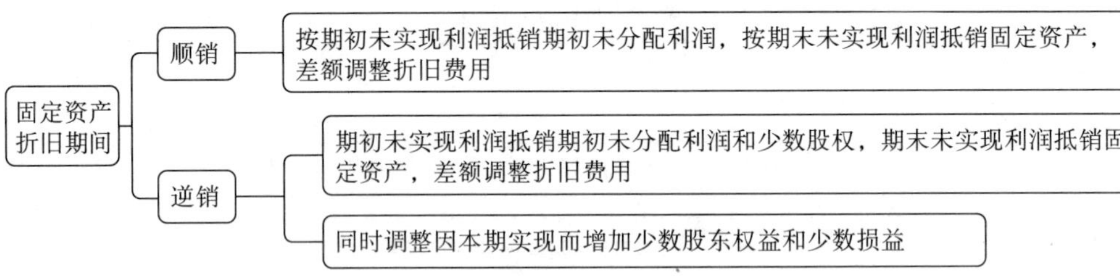

三、练习题

（一）单项选择题

1. P 公司持有 S 公司 80% 的股权，2018 年 P 公司以 40% 的毛利出售商品给 S 公司，2018 年 S 公司全部向集团外出售该商品。在 2018 年的合并财务报表中，应该（　　）抵销调整 P 公司和 S 公司报表项目。

A. 按内部销售收入金额调减营业收入和营业成本

B. 按内部销售收入金额的 80% 调减营业收入和营业成本

C. 按内部销售收入金额的 80% 调减净利润

D. 无须作任何调整

2. 几年前，P 公司取得了 S 公司 80% 的股权。S 公司经常以成本加成 25% 的价格销售商品给 P 公司。2018 年 P 公司和 S 公司有关营业收入、营业成本和毛利润数据如表 4 – 1 所示。

表 4-1　　个别公司 2018 年度有关销售项目表　　单位：万元

项　目	P 公司	S 公司
营业收入	1 000	800
营业成本	800	640
毛利	200	160

2018 年度，P 公司以 400 万元的价格购得 S 公司的商品。P 公司 2107 年末和 2018 年末存货中包括来自 S 公司的商品分别为 100 万元和 125 万元。那么，2018 年的合并营业收入为（　　）万元。

A. 1 800　　B. 1 425
C. 1 400　　D. 1 240

3. 资料同上题 2。2017 年末和 2018 年末存货中未实现利润分别为（　　）万元。

A. 100 和 125　　B. 80 和 100
C. 20 和 25　　D. 16 和 20

4. 资料同上题 2。2018 年末合并营业成本为（　　）万元。

A. 1 024　　B. 1 045
C. 1 052.8　　D. 1 056

5. 将企业集团内部应收账款计提的坏账准备抵销处理时，应借记“应收账款”项目，贷记（　　）项目。

A. 营业外收入　　B. 营业外支出
C. 投资收益　　D. 资产减值损失

6. 本期全部出售了上期发生的集团内部购入存货（该存货中含有内部利润，为顺销），则本期应作的抵销分录是（　　）。

A. 借：未分配利润——年末
　　贷：营业成本

B. 借：未分配利润——年初
　　贷：存货

C. 借：未分配利润——年初
　　贷：营业成本

D. 借：营业收入
　　贷：营业成本

7. P 公司 2018 年购买了 S 公司 80% 的股权，S 公司被购买时存货的公允价值高于账面价值 5 万元，该存货在 2018 年度已经全部出售。2019 年末，P 公司和 S 公司个别报表中的存货分别为 120 万元和 200 万元，在 2019 年度，P 公司将其产品以 30 万元的价格出售给 S 公司，P 公司的成本是 26 万元，S 公司购入后作为原材料，到 2019 年末，S 公司该内部购入的原材料的一半向集团外出售，另一半投入车间生产产品，产品尚未完工。请问在 2019 年末的合并集团存货金额应该是（　　）万元。

A. 280　　B. 305

C. 316　　D. 318

8. 将集团内部逆销产生的损益在少数股权与多数股权之间进行分配的方法，体现了（　　）的要求。

A. 实体理论　　B. 母公司理论

C. 所有权理论　　D. 面值理论

9. 在连续编制合并财务报表的情况下，上期抵销内部应收账款计提的坏账准备对本期的影响，本期应编制的抵销分录为（　　）。

A. 借：坏账准备
　　贷：管理费用

B. 借：应收账款——坏账准备
　　贷：未分配利润——年初

C. 借：未分配利润——年初
　　贷：应收账款——坏账准备

D. 借：管理费用
　　贷：坏账准备

10. 母子公司上年末内部应收账款金额为200万元，相应的坏账准备余额为10万元。本年末，母子公司个别报表本年末应收账款的合计数为3 000万元，本年末母子公司之间内部应收应付款为500万元，坏账准备余额为20万元。则本年末合并资产负债表中的应收账款应该是（　　）万元。

A. 2 520　　B. 3 000

C. 2 500　　D. 2 470

11. 母公司将存货按成本出售给子公司，交易当期子公司以高于成本价出售给了集团之外。关于该交易的合并财务报表处理，下列说法正确的是（　　）。

A. 应按内部交易价格抵销营业收入和营业成本

B. 如果不抵销调整，合并净利润高估

C. 下期合并财务报表仍然需要处理

D. 如果不抵销，影响归属于母公司股东的损益

12. P公司将产品以高于成本价100万元的价格出售给子公司，子公司购入后作为存货，截至年末尚有四分之一未实现对外出售，年末子公司对该存货计提了30万元的存货跌价损失。会计人员在编制合并财务报表时，遗漏了对该内部交易的抵销调整。则下列说法错误的是（　　）。

A. 集团存货高估　　B. 集团营业成本和营业收入高估

C. 集团资产减值损失高估　　D. 集团利润没有影响

13. 上期逆销存货（内含未实现利润）在本期实现对外出售，不影响本期合并财务报表的项目是（　　）。

A. 未分配利润——年初　　B. 归属于母公司股东的损益

C. 少数股东损益　　D. 存货

14. 内部交易产生的未实现利润对当期合并财务报表所得税的影响，在合并财务报表中应（　　）。

A. 借：递延所得税资产
　　贷：所得税费用

B. 借：所得税费用
　　贷：递延所得税负债

C. 借：所得税费用
　　贷：递延所得税资产

D. 借：递延所得税负债
　　贷：所得税费用

15. 合并底稿中对低于成本价出售的当期内部存货交易进行抵销调整，其影响是（　　）。

A. 不一定增加合并净利润　　B. 减少合并净利润

C. 增加合并营业收入和合并营业成本　　D. 增加合并存货成本

（二）多项选择题

1. 当母子公司间期末存在本期发生的内部应收、应付项目，且当期计提坏账准备的情况下，如不抵销，则会导致（　　）。

A. 集团应收项目多记　　B. 集团应付项目多记

C. 集团费用多记　　D. 集团利润多记

2. 母公司将自己的产品按成本价出售给子公司，子公司购入后作为固定资产使用。关于该内部交易在合并财务报表中的处理，下列说法正确的有（　　）。

A. 交易当年无须作任何处理

B. 交易当年要抵销销售收入和销售成本

C. 以后年度不需作任何处理

D. 交易当年和资产使用期间均要抵销处理

3. 内部固定资产交易当期，编制合并财务报表时，对内部固定资产交易的抵销分录可能会涉及的项目有（　　）。

A. 营业收入　　B. 营业成本

C. 固定资产　　D. 未分配利润——年初

4. 母子公司间的债券投资，在编制合并财务报表时，可能涉及的抵销项目有（　　）。

A. 应付债券　　B. 持有至到期投资

C. 应付利息　　D. 应收利息

5. 按照实体理论，编制合并财务报表时，下列（　　）项目会受到内部交易销售方向的影响。

A. 少数股东损益
B. 少数股东权益
C. 合并净利润
D. 合并营业利润

6. P公司经常销售存货给其子公司S公司，内部销售的毛利率一致。如果S公司2020年末存货中的未实现利润超过其2021年末存货中的未实现利润，则（　　）。

A. 2021年P公司和S公司个别报表的营业成本合计数大于合并营业成本
B. 2021年P公司和S公司个别报表的营业成本合计数小于合并营业成本
C. 2021年P公司和S公司个别报表的毛利合计数小于合并毛利
D. 2021年P公司和S公司个别报表的营业收入合计数小于合并营业收入

7. P公司将存货销售给其子公司S公司，S公司购入后作为固定资产使用。在交易当年的合并工作底稿中可能涉及的抵销调整内容包括（　　）。

A. 营业成本
B. 营业收入
C. 折旧费用
D. 固定资产

8. P公司拥有S公司80%的股权，2018年，S公司销售商品给P公司，获得10万元收入，毛利为2万元。2018年末，P公司存货中还包括该商品的50%。2018年度P公司和S公司有关利润表项目如表4－2所示。

表4－2　　个别公司2018年度有关损益项目表　　单位：元

项　目	P公司	S公司
营业收入	500 000	300 000
营业成本	250 000	200 000
毛利	250 000	100 000
营业费用	—	40 000
净利润	—	60 000

不考虑其他因素，关于2018年合并财务报表，下列说法正确的有（　　）。

A. 2018年合并营业成本为360 000元
B. 2018年少数股东损益为10 000元
C. 2018年合并营业收入为700 000元
D. 应抵销P公司期末存货中的未实现损益为10 000元

9. P公司拥有S公司70%的股权，S公司经常以成本加成50%的价格销售商品给P公司。2019年12月31日和2020年12月31日的P公司存货中分别包括购自S公司的商品112 500元和33 000元。2020年度P公司和S公司有关利润表项目如表4－3所示（P公司利润表中不包括对S公司的投资收益，另假定没有商誉减值也没有公允价值差异调整影响）。

表 4－3　　个别公司 2020 年度有关损益项目表　　单位：元

项　目	P 公司	S 公司
营业收入	1 200 000	800 000
营业成本	600 000	500 000
其他费用	400 000	100 000
净利润	200 000	200 000

则关于 2020 年合并财务报表，下列说法正确的有（　　）。

A. 2020 年合并净利润为 426 500 元

B. 2020 年少数股东损益为 67 950 元

C. 2020 年合并净利润为 389 000 元

D. 归属于母公司股东的净利润为 358 550 元

10. 集团内部 2019 年末有逆销的内部交易存货，该存货对 2020 年度合并财务报表的影响项目包括（　　）。

A. 少数股东损益　　B. 归属于母公司股东的净利润

C. 存货　　D. 营业成本

11. 下列会导致当期少数股东应享利润增加的有（　　）。

A. 本期逆销业务含有未实现内部亏损

B. 上期逆销业务含有未实现内部利润

C. 本期逆销业务含有未实现内部利润

D. 上期逆销业务含有内部未实现亏损

12. 上年度子公司向母公司出售商品，内部利润 60 万元没有实现，该存货在本期实现了对外出售，母公司持有子公司 90% 的股权。在本期合并底稿中应作有关调整为（　　）。

A. 调减归属于母公司股东的年初未分配利润 54 万元

B. 调增本期少数股东损益 6 万元

C. 调减本期营业成本 60 万元

D. 调减期初少数股权 6 万元

13. 以存货交易为例，内部交易的抵销与调整与销售方向无关的项目包括（　　）。

A. 主营业务收入　　B. 主营业务成本

C. 存货　　D. 合并净利润

14. 母公司持有子公司 90% 的股权，当期内部交易存在顺销未实现利润 100 万元，逆销未实现利润 200 万元，则当期合并财务报表编制中下列说法正确的有（　　）。

A. 调整减少合并净利润 300 万元　　B. 调整减少少数股东权益 20 万元
C. 调整减少合并存货 300 万元　　D. 调整减少少数股东损益 20 万元

15. 下列说法符合我国现行准则的有（　　）。

A. 母公司向子公司出售资产所发生的未实现内部交易损益，应当全额减少“归属于母公司所有者的净利润”

B. 子公司向母公司出售资产所发生的未实现内部交易损益，应当按照母公司对该子公司的控股比例减少“归属于母公司所有者的净利润”

C. 子公司之间出售资产所发生的未实现内部交易损益，应当按照母公司对购入方子公司的控股比例减少“归属于母公司所有者的净利润”

D. 子公司之间出售资产所发生的未实现内部交易损益，应当按照母公司对出售方子公司的控股比例减少“归属于母公司所有者的净利润”

（三）判断题

1. 在实体理论下，逆销或平销的集团内部交易未实现损益，只按母公司控股比例进行抵销。（　　）

2. 无论是母公司理论还是实体理论，对于非全资控股子公司的内部交易未实现损益都需要 100% 予以抵销。（　　）

3. 按照实体理论，对于逆销或平销业务的未实现损益应该在少数股权和归属于母公司股东权益之间进行分摊。（　　）

4. 如果当期发生的内部交易没有未实现损益，那么在合并底稿中就不需要进行抵销处理了。（　　）

5. 当期期末的存货未实现损益，会影响下期的合并净利润。（　　）

6. 如果内部固定资产交易没有内部损益，除了交易当期需要合并抵销之外，在固定资产使用期间仍然需要合并抵销调整。（　　）

7. 上期末逆销业务的内部未实现损益，对本期末的少数股东损益计算没有影响。（　　）

8. 集团内部交易的抵销，都会导致合并净利润减少。（　　）

9. 集团内部交易事项，不会涉及合并现金流量表的抵销与调整。（　　）

10. 发生在合并日之前的合并主体之间的交易事项，在合并财务报表中无须作任何处理。（　　）

11. 内部交易的未实现损益如果母公司个别报表已经采用了复杂权益法进行了调整处理，那么，合并财务报表中就无须作抵销与调整了。（　　）

12. 对于全资子公司来说，内部交易的方向不同，但在合并财务报表层面的处理是相同的。（　　）

13. 在母公司理论下，内部交易的方向不影响少数股东权益和少数股东损益。（　　）

14. 母公司出售给子公司存货，存货中包含内部利润，从合并主体角度看，因子公司存货高估，从而导致少数股东权益高估，因此，需要调整减少少数股东权益。（　　）

15. 内部交易资产发生减值损失，在合并财务报表层面均需要予以全额抵销。（　　）

（四）计算与账务处理题

1. 母公司在2018年度中销售给子公司商品的销售收入50 000元，销售成本35 000元，年末，子公司存货中有10 000元是从母公司购入的。2019年度，母公司又销售给子公司商品的销售收入为40 000元，销售成本28 000元，年末，子公司存货中有20 000元是从母公司购入的。

要求：对该集团内部交易编制2018年末、2019年末合并底稿的抵销分录。

2. 2019年12月20日，母公司将自己开发的某建筑物销售给子公司，销售价格为310 000元，销售成本为210 000元。子公司将购进的该建筑物分配给专门的销售机构使用，使用年限为5年，预计净残值为10 000元，按直线法计提折旧。2019年12月31日，母公司在其个别利润表中列报营业收入310 000元和营业成本210 000元；子公司在其个别资产负债表中列报固定资产原价为310 000元。使用期满，子公司将该固定资产报废，固定资产清理净损失为30 000元转入营业外支出。

要求：编制有关合并抵销分录。

3. P公司和S公司为母子公司关系。2019年P公司与S公司之间发生的经济业务如下：

（1）7月1日，P公司以银行存款60万元购买了S公司当日发行的三年期债券面值60万元（S公司按面值发行），年利率8%，该债券每年年末计息一次，到期一次还本付息，P公司购入后作为持有至到期投资核算。

（2）9月30日，P公司购买S公司生产的产品一批作为固定资产使用，价款为450万元，当即投入使用，款项到年末仍未支付。P公司该固定资产的使用年限为5年，采用直线法计提折旧。S公司该批产品成本为320万元。

（3）P公司和S公司均按应收账款年末余额的10%计提坏账准备。

要求：

（1）编制上述内部交易事项的抵销分录（不考虑交易方向对少数股权的影响）；

（2）如按实体理论，指出上述业务对少数股东损益和少数股东权益的影响如何？

4. 2019 年，P 公司及其拥有 75% 股权的子公司 S 公司单独利润表（简表）资料如表 4－4 所示。

表 4－4　　P 公司和 S 公司 2019 年度利润表（简表）　　单位：元

项　目	P 公司	S 公司
营业收入	1 000 000	460 000
资产处置损益	20 000	—
投资收益——S 公司	75 000	—
营业成本	500 000	260 000
折旧费用	100 000	60 000
其他费用	200 000	40 000
净利润	295 000	100 000

P 公司的资产处置损益源自 2019 年 1 月 1 日出售账面价值为 40 000 元、售价 60 000 元且剩余使用年限为 10 年的建筑物给 S 公司，采用直线折旧法。

要求：

计算确定 2019 年合并利润表各项目，包括少数股东损益及归属于母公司股东的利润（假定不存在公允价值差异及其他内部交易影响）。

5. P 公司拥有 S 公司 75% 的股权。2015 年 1 月 2 日，S 公司将账面价值为 40 000元的机器出售给 P 公司，获得 65 000 元。当时，机器仍有 5 年的使用年限。P 公司采用直线折旧法。P 公司一直使用该机器，直到 2017 年 12 月 30 日以 36 000 元出售给其他公司。P 公司和 S 公司 2017 年单独利润表（简表）如表 4－5所示。

表 4－5　　P 公司和 S 公司 2017 年度利润表（简表）　　单位：元

项　目	P 公司	S 公司
营业收入	500 000	300 000
资产处置损益	10 000	—
投资收益——S 公司	20 000	—
营业成本	200 000	130 000
折旧费用	50 000	30 000
其他费用	80 000	40 000
净利润	200 000	100 000

要求：

（1）编制2017年合并底稿中关于该固定资产的抵销调整分录。

（2）计算确定2017年合并利润表各项目，包括少数股东损益及归属于母公司股东的利润（假定不存在公允价值差异及其他内部交易影响）。

（五）案例

P公司持有S公司60%的股权，2019年10月1日，S公司将成本为100万元的存货以200万元的对价卖给P公司。P公司2020年12月31日，该批存货一直没有出售，因市场需求变动，该批存货无利用价值，乙公司对其计提180万元减值，该批存货账面价值为20万元。此外，S公司一直没有收到该商品的货款，于2020年末首次计提信用减值损失70万元。不考虑所得税问题。

请结合以上信息和本章内容，讨论以下问题：

1. 该交易对2019年度合并净利润和少数股东损益的影响是多少？

2. 购入方P公司在2020年计提跌价损失180万元，使得购入存货账面价值所剩无几，将原内部毛利100万元和80万元的原成本都从资产账户转入了当期损益。因此，内部交易存货中的未实现利润，在2020度通过购入方P的减值计提而实现。你对该说法如何评价？

3. 该交易对2020年度合并净利润和少数股东损益的影响是多少？请编制2020年度合并底稿分录。

第五章

合并财务报表编制中的特殊问题

一、学习重点与难点

本章的重点和难点主要包括以下五个方面：

（一）期中合并

期中合并中对于期间类报表存在全面合并法和部分合并法之分，在同一控制下适用全面合并法，在非同一控制下，理论上说两种方法都可以。拿合并当年的合并利润表来说，在非同一控制下，无论采用全面合并还是部分合并，最终归属于母公司的净利润是相同的，但少数股东的损益的计量不同，合并利润表各合并损益及合并净利润也不同。难点在于同一控制下调整合并资产负债表的期初数，因为期初实际上不存在母公司的长期股权投资，所以合并资产负债表期初数的各资产和负债项目只能是简单相加，由此导致的合并净资产的增加调整为增加资本公积（或少数股权），但报表的可比性存在较大问题。

（二）复杂股权结构

对于父子孙结构和关联附属结构的合并财务报表编制，在采用底稿调整抵销会计分录的前提下，其特殊之处在于对于处在中间体层面的子公司权益法调整必须建立在该中间体子公司对其下层投资的企业已采用权益调整后的净利润为基础进行调整，因此，合并顺序上宜采取自下而上的方式进行，即先合并孙公司，后合并子公司，在关联附属结构下，则先合并关联附属子公司，再合并直接控股子公司。如果采用直接计算确定合并数的方法，则不存在上述问题。

对于母子公司之间相互持股，在库存股法下，要将子公司持有母公司的金融资产在合并财务报表中调整为库存股，并作为合并所有者权益的减项。其难点在于合并日后的合并财务报表编制中，需要将子公司持有母公司的股权金融资产的升值和子公司当期分得母公司的股利进行抵销。

（三）股权结构变动

1. 分步实现的企业合并——同一控制

对于分步实现的同一控制下企业合并，其难点在于在编制合并财务报表时，应视同参与合并的各方在最终控制方开始控制时即以目前的状态存在进行调整，以不早于合并方和被合并方同处于最终控制方的控制之下的时点为限，将被合并方的有关资产、负债并入合并方合并财务报表的比较报表，并将因合并而增加的净资产在比较报表中调整所有者权益项下的相关项目，这里的比较报表的所有者权益项目实际上也没有可比性。此外，合并方在取得被合并方控制权之前持有的股权投资，在取得原股权之日与合并方和被合并方同处于最终控制方的控制之下孰晚之日起至合并日之间已确认有关损益、其他综合收益以及其他净资产变动的，应予以冲减比较报表期间的期初留存收益或当期损益。教材中的这一笔调整会计分录贷方贷记增加了资本公积，其意义在于不改变归属于母公司股东的权益总额。

2. 分步实现的企业合并——非同一控制下

非同一控制下的分步实现企业合并，在合并财务报表中需要对于购买日之前持有的被购买方的股权，应当按照该股权在购买日的公允价值进行重新计量，公允价值与其账面价值的差额计入当期投资收益；这与个别报表的处理存在差异，其原因在于我国准则对跨界会计处理界限的应用，在个别报表和合并财务报表层面存在不同的跨界标准。

3. 母公司购入子公司少数股东股权

从合并主体角度看，母公司购入少数股东股权属于权益性交易，不确认损益，也不确认商誉。在合并财务报表中，因购买少数股权新取得的长期股权投资与按照新增持股比例计算应享有子公司自购买日或合并日开始持续计算的净资产份额之间的差额，应当调整资本公积（资本溢价或股本溢价），资本公积不足冲减的，调整留存收益。如果购买价款大于按照新增持股比例计算应享有子公司自购买日或合并日开始持续计算的净资产份额，不能确认商誉增加，而是调整为资本公积的增加；反之，也不能确认合并利得，应该冲减资本公积。需要注意的是，准则要求的“计算应享有子公司自购买日或合并日开始持续计算的净资产份额”，计算基础是子公司购买日可辨认净资产的公允价值。此外，如果母公司购买少数股权的对价为非货币性资产，该非货币性资产的公允价值与账面价值之差，母公司个别报表可以确认该损益，但从合并财务报表角度看，该损益也应该予以调整至资本公积。

4. 母公司出售子公司股权

母公司出售子公司股权仍继续保留控制权，由于没有丧失控制权，该出售股权交易属于权益性交易，所产生的损益调整资本公积处理。这里的特殊问题在于个别报表和合并财务报表对处置股权的成本的理解不同：一是存在合并商誉的情况下，被出售部分股权成本中内含的商誉在个别报表中作为处置成本转出了，而合并财务报表层面商誉不能出售；二是个别报表的处置成本以成本法下的账面价值为基础，而合并财务报表的处置股权成本以权益法调整后为基础。

5. 子公司向外界增发股份

子公司仅向外界增发股份会导致母公司对子公司的持股比例减少，在母公司个别报表层面并不需要作出会计处理。但在合并财务报表层面，该交易的实质属于权益性交易，母公司因子公司增发导致的对应股东权益价值的变化不能确认为损益，也不能调整商誉，应该在合并财务报表中调整资本公积，同时相应调整长期股权投资。

（四）反向收购

反向收购中，法律上母公司编制合并财务报表时，需要先计算一个按会计上母公司收购会计上子公司的假设合并成本，即假设法律上子公司（购买方）以发行权益性证券的方式为获取在合并后报告主体中的股权比例，应向法律上母公司（被购买方）的股东发行的权益性证券数量与其公允价值计算的结果。权益工具的金额反映法律上子公司合并前发行在外股份面值加上确定合并成本时假设新发行权益性证券工具的公允价值，但权益结构（股份种类和数量）应当以法律上母公司为基准，即反映法律上母公司发行在外权益性证券的数量和种类。留存收益和其他综合收益应当反映法律上在合并前的留存收益和其他权益余额。如果法律上子公司的部分股东没有将持有的股份转换为法律上母公司的股份，则该部分股东享有的权益份额应作为少数股东权益列示，反映少数股东按持股比例计算享有法律上子公司合并前净资产账面价值的份额。而法律上母公司的原股东虽然在合并中认定为被购买方，但其在合并后形成的报表主体中享有净资产及损益，不作为少数股东列示。合并财务报表的编制方法宜采取直接计算方法更容易理解。

二、思维导图

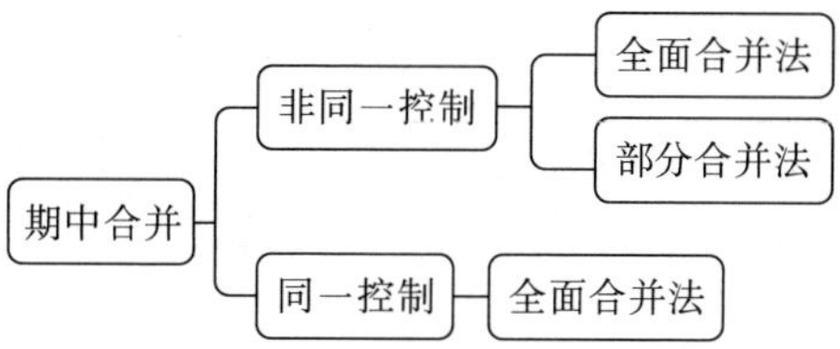
期中合并
非同一控制
全面合并法
部分合并法
同一控制
全面合并法

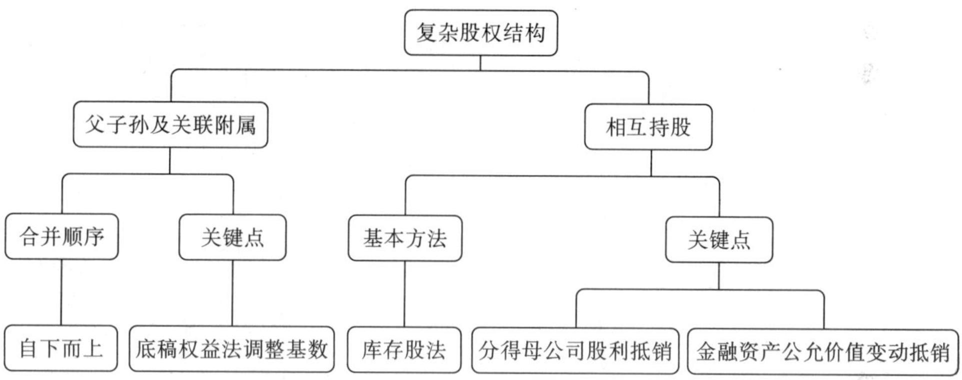
复杂股权结构
父子孙及关联附属
相互持股
合并顺序
关键点
基本方法
关键点
自下而上
底稿权益法调整基数
库存股法
分得母公司股利抵销
金融资产公允价值变动抵销

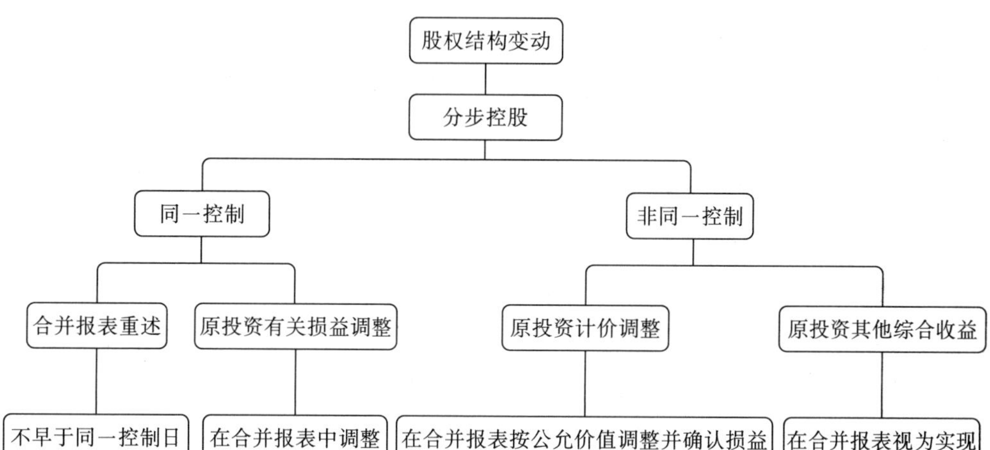
股权结构变动
分步控股
同一控制
非同一控制
合并报表重述
原投资有关损益调整
原投资计价调整
原投资其他综合收益
不早于同一控制日
在合并报表中调整
在合并报表按公允价值调整并确认损益
在合并报表视为实现

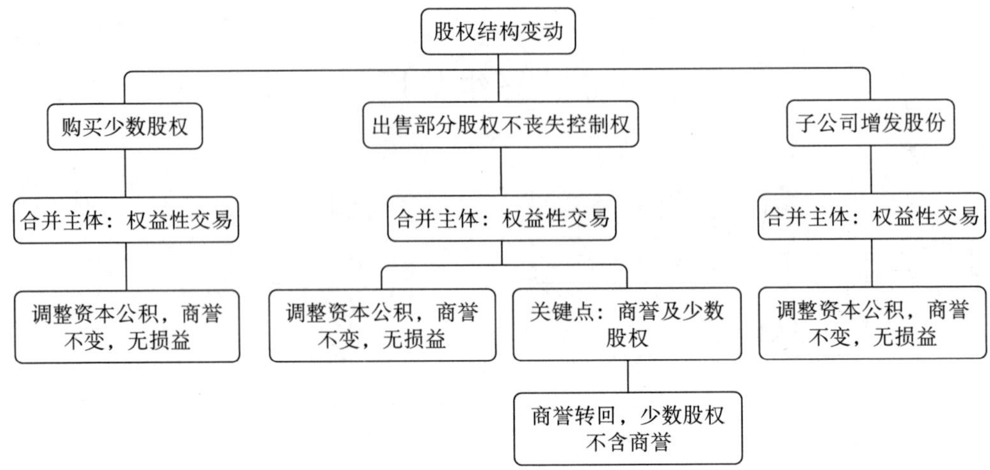

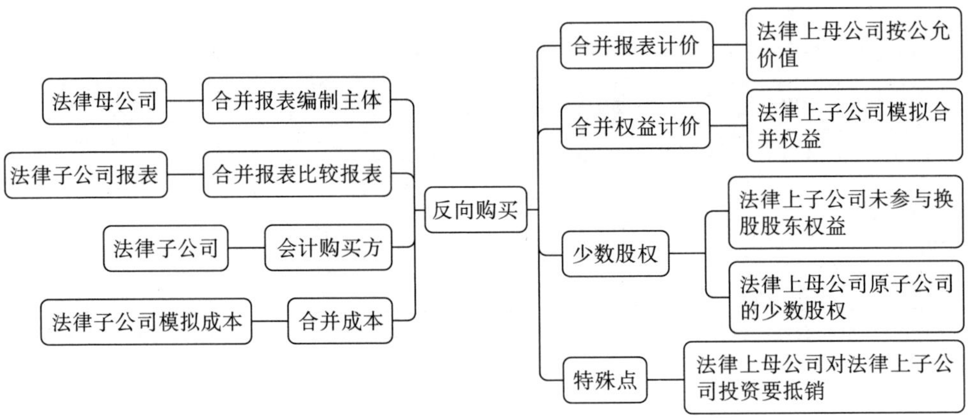

三、练习题

（一）单项选择题

1. 被购买方合并当年上半年净利润 30 万元，下半年净利润 50 万元，购买方当年于 7 月 1 日一次购买了被购买方 80% 的股权，该股权购买存在商誉，但被购买方的资产、负债公允价值与账面价值一致。购买方当年全年利润为 100 万元。则在部分合并法下，合并当年合并净利润为（　　）万元。

A. 150　　B. 100

C. 180　　D. 140

2. 被购买方合并当年上半年净利润 30 万元，下半年净利润 50 万元，购买方当年于 7 月 1 日一次购买了被购买方 80% 的股权，该股权购买存在商誉，但被购买方的资产、负债公允价值与账面价值一致。购买方当年全年利润为 100 万元。则在全面合并法下，合并当年合并净利润为（　　）万元。

A. 150　　B. 100

C. 180　　D. 140

3. 被购买方合并当年上半年净利润 30 万元，下半年净利润 50 万元，购买方当年于 7 月 1 日一次购买了被购买方 80% 的股权，该股权购买存在商誉，但被购买方的资产、负债公允价值与账面价值一致。购买方当年全年利润为 100 万元。则在部分合并法下，合并当年的少数股东损益（　　）万元。

A. 16　　B. 10

C. 20　　D. 30

4. 被购买方合并当年上半年净利润 30 万元，下半年净利润 50 万元，购买方当年于 7 月 1 日一次购买了被购买方 80% 的股权，该股权购买存在商誉，但被购买方的资产、负债公允价值与账面价值一致。购买方当年全年利润为 100 万元。则在全面合并法下，合并当年的少数股东损益（　　）万元。

A. 16　　B. 10

C. 20　　D. 30

5. 子公司持有母公司的股份，按库存股法在合并资产负债表中进行处理时，下列说法正确的是（　　）。

A. 作为少数股权的减项处理

B. 以库存股单列，作为合并所有者权益的减项处理，减少归属于母公司股东的权益处理

C. 以库存股单列，作为合并所有者权益的减项处理，同时减少归属于母公司股东的权益和少数股东权益

D. 不影响合并所有者权益总额

6. 图 5－1 中，P 公司对 S 公司、S 公司对 G 公司、P 公司对 G 公司的股权投资都采用成本法核算。当年 G 公司账面净利润 1 000 万元，分配股利 300 万元，S 公司账面净利润 2 000 万元，分配股利 1 000 万元，当年 P 公司账面净利润 3 000 万元，分配股利 1 500 万元。假设企业合并中各子公司账面价值与公允价值不存在差异，也不存在合并成本与取得股权份额的差异，同时也不考虑内部交易影响。

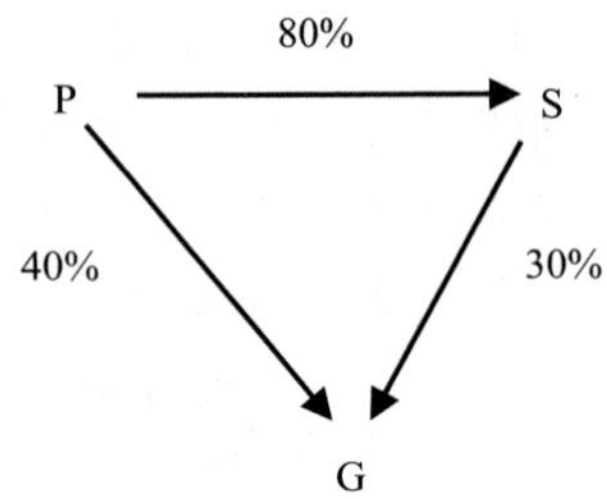

图5－1　关联附属持股结构

那么，在当年的合并利润表中，关于当年的合并净利润为（　　）万元。

A. 6 000　　B. 4 990

C. 4 180　　D. 4 700

7. 资料同上题6，在当年的合并利润表中，归属于母公司的净利润为（　　）万元。

A. 3 000　　B. 4 248

C. 4 700　　D. 4 180

8. 甲公司对乙公司原长期股权投资于2018年取得，持股乙公司30%的股权，具有重大影响。2019年1月1日，甲公司又以银行存款1 000万元投入乙公司股份，持股比例达70%；对乙公司构成了控制。原长期股权投资在合并日的账面价值为500万元，公允价值为800万元。乙公司净资产在合并日的公允价值为3 000万元。则在合并日甲公司的长期股权投资的入账成本为（　　）万元。

A. 1 000　　B. 2 100

C. 1 300　　D. 1 800

9. 2019年12月31日，P公司以800万元取得S公司80%的股权。P公司与S公司不存在关联关系。合并日，S公司账面净资产为600万元，公允价值为800万元，公允价值大于账面价值的差额均为固定资产升值所致；假定剩余折旧年限为10年，按直线法折旧。

2020年度S公司实现净利润为300万元，分配现金股利100万元。

2021年1月1日，P公司出售10%的S公司股权，收到200万元银行存款，剩余股权占S公司70%的股权。

则2021年度合并资产负债表，应调整为资本公积的处置损益是（　　）万元。

A. 118　　B. 102

C. 82　　D. 100

10. 甲公司于2019年1月初和8月初分别取得A公司和B公司的控股权，

使它们成为甲公司的子公司，甲公司在编制 2019 年度合并财务报表时，下列说法正确的是（　　）。

A. 应将 A 公司当年实现的净利润并入合并利润表

B. 应将 B 公司当年实现的净利润并入合并利润表

C. 合并现金流量表中不需要反映 A 公司和 B 公司的现金流量信息

D. 应根据 A 公司和 B 公司的资产、负债信息对合并资产负债表的期初数进行调整

11. 2018 年初 P 公司拥有 S 公司 70% 的股权，2018 年 7 月 1 日，S 公司向母公司增发股份，母公司为此付出银行存款 5 000 万元。母公司按增发后持股比例计算的拥有子公司的账面净资产份额却增加了 6 000 万元。该差额 1 000 万元则在合并财务报表中的正确处理方法是（　　）。

A. 调整增加营业外收入　　B. 调整增加资本公积

C. 调整减少资本公积　　D. 调整减少营业外收入

12. 反向购买在购买日的合并财务报表中，下列说法正确的是（　　）。

A. 法律上母公司的可辨认资产按账面价值并入

B. 法律上母公司的非控性权益应报告为少数股东权益

C. 法律上母公司发行在外股票的数量和金额需要在合并资产负债表中报告

D. 法律上母公司合并前未分配金额不包括在合并财务报表的“未分配利润”项目中

13. A 上市公司于 2017 年 9 月 30 日通过定向增发本企业普通股对 B 企业（非关联方）进行合并，取得 B 企业 90% 股权。A 公司合并前股本 1 500 万股，B 公司合并前股本 900 万股。A 公司每股普通股在 2017 年 9 月 30 日的公允价值为 20 元，B 企业每股普通股当日的公允价值为 40 元。合并方案为每两股增发股份的 A 公司股票换取一股 B 公司股票。如果 B 公司原股东 810 万股对应的股东选择了换取，其余股东放弃换股。故 A 公司实际增发股票为 1 620 万股。则合并后 B 公司原股东在合并后 A 公司中的股权比例为（　　）。

A. 51.92%　　B. 100%

C. 54.84%　　D. 53.13%

14. 资料同上题 13 题，合并财务报表角度的合并成本为（　　）万元。

A. 30 000　　B. 32 000

C. 26 000　　D. 48 000

15. 母公司购买子公司少数股东拥有的子公司股权支付 5 000 万元，按照新增持股比例计算应享有子公司自购买日或合并日开始持续计算的净资产份额增加了 3 000 万元，下列说法正确的是（　　）。

A. 母公司个别报表中长期股权投资增加 3 000 万元

B. 母公司个别报表中确认为营业外支出 2 000 万元

C. 合并财务报表中确认营业外支出 2 000 万元

D. 合并财务报表中调整减少资本公积 2 000 万元

（二）多项选择题

1. 图 5－2 中，P 公司对 S 公司、S 公司对 G 公司、P 公司对 G 公司的股权投资都采用成本法核算。当年 G 公司账面净利润 1 000 万元，分配股利 300 万元，S 公司账面净利润 2 000 万元，分配股利 1 000 万元。假设企业合并中各子公司账面价值与公允价值不存在差异，也不存在合并成本与取得股权份额的差异，不考虑当年内部交易事项。

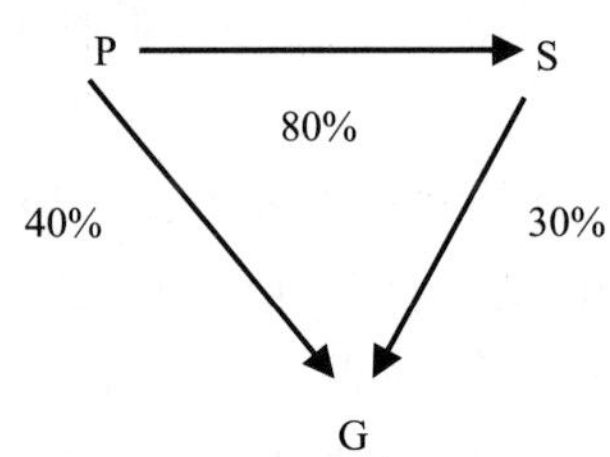

图 5－2 关联附属持股结构

那么，在当年的合并利润表中，关于少数股东损益的计算下列说法正确的有（　　）。

A. G 公司的少数股东损益等于 300 万元

B. S 公司的少数股东损益等于 400 万元

C. S 公司的少数股东损益等于 442 万元

D. G 公司的少数股东损益等于 360 万元

2. 甲公司对乙公司原长期股权投资于 2018 年取得，持股乙公司 30% 的股权，具有重大影响。2019 年 1 月 1 日，甲公司又以银行存款 1 000 万元投入乙公司股份，持股比例达 70%；对乙公司构成了控制。原长期股权投资在合并日的账面价值为 500 万元（其中，包含其他综合收益调整 100 万元），公允价值为 800 万元。乙公司可辨认净资产在合并日的公允价值为 2 000 万元。则在合并日合并资产负债表，下列说法正确的有（　　）。

A. 应确认的投资收益（留存收益项目）金额为 300 万元

B. 应确认的投资收益（留存收益项目）金额为 400 万元

C. 应确认的合并商誉金额为 400 万元

D. 应确认的少数股东权益金额为 600 万元

3. 被购买方合并当年上半年账面净利润 100 万元，下半年账面净利润 200 万元，购买方当年于 7 月 1 日一次购买了被购买方 80% 的股权，该股权购买存在商誉，但被购买方在购买日的固定资产高于账面价值 40 万元，剩余折旧年限 4 年，按直线法折旧，其余资产和负债与账面价值一致。购买方当年全年利润为 500 万元。则在部分合并法下，合并当年合并利润表项目下列说法正确的有（　　）。

A. 合并净利润为 700 万元

B. 合并净利润为 695 万元

C. 少数股东损益为 39 万元

D. 归属于母公司的股东的净利润为 656 万元

4. A 公司于 2018 年 1 月 1 日购买 B 公司 60% 股权，投资成本为 4 500 万元，2018 年 1 月 1 日，B 公司可辨认净资产的公允价值为 6 000 万元。2019 年 1 月 1 日，A 公司以 1 000 万元银行存款购入 B 公司部分少数股东权益，从而持股比例达 70%。2019 年度，B 公司实现净利润 2 000 万元，其间，分派现金股利 500 万元。假设 B 公司资产负债公允价值与账面价值一致，不考虑内部交易。则 2019 年 1 月 1 日，下列会计处理正确的有（　　）。

A. 长期股权投资新的成本为 5 500 万元

B. 合并商誉为 900 万元

C. 合并商誉为 250 万元

D. 合并财务报表中应调整减少资本公积为 250 万元

5. 母公司处置子公司部分股权后仍然控制子公司的，下列说法正确的有（　　）。

A. 如果原来有合并商誉，合并财务报表的合并商誉相应减少

B. 个别报表的处置成本按被处置股权投资的账面价值为基础

C. 合并财务报表层面不存在处置损益

D. 处置如果不是发生在年末，则当年合并财务报表的少数股东损益始终总是按处置后股权比例计算

6. 2019 年 12 月 31 日，P 公司以 800 万元取得 S 公司 80% 的股权。P 公司与 S 公司不存在关联关系。合并日，S 公司账面净资产为 600 万元，公允价值为 800 万元，公允价值大于账面价值的差额均为固定资产升值所致；假定剩余折旧年限为 10 年，按直线法折旧。2020 年度 S 公司实现净利润为 300 万元，分配现金股利 100 万元。2021 年 1 月 1 日，P 公司出售 10% 的 S 公司股权，收到 200 万元银行存款，剩余股权占 S 公司 70% 的股权。

处置当年的有关会计处理，下列说法正确的有（　　）。

A. P 个别报表中确认处置损益为 100 万元

B. 合并财务报表中的合并商誉仍然为 160 万元

C. 合并财务报表层面的应确认为资本公积的处置损益为 102 万元

D. 2021 年度合并底稿中权益法调整仍需对已处置的 10% 股权作出调整

7. A 上市公司于 2017 年 9 月 30 日通过定向增发本企业普通股对 B 企业（非关联方）进行合并，取得 B 企业 90% 股权。A 公司合并前股本 1 500 万股，B 公司合并前股本 900 万股，账面净资产 5 000 万元，账面净资产的公允价值 6 000万元。A 公司每股普通股在 2017 年 9 月 30 日的公允价值为 20 元，B 企业每股普通股当日的公允价值为 40 元。合并方案为每两股增发股份的 A 公司股票换取一股 B 公司股票。如果 B 公司原股东 810 万股对应的股东选择了换取，其余股东放弃换股。故 A 公司实际增发股票为 1 620 万股。则合并日下列说法正确的有（　　）。

A. 该合并符合反向购买

B. 原 B 公司 10% 的股东权益按 500 万元作为少数股权列示

C. A 公司个别报表中对 B 公司长期股权投资按 30 000 万元计量

D. 合并日合并资产负债表的归属于母公司股东权益金额为 7 500 万元

8. P 公司直接拥有 S 公司 80% 的股权，通过 S 公司间接拥有 G 公司 60% 的股权。不考虑子公司公允价值与账面价值差异及内部交易等影响。假设 P 公司、S 公司和 G 公司当年分别实现净利润 100 万元，三个公司都没有进行利润分配。则当年合并利润表下列说法正确的有（　　）。

A. 合并利润为 300 万元

B. 少数股东应享损益为 60 万元

C. 归属于母公司股东所有的净利润为 240 万元

D. 少数股东应享损益为 72 万元

9. P 公司于 2018 年末直接拥有 S 公司 80% 的股权，通过 S 公司间接拥有 G 公司 60% 的股权。不考虑子公司公允价值与账面价值差异影响。假设 P 公司、S 公司和 G 公司 2019 年度分别实现净利润 100 万元，三个公司都没有进行利润分配，2019 年度，G 公司将商品卖给 S 公司，内部利润 10 万元，至年末该商品尚未实现对集团外的出售。则当年合并利润表下列说法正确的有（　　）。

A. 合并利润为 290 万元

B. 当年少数股权益因利润而增加 66. 8 万元

C. 归属于母公司股东所有的净利润为 223. 2 万元

D. 少数股东应享损益为 66. 8 万元

10. P 公司于 2018 年末直接拥有 S 公司 80% 的股权，通过 S 公司间接拥有 G

公司 60% 的股权。不考虑子公司公允价值与账面价值差异影响。假设 P 公司、S 公司和 G 公司 2019 年度分别实现净利润 100 万元，三个公司都没有进行利润分配，2019 年度，P 公司将商品卖给 S 公司，内部利润 10 万元，至年末该商品尚未实现对集团外的出售。则对于当年合并利润表下列说法正确的有（　　）。

A. 合并利润为 290 万元

B. 当年少数股权益因利润而增加 72 万元

C. 归属于母公司股东所有的净利润为 218 万元

D. 少数股东应享损益为 72 万元

11. 关于反向购买的合并日的合并财务报表，下列说法正确的有（　　）。

A. 合并股本金额按法律上子公司的合并前股本金额，而数量按法律上母公司的股本数量

B. 留存收益和其他综合收益应当反映法律上在合并前的留存收益和其他权益余额

C. 合并财务报表由会计上母公司编制

D. 合并财务报表的比较信息应当是法律上子公司的前期合并财务报表

12. 因子公司向新股东增发股票，导致母公司的控股比例由原 100% 降至增发后的 80%。则下列会计处理正确的有（　　）。

A. 当年该子公司的少数股东权益按 20% 计算

B. 如果增发不是发生在年初，当年的少数股东应享损益只包括增发日至年末的应享比例部分

C. 母公司个别报表不需作任何处理

D. 合并财务报表中需要对因增发而导致母公司拥有权益金额的变化数调整增加资本公积

13. 2018 年初 P 公司拥有 S 公司 70% 的股权，2018 年 7 月 1 日，S 公司向母公司增发股份，母公司为此支付银行存款 5 000 万元。母公司按增发后持股比例计算的拥有子公司的账面净资产份额却增加了 4 000 万元。该差额 1 000 万元则在合并底稿中的正确处理方法包括（　　）。

A. 调整减少长期股权投资　　B. 调整增加资本公积

C. 调整减少资本公积　　D. 调整增加合并商誉

14. 母公司购买子公司少数股东拥有的子公司股权，因购买少数股权新取得的长期股权投资金额小于按照新增持股比例计算应享有子公司自购买日或合并日开始持续计算的净资产份额之间的差额，下列说法正确的有（　　）。

A. 母公司个别报表中无须处理

B. 母公司个别报表中确认为营业外收入

C. 合并财务报表中调整增加资本公积

D. 合并财务报表中调整减少资本公积

15. 关于分步实现的控股合并，母公司个别长期股权投资在合并日的计量，下列说法正确的有（　　）。

A. 同一控制下与合并支付对价无关

B. 非同一控制下是前后投资对价在合并日的公允价值之和

C. 同一控制下取决于合并日子公司在其最终控制方合并财务报表角度的账面价值

D. 非同一控制下是合并前投资在合并日账面价值加新投资对价的公允价值之和

（三）判断题

1. 按我国准则，对于期中合并，子公司合并前当年损益也应要予以合并，但在合并净利润之前单独予以一次性扣除。（　　）

2. 在非同一控制下的期中合并中，无论采用全面合并法还是部分合并法归属于母公司当年的利润总是一致的。（　　）

3. 在同一控制下的分步实现合并中，确定合并日长期股权投资成本按原投资的账面值加上新投资的账面价值确定。（　　）

4. 对于分步实现的同一控制下企业合并，在编制比较报表时，以不晚于合并方和被合并方同处于最终控制方的控制之下的时点为限，将被合并方的有关资产、负债并入合并方合并财务报表的比较报表。（　　）

5. 在非同一控制下的分步实现合并中，确定合并日长期股权投资成本按原投资的公允价值加上新投资的成本之和确定。（　　）

6. 母公司购买子公司少数股东拥有的子公司股权，在个别财务报表中，对于因购买少数股权新取得的长期股权投资与按照新增持股比例计算应享有子公司自购买日或合并日开始持续计算的净资产份额之间的差额，无须作出处理。

（　　）

7. 母公司购买子公司少数股东拥有的子公司股权，因购买少数股权新取得的长期股权投资金额大于按照新增持股比例计算应享有子公司自购买日或合并日开始持续计算的净资产份额之间的差额，应当在母公司个别报表中调整减少资本公积（资本溢价或股本溢价），资本公积不足冲减的，调整留存收益。（　　）

8. 母公司出售子公司部分股权，仍然保持母子关系的，在合并财务报表中应将个别报表确认的处置损益调整为资本公积。（　　）

9. 子公司按低于每股账面价值的价格仅向外界增发股份会导致母公司对子

公司的持股比例减少，同时，母公司在增发后子公司的所拥有的股东权益账面价值也会减少。（　）

10. 因子公司增发股份而导致母公司对子公司持股比例发生变化的，则合并底稿中的权益法调整要按增发后控股比例进行调整。（　）

11. 在子公司仅向外界增发的情况下，由于母公司对子公司的投资成本没有变化，但母公司相对应于子公司账面净资产价值的份额的金额却可能发生了变化，因此，需要在合并财务报表层面调整商誉或合并利得。（　）

12. 如果子公司仅仅向母公司增发股份，必然导致母公司对子公司的股权比例上升，也导致所拥有子公司的净资产的账面价值金额也会增加。（　）

13. 反向购买中会计上母公司的合并成本是其实际支付的合并对价的公允价值。（　）

14. 母公司处置部分子公司股权仍保持控股的，该处置属于权益性交易，不得确认损益。（　）

15. 母公司购买子公司少数股东拥有的子公司股权，因购买少数股权新取得的长期股权投资金额小于按照新增持股比例计算应享有子公司自购买日或合并日开始持续计算的净资产份额之间的差额，应当在合并财务报表中确认为营业外收入。（　）

（四）计算与账务处理题

1. 资料：P公司2019年7月1日以500万元现金购买了S公司90%的股份，假定S公司购买日账面净资产公允价值与其账面价值一致，也不存在购买商誉和利得，该合并符合非同一控制下合并，不考虑内部交易问题。P公司和S公司2019年末个别报表资料如表5－1所示。

表5－1　　2019年度合并底稿　　单位：万元

项　目	单独报表		合并金额	
	P公司	S公司	全额合并法	部分合并法
营业收入	1 000	800		
营业成本	550	400		
投资收益——S公司	90	—		
净利润	540	400		
S公司合并前利润	—	—		
少数股东损益	—	—		
归属于母公司股东的净利润	—	—		

此外，假定S公司合并前与合并后的损益都均匀发生，即S公司上半年和下半年实现净利润200万元，S公司下半年分配股利100万元。

要求：

（1）分别全额合并法和部分合并法计算完成各项目合并金额，在答题纸中以表格形式完成，不需要抵销调整分录。

（2）结合计算结果说明，两种方法的各自优缺点是什么？

2. P公司拥有S公司90%的股权，S公司拥有G公司80%的股权，合并发生在2018年度。不考虑购买日子公司资产公允价值与账面价值差异及商誉等影响。2019年度，S公司向P公司销售商品280万元，该商品成本180万元，截至年末，商品仍未实现对集团之外的出售。表内投资收益系各公司按我国现行会计准则核算的结果。2019年度各公司利润情况如表5－2所示。

表5－2　　2019年度母子公司单独利润表　　单位：万元

项　目	单独报表		
	P公司	S公司	G公司
营业收入	1 000	700	600
营业成本	600	400	300
投资收益——S公司	200		
投资收益——G公司		100	
所得税费用	80	60	50
净利润	520	340	250

要求（不考虑所得税差异问题）：

计算确定2019年合并净利润、2019年末少数股东损益及归属于母公司（P公司）股东的损益各是多少？要求写出结算过程，并对计算过程的合理性予以必要的文字说明。

3. P公司于2020年1月1日，以540万元现金购入S公司90%的股份，又以120万元现金购入了G公司40%的股份，同日，S公司以60万元现金取得G公司20%的股份。假设合并日，S公司和G公司的净资产账面价值与其公允价值一致，合并符合非同一控制下合并。

2020年度S公司实现净利润300万元，提取盈余公积30万元，向股东分配股利100万元；G公司在2020年度实现净利润200万元，提取盈余公积20万元，向股东分配股利100万元；除了利润和利润分配之外，S公司、G公司在2020年度没有其他股东权益变动事项发生。2020年末，P公司、S公司和G公司个别财务报表（简表）如2020年末合并工作底稿中的单独报表部分所示（见表5－3）。

表 5-3　　合并工作底稿（简表）

2020 年 12 月 31 日　　单位：万元

项目	单独报表			抵销与调整分录		合并金额
	P 公司	S 公司	G 公司	借方	贷方	
营业收入	600	560	400			
营业成本	350	220	150			
投资收益——S 公司	90					
投资收益——G 公司	40	20				
所得税费用	70	60	50			
净利润	310	300	200			
少数股东损益						
归属于母公司股东的净利润						
未分配利润——年初	200	140	20			
提取盈余公积	30	30	20			
向投资者（股东）分配利润	180	100	100			
未分配利润——年末	300	310	100			
其他资产	740	840	500			
长期股权投资——S 公司	540					
长期股权投资——G 公司	120	60				
资产总计	1 400	900	500			
负债	370	100	100			
股本	400	300	200			
资本公积	200	100	50			
盈余公积	130	90	50			
未分配利润	300	310	100			
归属于母公司股东权益合计						
少数股东权益						
所有者权益合计	1 030	800	400			
负债和所有者权益总计	1 400	900	500			

要求：

（1）按表 5-3 完成 2020 年末合并工作底稿。

（2）计算确定 2020 年初（购买日）少数股东权益。

4. 2019 年 1 月 2 日，甲公司以 6 万元银行存款购入乙公司 20 万股份中的 10%，并将其确认为可供出售金融资产，当时乙公司可辨认净资产的公允价值和账面价值相同，为50万元（其中，股本20万元，资本公积、盈余公积和未分配利润均为10万元）。当年，乙公司实现净利润10万元，宣告并发放股利6万元。

2019年12月31日，甲公司所持乙公司的股份的公允价值为8万元。

2020年1月1日，甲公司又以45万元购入乙公司发行在外的9万股，并完成了对乙公司的控制（非同一控制合并）。当时乙公司可辨认净资产的公允价值为60万元，假定公允价值与账面价值差额为固定资产升值所致。当年，乙公司实现净利润15万元，未宣告股利。

要求：

（1）编制甲公司追加投资完成合并的会计分录；

（2）编制企业合并底稿的抵销与调整分录。

5. 2019年1月初，P公司以588 000元银行存款购买S公司80%的股份，当时，S公司可辨认净资产公允价值与账面价值一致，为700 000元。2019年S公司实现净利润105 000元，未进行股利分配。2019年4月1日，P公司以92 400元价格处置10%的S公司股份，使其控股比例降至70%。假设S公司当年利润在各季度均匀分布。

要求：

（1）计算P公司个别报表确认的处置股权投资收益。

（2）计算P公司当年合并财务报表层面需要调整为资本公积的处置股权收益。

（3）编制2019年末合并资产负债表抵销调整分录。

（五）案例

未名医药借壳万昌科技（股票代码002581）

1. 本次资产收购的交易方案

根据本公司（万昌科技，下同）于2014年12月30日召开的第二届董事会第十四次会议审议通过的《关于公司发行股份及支付现金购买资产暨关联交易方案的议案》，本公司拟以向未名集团、深圳三道等20名未名医药的股东非公开发行股份及支付现金相结合的方式，购买其合计持有的未名医药100%股权，其中本公司通过非公开发行股份支付对价293 300万元，以自有资金支付现金对价220万元。若前述非公开发行股份完成后，本公司的股本将由目前的140 764 000股增加至329 867 793股。本次交易完成后，未名医药成为本公司的全资子公司，未名集团、深圳三道等20名交易对方成为上市公司的股东。

2. 本次资产收购的交易价格和支付方式

根据上海东洲资产评估有限公司出具的沪东洲资评报字〔2014〕第0567256

号《企业价值评估报告书》，标的资产的评估值为 293 520 万元，经交易各方协商，确定本次交易标的资产的交易价格为 293 520 万元。本公司通过向交易对方非公开发行股份及支付现金的方式支付购买标的资产的对价，其中本公司以发行价格每股 15.51 元向交易对方非公开发行股份 189 103 793 股用于支付标的资产对价 293 300 万元，以自有资金 220 万元支付标的资产剩余对价 220 万元。合计发行股份数量占发行后总股本的 57.33%。

3. 财务报表的编制方法

按照反向购买相关会计处理方法，本公司为法律上的母公司，但为会计上的被购买方；拟购买的主体未名医药为法律上的子公司，但为会计上的购买方。因此，本公司按照以下方法编制本备考合并财务报表：（1）纳入备考财务报表合并范围的未名医药资产和负债，以其在合并前的账面价值进行确认和计量。纳入备考财务报表合并范围的本公司可辨认资产、负债按照购买日确定的公允价值进行调整。合并成本大于可辨认净资产公允价值的份额确认为商誉。（2）备考财务报表中购买日的留存收益和其他权益余额反映的是未名医药合并前的留存收益和其他权益余额。（3）备考财务报表中权益性工具的金额是未名医药合并前的股本及根据本次交易假定未名医药对外发行股份新增股本之和。但是备考财务报表中的权益结构反映的是合并后本公司的权益结构（即发行在外的权益性证券数量和种类），包括本公司本次为了购买未名医药 100% 的股权而发行的权益性证券。

4. 合并成本的确定及商誉的处理

（1）合并成本的确定。法律上的子公司（会计上购买方）的企业合并成本：本备考合并财务报表采用适当的估值技术计量万昌科技原有业务于 2014 年 9 月 30 日的整体公允价值，估值方法是以 2014 年 9 月 30 日公司原有业务的收益现值法评估值作为公允价值确定反向购买的合并成本，购买日本公司整体公允价值参照中京民信（北京）资产评估有限公司出具的京信咨〔2014〕第 004 号评估报告进行确认。

（2）商誉的处理根据反向购买的会计处理方法，本备考合并财务报表将产生商誉，商誉的金额为上述方法所确定的合并成本减去万昌科技 2014 年 9 月 30 日可辨认净资产公允价值的差额，并假设商誉在备考财务报表报告期内保持不变。本备考财务报表采用 2014 年 9 月 30 日万昌科技原有业务的收益现值法评估值 949 866 313.90 元确定为反向购买的合并成本；2014 年 9 月 30 日万昌科技可辨认净资产公允价值，以资产基础法评估值 756 611 957.37 元作为可辨认净资产公允价值，合并成本大于可辨认净资产公允价值的差额 193 254 356.53 元，为本备考财务报表的商誉，并假设在报告期内保持不变。

（资料来源：淄博万昌科技股份有限公司审计报告信审字〔2015〕第 3－00562 号）

要求：请结合公司其他相关公开资料完成：

（1）指出合并的性质，购买方和被购买方分别是哪个公司？

（2）在法律上母公司个别报表层面，长期股权投资的入账价值应该按什么？

（3）在合并财务报表层面，案例公司的合并成本确定方法是什么？为什么没有采用假设法律子公司发行股份换取上市公司股权的方式计算？

第六章

外币折算会计

一、学习重点与难点

本章的重点和难点主要包括以下五个方面：

（一）记账本位币的确定

企业应当基于下列因素选定记账本位币：（1）从日常活动收入的角度看，所选择的货币能够对企业商品和劳务销售价格起主要作用，通常以该货币进行商品和劳务销售价格的计价和结算；（2）从日常活动支出的角度看，所选择的货币能够对商品和劳务所需人工、材料和其他费用产生主要影响，通常以该货币进行上述费用的计价和结算；（3）融资活动获得的货币以及保存从经营活动中收取款项时所使用的货币。

应当指出，在确定企业记账本位币时，上述因素的重要程度因不同企业的具体情况而异，需要企业管理当局根据实际情况进行判断，但这并不是说企业管理当局可以根据需要随意选择记账本位币。另外，一家企业只能选择一种货币作为记账本位币。

（二）外币交易会计处理的两种观点

“单一交易”观点的内容：对以外币标价的购、销交易，必须在实际结算后才算完成。因此，应把企业的购、销业务及随后的账款结算视为一项整体业务，以外币的实际收、付为业务结束的标志。这种方法的要点包括：

1. 在交易发生时，按当日汇率将交易发生的外币金额折算为记账本位币入账。

2. 在资产负债表日，如果交易尚未结算，应按资产负债表日规定的汇率将交易发生额折算为记账本位币金额，并对有关外币资产、负债、收入、成本账户进行调整。

3. 在交易结算日，应按结算日汇率将交易发生额折算为记账本位币金额，并对有关外币资产、负债、收入、成本账户进行调整。

“两项交易”观点的基本内容：企业购、销业务的发生与外币的实际支付应被视为两项对等的交易，在购、销业务发生时应以当日的现行汇率确认取得的收入或支付的成本，期末编表及结算的汇率变动与确认的收入和成本不再有直接的关系。

在这种观点下，对于未实现的汇兑差额又存在两种不同的处理方式：一种是当期确认，即将未实现的汇兑差额计入当期损益，列入当期利润表；另一种是作为递延汇兑差额，列入资产负债表，直到完成结算时才作为已实现的损益入账。

（三）资产负债表日及结算日的会计处理

1. 外币货币性项目

货币性项目，是指企业持有的货币资金和将以固定或可确定的金额收取的资产或者偿付的负债。例如，现金、银行存款、应收账款、其他应收款、长期应收款、短期借款、应付账款、其他应付款、长期借款、应付债券和长期应付款等。

采用资产负债表日即期汇率折算。因资产负债表日即期汇率与初始确认时或者前一资产负债表日即期汇率不同而产生的汇兑差额，计入当期损益。另外，结算外币货币性项目时，因汇率波动而形成的汇兑差额也应当计入当期损益。可供出售外币货币性金融资产形成的汇兑差额，也应计入当期损益。

期末调整汇兑差额的计算思路：

（1）外币账户的期末外币余额 = 期初外币余额 + 本期增加的外币发生额 - 本期减少的外币发生额

（2）调整后记账本位币余额 = 期末外币余额 × 期末即期汇率

（3）汇兑差额 = 调整后记账本位币余额 - 调整前记账本位币余额

2. 外币非货币性项目

非货币性项目，是指货币性项目以外的项目。例如，存货、长期股权投资、固定资产、无形资产等。

（1）以历史成本计量的外币非货币性项目，仍采用交易发生日的即期汇率折算，不改变其记账本位币金额。

（2）对于以成本与可变现净值孰低计量的存货，如果其可变现净值以外币确定，则在确定存货的期末价值时，应先将可变现净值按资产负债表日即期汇率折算为记账本位币，再与以记账本位币反映的存货成本进行比较，从而确定该项存货的期末价值。

(3) 以公允价值计量的外币非货币性项目，如交易性金融资产（股票、基金等），采用公允价值确定日的即期汇率折算，折算后的记账本位币金额与原记账本位币金额的差额，作为公允价值变动（含汇率变动）处理，计入当期损益。

(4) 根据《企业会计准则第22号——金融工具确认和计量》，指定为以公允价值计量且变动计入其他综合收益的非交易性权益工具投资，除了获得的股利收入（作为投资成本部分收回的股利收入除外）计入当期损益，其他相关的利得和损失（包括汇兑损益）均计入其他综合收益，且后续不得转入损益。

（四）外币财务报表折算基本方法

外币财务报表折算有四种基本方法，重点掌握时态法和现行汇率法。在时态法下，折算损益应计入当期汇兑损益；在现行汇率法下，折算损益应作为所有者权益的调整额。功能货币的选定成为最终确定外币财务报表折算所采用的方法是现行汇率法还是时态法进行折算亦或先按时态法折算为功能货币，然后再通过现行汇率法将以功能货币表示的财务报表折算成以母公司货币列报的财务报表的关键。我国企业对境外经营的财务报表进行折算时采用的是类似现行汇率法的方法。

（五）境外子公司财务报表的合并问题

在编制境外子公司财务报表的合并时，合并工作底稿中要注意区分两种情况编制母公司、子公司间的调整与抵销分录。此外，还应按少数股东在境外经营所有者权益中所享有的份额计算少数股东应分担的外币财务报表折算差额，并入少数股东权益列示于合并资产负债表。

二、思维导图

- 外币业务
  - 记账本位币 ★
    - 企业记账本位币的确定——考虑日常活动收入、支出的发生使用的货币；融资活动获得以及从经营活动中收取款项所使用的货币
    - 记账本位币的变更——采用变更当日的即期汇率
    - 境外经营记账本位币的确定
      - 1. 境外经营，通常是指企业在境外的子公司、合营企业、联营企业、分支机构。在境内的子公司、合营企业、联营企业、分支机构，采用的记账本位币不同于企业的记账本位币的，也视同境外经营。
      - 2. 记账本位币的选择还需根据经营活动的自主性；与企业的交易在境外经营活动中占的比重；境外经营活动产生的现金流量是否直接影响企业的现金流量、是否可以随时汇回、是否足以偿还其债务来确定。
  - 汇率 ★
    - 标价方法：直接标价方法和间接标价方法。目前世界上大多数国家，包括我国在内采用的都是直接标价法。
    - 汇率可依据汇率记入账中的时间、从事外汇经营的银行角度、汇率交易的交割期限进行分类。
  - 外币交易 ★★
    - 两种观点
      - “单一交易”观点
      - “两项交易”观点
    - 会计处理
      - 初始计量
        - 1. 对于发生的外币交易，应当将外币金额折算为记账本位币金额。
        - 2. 采用交易发生日的即期汇率进行折算；也可以采用按照系统合理的方法确定的、与交易发生日即期汇率近似的汇率折算。
        - 3. 收到投资者以外币投入的资本，不得采用合同约定汇率和即期汇率的近似汇率折算，一律采用交易日即期汇率折算。
      - 资产负债表日调整
        - 货币性项目 → 采用资产负债表日或结算日的即期汇率折算，产生的汇率差额计入当期损益
        - 非货币性项目
          - 对于以历史成本计量的项目，不需处理
          - 对于以成本与可变现净值孰低计量的存货，应先将可变现净值折算为记账本位币，再与成本进行比较确定跌价损失。
          - 对于以公允价值计量的股票、基金等非货币性项目，汇率变动影响作为公允价值变动损益，计入当期损益。
          - 以公允价值计量且变动计入其他综合收益的金融资产
            - 外币货币性：汇兑差额计入当期损益
            - 外币非货币性：汇兑差额计入其他综合收益
    - 汇兑差额
      - 筹建期间发生——计入“管理费用——开办费”，在生产经营当月一次性摊销
      - 生产经营期间发生——计入“财务费用”
      - 为购建符合资本化条件的资产发生
        - 达到预定可使用状态前，予以资本化，计入资产的成本
        - 达到预定可使用状态后，计入当期“财务费用”
  - 外币财务报表折算 ★★★
    - 外币财务报表折算方法
      - 单一汇率法：现行汇率法
      - 非单一汇率法：流动与非流动项目法、货币与非货币项目法和时态法
    - 我国采用报表折算方法
      - 资产与负债项目——按资产负债表日即期汇率进行折算
      - 年末未分配利润（倒挤）：年初未分配+本年利润－本年分配
      - 其他所有者权益项目——按发生时的即期汇率折算
      - 利润表中各项目，按发生时的即期汇率或近似汇率折算
      - →
        - 1. 折算差额单独列示在资产负债表的股东权益项目内作递延处理，不计入当期损益
        - 2. 因折算差额作递延处理，不列入当期利润表，进行折算时先折算利润表，再折算资产负债表
        - 3. 折算差额在资产负债表中所有者权益项目下单独作为“其他综合收益”项目列示

三、练习题

（一）单项选择题

1. 我国企业通常应选择（　　）作为记账本位币。

A. 人民币　　B. 外币

C. 以人民币折合成外币　　D. 以外币折合成人民币

2. 以下不属于外币财务报表折算可供选择的汇率的是（　　）。

A. 历史汇率　　B. 现行汇率

C. 平均汇率　　D. 远期汇率

3. 国内甲企业主要从事商品销售，该企业的20%的销售收入来源于出口，出口货物采用美元计价和结算。进口原材料30%来源于向法国进口，进口的原材料以欧元计价和结算；其他业务采用人民币计价和结算，则该企业的记账本位币应该是（　　）。

A. 美元　　B. 欧元

C. 美元和欧元　　D. 人民币

4. 收到以外币投入的资本时，其对应的资产账户采用的折算汇率是（　　）。

A. 收到外币资本时的即期汇率　　B. 投资合同约定的汇率

C. 签订投资合同时的市场汇率　　D. 第一次收到外币资本时的市场汇率

5. 企业因经营所处的主要经济环境发生重大变化，确需变更记账本位币的，应当采用（　　）将所有项目折算为变更后的记账本位币，折算后的金额作为新的记账本位币的历史成本。

A. 变更当日的即期汇率　　B. 变更当期的期初汇率

C. 变更当期的期末汇率　　D. 变更当日的即期近似汇率

6. 在下列四种外币财务报表折算方法中，（　　）最有利于保持原财务报表各项目之间的比例关系。

A. 时态法　　B. 流动与非流动项目法

C. 现行汇率法　　D. 货币与非货币项目法

7. 采用现行汇率法折算外币财务报表时，按照历史汇率折算的会计报表项目是（　　）。

A. 存货　　B. 固定资产

C. 应付债券　　D. 实收资本

8. 按照我国现行会计准则规定，销售商品所形成的外币应收账款由于市场汇率上涨引起的折算差额，在期末确认时，应（　　）。

A. 增加财务费用　　B. 增加主营业务收入

C. 冲减主营业务收入　　D. 冲减财务费用

9. 某中外合资经营企业注册资本为400万美元，合同约定分两次投入，但未约定折算汇率。中外投资者分别于2020年6月1日和9月1日投入300万美元和100万美元。2020年6月1日、9月1日、9月30日和12月31日美元对人民币的汇率分别为US＄1＝RMB7.13、US＄1＝RMB6.85、US＄1＝RMB6.81和US＄1＝RMB6.52。假定该企业采用人民币作为记账本位币，外币业务采用业务发生日的即期汇率折算。该企业2020年末资产负债表中“实收资本”项目的金额为人民币（　　）万元。

A. 2 608　　B. 2 852

C. 2 824　　D. 2 724

10. 某中外经营合资企业收到外商作为实收资本投入的设备一台，协议价为100万美元，合同约定汇率为US＄1＝RMB6.28，收到该设备时的即期汇率为US＄1＝RMB6.16，收到该设备后发生运杂费2万元人民币、安装调试费用12万元人民币、进口关税20万元人民币。该设备的入账价值为（　　）万元人民币。

A. 662　　B. 650

C. 640　　D. 660

11. 企业在采用交易发生日的即期汇率作为折算汇率的情况下，将人民币兑换成外币时所产生的汇兑损益，是指（　　）。

A. 账面汇率与当日市场汇率之差所引起的折算差额

B. 账面汇率与当日银行卖出价之差所引起的折算差额

C. 银行买入价与交易发生日的即期汇率之差所引起的折算差额

D. 银行卖出价与交易发生日的即期汇率之差所引起的折算差额

12. 外币财务报表折算为人民币报表时，利润分配表中的“未分配利润”项目应当（　　）。

A. 根据折算后利润分配表中的其他项目的数额计算确定

B. 按历史汇率折算

C. 按现行汇率折算

D. 按平均汇率折算

13. 2020年8月6日，我国A公司向国外甲公司出口销售商品一批，根据销售合同约定，货款共计50 000美元，当日的市场汇率为US＄1＝RMB6.94，货款尚未收到。A 公司按月计算汇兑损益，采用交易发生日的即期汇率折算，8 月 31 日和 9 月 30 日的市场汇率分别为 US＄1 = RMB6.86 和 US＄1 = RMB6.81，则应收账款 9 月份产生的汇兑损益为（　　）元人民币。

A. 2 500　　B. －2 500

C. －6 500　　D. 6 500

14. 某公司的境外子公司的记账本位币为美元。本期期末汇率为 US＄1 = RMB6.40，与交易发生日即期汇率近似的汇率折算为 US＄1 = RMB6.50。子公司资产负债表中“盈余公积”项目年初余额为 200 万美元，折合人民币 1 320 万元，本期所有者权益变动表“提取盈余公积”项目金额为 160 万美元，则子公司资产负债表“盈余公积”项目的期末余额经折算后的金额为（　　）万元人民币，当期计提的盈余公积采用与交易发生日即期汇率近似的汇率折算。

A. 2 360　　B. 2 340

C. 2 344　　D. 1 320

15. 下列关于外币非货币性项目的折算表述中，正确的是（　　）。

A. 以历史成本计量的外币非货币性项目，在资产负债表日产生汇兑差额

B. 以历史成本计量的外币非货币性项目，在资产负债表日不产生汇兑差额

C. 以历史成本计量的外币非货币性项目，在资产负债表日仅有资产类科目产生汇兑差额

D. 以历史成本计量的外币非货币性项目，在资产负债表日仅有所有者权益类科目产生汇兑差额

（二）多项选择题

1. 按汇率交易的交割期限分类汇率可以分为（　　）。

A. 即期汇率　　B. 远期汇率

C. 买入汇率　　D. 卖出汇率

2. 下列项目中，属于境外经营或视同境外经营的有（　　）。

A. 企业在境外的子公司

B. 企业在境外的合营企业

C. 采用不同于企业记账本位币，在境内的子公司

D. 采用相同于企业记账本位币，在境内的子公司

3. 下列关于记账本位币的说法中，错误的有（　　）。

A. 业务收支以人民币以外的货币为主的企业，可以选定其中一种货币作为记账本位币，并且编报的财务会计报告也无须折算为人民币

B. 企业可以选用多种货币作为其记账本位币

C. 企业记账本位币一经确定，不得随意变更，除非企业经营所处的主要经济环境发生重大变化

D. 我国大多数企业一般以人民币作为记账本位币

4. 企业选定境外经营的记账本位币时，除了考虑一般企业在选择确定记账本位币时需要考虑的因素之外，还应当考虑（　　）。

A. 境外经营活动产生的现金流量是否直接影响企业现金流量、是否可以随时汇回

B. 境外经营活动产生的现金流量是否足以偿还其现有债务和可预期的债务

C. 境外经营对其所从事的活动是否拥有很强的自主性

D. 境外经营活动中与企业的交易是否在境外经营活动中占有较大比重

5. 外币交易会计处理的观点可以区分为（　　）。

A. “单一交易”观点　　B. 即期确认汇兑损益法

C. 递延确认汇兑损益法　　D. “两项交易”观点

6. 以下属于非货币性项目的有（　　）。

A. 交易性金融资产　　B. 长期股权投资

C. 资本公积　　D. 固定资产

7. 下列项目中属于货币性项目的有（　　）。

A. 短期借款　　B. 应收账款

C. 应付账款　　D. 可供出售金融资产

8. 下列不属于“两项交易”观点的特点有（　　）。

A. 对于未实现的汇兑差额统一采用一种处理方式

B. 该观点下的会计处理实际上是一种特殊的收付实现制

C. 收入或成本额要随汇率的变动而不断调整

D. 该观点理论上更为严密，计算也较为清晰、简便

9. 我国企业在对境外经营的财务报表进行折算时，应采用交易发生日的即期汇率折算的有（　　）。

A. 固定资产　　B. 实收资本

C. 管理费用　　D. 营业外收入

10. 在外币财务报表折算时，应当按照资产负债表日的即期汇率折算的项目有（　　）。

A. 货币资金　　B. 未分配利润

C. 应付账款　　D. 交易性金融资产

11. 生产经营期间与购建固定资产有关的汇兑损益，可能计入的账户有（　　）。

A. 在建工程　　B. 财务费用

C. 长期待摊费用　　D. 管理费用

12. 企业发生各类外币交易形成的汇兑差额，根据不同业务可能计入的科目有（　　）。

A. 公允价值变动损益　　B. 财务费用

C. 资本公积　　D. 存货跌价损失

13. 下列项目中，可以作为汇兑损益计入当期损益的有（　　）。

A. 接受投入的外币资本折算差额　　B. 买入外汇时发生的汇兑差额

C. 期末应收账款科目的汇兑差额　　D. 卖出外汇时发生的汇兑差额

14. 采用现行汇率法折算会计报表时，按照历史成本折算的财务报表项目有（　　）。

A. 实收资本　　B. 固定资产

C. 应付债券　　D. 资本公积

15. 关于外币财务报表折算差额，下列说法正确的有（　　）。

A. 企业在处置境外经营时，应当将资产负债表中所有者权益项目下列示的、与该境外经营相关的外币财务报表折算差额，自所有者权益项目转入未分配利润项目

B. 企业在处置境外经营时，应当将资产负债表中所有者权益项目下列示的、与该境外经营相关的外币财务报表折算差额，自所有者权益项目转入处置当期损益

C. 企业发生的外币财务报表折算差额，在资产负债表中所有者权益项目下单独列示

D. 在企业境外经营为其子公司的情况下，企业在编制合并财务报表时，应按少数股东在境外经营所有者权益中所享有的份额计算少数股东应分担的外币财务报表折算差额，并入少数股东权益列示于合并资产负债表

（三）判断题

1. 在间接标价法下，汇率的变动和本币币值的变动成正比，与外币币值的变动也成正比。（　　）

2. 如果企业在境内的子公司选定的记账本位币不同于企业的记账本位币，那么该子公司也应视同境外经营。（　　）

3. 外币业务记账方法分为分账制和统账制，但无论采取哪种方法，其产生的汇兑差额的处理结果应当相一致。（　　）

4. 外币交易会计处理的“单一交易”观点，将未实现的汇兑差额计入当期

损益，列入当期利润表。（　　）

5. 货币性项目分为货币性资产和货币性负债。货币性资产包括现金、银行存款、交易性金融资产、其他应收款、长期应收款等。（　　）

6. 在不跨期公司赊销货物时，因实际收到账款当天的汇率与形成应收账款当天的汇率存在差异，从而产生的外币汇兑差额，称为已实现的汇兑差额。（　　）

7. 功能货币是指一个主体所经营的主要经济环境中的货币，但是通常这种货币并不是该主体计价和结算所经常使用的货币。（　　）

8. 企业为购建符合资本化条件的资产发生的汇兑差额，根据不同情况，计入所购建的符合资本化条件资产的成本，或者计入当期“财务费用”。（　　）

9. 时态法以会计计量基础作为折算汇率的选择依据。（　　）

10. 采用时态法进行外币财务报表折算时，以成本计价的存货应当以现行汇率折算。（　　）

11. 现行汇率法倡导者的理由主要是现行汇率法简便易行，便于操作。（　　）

12. 流动与非流动项目法规定按照资产负债表中项目流动性的强弱分别采用现行汇率或是历史汇率进行折算，这一做法的缺点在于过于关注资产负债表的分类，并不能真正反映不同项目受汇率变化的影响。（　　）

13. 在货币性与非货币性项目法下，非货币资产采用历史汇率进行折算，其缺点在于没有根据非货币项目中计价基础确定适当的折算方法。（　　）

14. 企业对境外子公司的外币利润表进行折算时，可以采用交易发生日的即期汇率，也可以采用按照系统合理的方法确定的、与交易发生日即期汇率近似的汇率折算。（　　）

15. 当境外经营不再处于恶性通货膨胀经济中时，停止重述；按照停止之日的价格水平重述的财务报表进行折算。（　　）

（四）计算与账务处理题

1. 2020 年 6 月 1 日，一家美国公司向一英国商购买商品，价值 100 万英镑。双方约定在当年 7 月 15 日付款，有关汇率如下：

2020 年 6 月 1 日，£ 1 = US $ 1.24；

2020 年 6 月 30 日，£ 1 = US $ 1.23；

2020 年 7 月 15 日，£ 1 = US $ 1.21。

要求：

（1）用“单一交易”观点编制会计分录；

（2）用“两项交易”观点编制会计分录（未实现汇兑损益采用即期确认法）。

2. 某企业按规定允许开立现汇账户，对本月发生的外币业务按当日的市场汇率折合为人民币记账。该企业 2020 年 6 月 30 日有关科目余额如表 6－1 所示。

表 6－1　　2020 年 6 月 30 日有关科目余额　　单位：元

科目名称	美元	汇率 RMB/US $	人民币
银行存款	20 000	7.080	141 600
应收账款	100 000	7.080	708 000
应付账款	40 000	7.080	283 200
长期借款（工程项目尚未达到预定可使用状态）	20 000	7.080	141 600

该企业 2020 年 7 月份发生下列经济业务：

（1）该企业收回客户前欠账款 60 000 美元存入银行，当日市场汇率为 US $ 1 = RMB7.062。

（2）将 20 000 美元存款兑换为人民币存款，兑换当日汇率为：买入价 US $ 1 = RMB7.062，卖出价 US $ 1 = RMB7.070，当日市场汇率为 US $ 1 = RMB7.066。

（3）用银行存款 20 000 美元偿还应付账款，当日市场汇率为 US $ 1 = RMB7.004。

（4）用银行存款 20 000 美元归还长期借款，当日市场汇率为 US $ 1 = RMB6.972。

2020 年 7 月 31 日国家公布的汇率为 US $ 1 = RMB6.988。

要求：

（1）根据上述经济业务编制会计分录（月终调整法）。

（2）编制 2020 年 7 月 31 日外币科目余额调整计算表，将计算结果填入表 6－2，并编制期末汇兑损益的会计分录。

表 6－2　　7 月 31 日外币科目余额调整计算表　　单位：元

科目名称	美元余额	月末汇率	调整后人民币余额	调整前人民币余额	差额（借或贷）
银行存款					
应收账款					
应付账款					
长期借款					
合　　计					

（3）计算2020年7月份的汇兑损益和计入7月份损益的汇兑损益。

3. 甲有限责任公司的外币交易采用交易发生时的市场汇率进行折算，并按月计算汇兑损益。2020年11月30日，市场汇率为US $1 = RMB6.5782。有关外币账户期末余额如表6－3所示。

表6－3

项　目	外币账户金额（美元，万美元）	汇率	记账本位币金额（人民币，万元）
银行存款	500	6.5782	3 289.1
应收账款	200	6.5782	1 315.64
应付账款	100	6.5782	657.82
长期借款	50	6.5782	328.91

公司12月份发生如下外币业务（假设不考虑有关税费）：

（1）12月1日，甲公司以每股5美元的价格购入A公司的股票100万股，作为交易性金融资产核算，当日的汇率为US $1 = RMB6.5921，款项已用美元支付。

（2）12月10日，甲公司对外销售一批商品，售价为30万美元，当日的市场汇率为US $1 = RMB6.5476，款项尚未收到。

（3）12月16日，收到国外的投资500万美元，合同约定的汇率为US $1 = RMB6.7455，款项已收到，当日的市场汇率为US $1 = RMB6.5355。

（4）12月20日，甲公司购入一批原材料，该批原材料的价款为50万美元，款项尚未支付，当日的市场汇率为US $1 = RMB6.5507。

（5）12月23日，甲公司收到上月应收货款20万美元，款项已存入银行，当日的市场汇率为US $1 = RMB6.5558。

（6）12月31日，计提长期借款利息为5万美元，利息尚未支付，该项长期借款是在2020年1月1日借入的，用于建造固定资产，到期一次还本付息，该项固定资产在2020年1月1日已开始建造，2020年末尚未完工。

（7）12月31日，当月购入的A公司的股票公允价值为每股4.6美元，当日的市场汇率为US $1 = RMB6.5249。

要求：

（1）编制上述业务的相关会计处理（月终调整法，美元货币单位万美元）；

（2）计算期末汇兑损益并作出相关的账务处理（假定不考虑税费的影响）。

4. 艾德股份有限公司记账本位币为人民币，外币业务采用交易发生日市场汇率进行折算，按季核算汇兑损益。2020年3月31日有关外币账户余额如表6－4所示。

表 6－4

项　　目	外币金额（万欧元）	折算汇率	折算人民币金额（万元）
银行存款（借方）	400	7.81	3 124
应收账款（借方）	300	7.81	2 343
长期借款（贷方）	1 000	7.81	7 810
应付利息（贷方）（该长期借款产生）	15	7.81	117.15

长期借款 1 000 万欧元，系 2019 年 10 月借入的专门用于建造某生产线的外币借款，借款期限为 24 个月，年利率为 6%，按季计提利息，每年 1 月和 7 月支付半年的利息，假定不考虑借款手续费。该生产线建造于 2019 年 10 月开工，至 2020 年 3 月 31 日仍处于建造过程中，已使用外币借款 600 万欧元，2020 年第二季度建造过程中未使用长期借款，该生产线预计将于 2020 年 12 月完工。闲置时专门借款资金的投资收益为每月 0.5%。

2020 年 4 月至 6 月，该公司发生如下外币业务（假定不考虑增值税等相关税费）：

（1）4 月 1 日，为建造该生产线进口一套设备，并以外币银行存款 100 万欧元支付设备购置价款。设备于当月投入安装。当日市场汇率为 EUR1 = RMB7.81。

（2）4 月 20 日，将 50 万欧元兑换为人民币，当日银行欧元买入价为 EUR1 = RMB7.67，卖出价为 EUR1 = RMB7.69，兑换所得人民币已存入银行。当日市场汇率为 EUR1 = RMB7.68。

（3）5 月 1 日，以外币银行存款向外国公司支付生产线安装费用 120 万欧元。当日市场汇率为 EUR1 = RMB7.67。

（4）5 月 15 日，收到第一季度发生的应收账款 100 万欧元。当日市场汇率为 EUR1 = RMB7.69。

（5）6 月 30 日，计提外币专门借款利息。假定外币专门借款应计利息通过"应付利息"科目核算。当日市场汇率为 EUR1 = RMB7.96。

（6）第二季度剩余专门借款存放在银行产生的利息收入为 6 万欧元，已于季末收到并存入银行。

要求：

（1）编制 2020 年第二季度外币业务的会计分录（未实现汇兑差额采用月终调整法，欧元单位为万欧元）。

（2）计算 2020 年第二季度计入在建工程和当期损益的汇兑损益。

（3）编制与期末汇兑损益相关的会计分录。

5. 某国外子公司的财务报表需折算为美元。有关资料如表 6－5、表 6－6 所示：

汇率设定：

债券、股份发行日的汇率　　LC1.00 = US $0.23

固定资产取得时的汇率　　LC1.00 = US $0.23

年初存货折算汇率　　LC1.00 = US $0.19

年末存货折算汇率　　LC1.00 = US $0.22

股利支付日的汇率　　LC1.00 = US $0.21

2020 年度平均汇率　　LC1.00 = US $0.20

2019 年 12 月 31 日汇率　　LC1.00 = US $0.18

2020 年 12 月 31 日汇率　　LC1.00 = US $0.24

表 6－5　　**资产负债表**　　货币单位：LC

项　　目	2019 年 12 月 31 日	2020 年 12 月 31 日
现金	30 000	50 000
应收账款	130 000	100 000
存货	120 000	150 000
固定资产（净值）	900 000	800 000
资产合计	1 180 000	1 100 000
应付账款	210 000	240 000
长期债券	250 000	100 000
实收资本	500 000	500 000
留存收益	220 000	260 000
负债及所有者权益合计	1 180 000	1100 000

表 6－6　　**利润及利润分配表**　　货币单位：LC

项　　目	金　　额
主营业务收入	1 000 000
主营业务成本	595 000
折旧费	100 000
管理费用	149 300
税前收益	155 700
所得税费用	46 700
净利润	109 000

续表

项 目	金 额
未分配利润（2019 年底）	220 000
合 计	329 000
现金股利	69 000
未分配利润（2020 年底）	260 000

假设全年的销货收入、购货支出（LC625 000）、其他费用及所得税的预交在年内都是均衡发生，并假定：

（1）存货以市价计价，固定资产以历史成本计价。

（2）“折算损益”列于“所得税费用”项目之后、“净利润”项目之前。

（3）2020 年存货取得时的汇率为 LC1.00 = US $0.20。

（4）年初未分配利润折算金额为 US $60 800。

要求：

（1）采用时态法把该子公司当地货币表示的会计报表折算为以美元表示的报表。

（2）如果采用货币与非货币项目法，报表折算结果是否与时态法相同？为什么？

6. 甲公司的记账本位币为人民币。2019 年 12 月 5 日以每股 1.5 美元的价格购入乙公司 B 股 10 000 股作为交易性金融资产，当日即期汇率为 US $1 = RMB7.05，相关款项已支付。2019 年 12 月 31 日，由于市价变动，当月购入的乙公司 B 股的市价变为每股 2 美元，当日即期汇率为 US $1 = RMB6.98。2020 年 2 月 27 日，甲公司将所购乙公司 B 股股票按当日市价每股 2.2 美元全部售出（即结算日），所得价款为 22 000 美元，当日汇率 US $1 = RMB7.02。

要求：

（1）编制甲公司购入、出售 B 股股票时的相关会计分录。

（2）这项投资对 2020 年甲公司损益的影响是多少？

7. 某公司在法国有一子公司，该公司采用欧元作为记账本位币。2020 年的利润及利润分配表、资产负债表、所有者权益变动表如表 6－7、表 6－8、表 6－9 所示。2020 年 12 月 31 日汇率为 EUR1 = RMB8.03，2020 年的平均汇率为 EUR1 = RMB7.87，实收资本、资本公积发生日的即期汇率为 EUR1 = RMB8。年初未分配利润为 120 万欧元，折算为人民币 960 万元。年初盈余公积为 50 万欧元，折算为人民币 350 万元。

表 6-7 利润及利润分配表

2020 年 单位：万欧元

项目	金额（欧元）
一、主营业务收入	2 000
减：主营业务成本	1 500
主营业务税金及附加	40
二、主营业务利润	460
减：管理费用	100
财务费用	10
三、营业利润	350
加：投资收益	30
营业外收入	40
减：营业外支出	20
四、利润总额	400
减：所得税	120
五、净利润	280
加：年初未分配利润	120
六、可分配利润	400
减：提取盈余公积	70
应付利润	200
七、未分配利润	130

表 6-8 资产负债表

2020 年 12 月 31 日 单位：万欧元

资产	欧元	负债及所有者权益	欧元
货币资金	100	短期借款	45
应收账款	90	应付账款	285
存货	190	其他流动负债	110
其他流动资产	240	长期借款	140
长期投资	150	应付债券	170
固定资产原值	750	所有者权益	—
减：累计折旧	650	实收资本	500
固定资产净值	100	资本公积	0
在建工程	550	盈余公积	120
无形及其他资产	80	未分配利润	130
资产合计	1 500	合　计	1 500

表 6－9　　**所有者权益变动表**

2020 年　　单位：万元货币单位

	实收资本			盈余公积			未分配利润		外币报表折算差额	所有者权益合计
	欧元	折算汇率	人民币	欧元	折算汇率	人民币	欧元	人民币		人民币
一、本年年初余额	500	8	4 000	50	7	350	120	960		5 310
二、本年增减变动金额										
（一）净利润										
（二）直接计入所有者权益的利得和损失										
其中：外币财务报表折算差额										
（二）利润分配										
提取盈余公积										
三、本年年末余额	500	8	4 000							

要求：根据《企业会计准则第 19 号——外币折算》，将该子公司的会计报表折算为以人民币为报告货币的会计报表。利润表中的收入和费用项目，采用平均汇率折算。

8. S 公司拥有境外子公司 M 公司 70% 的股权，S 公司和 M 公司的记账本位币分别是人民币和美元，对外币业务按交易发生时的即期汇率折算。2020 年 7 月 1 日，S 公司向 M 公司借出 200 万美元，实质上构成对其净投资，当日的即期汇率为 US＄1 = RMB7. 07。2020 年 12 月 31 日，即期汇率为 US＄1 = RMB6. 52。

要求：完成母子公司相关账务处理和合并财务报表的抵销。

（五）案例

1. 公司介绍

中国交通建设股份有限公司（以下简称中国交建）成立于 2006 年 10 月 8 日，是经国务院批准，由中交集团（国务院国资委监管的中央企业）整体重组改制并独家发起设立的股份有限公司。2006 年 12 月 15 日，首次公开发行的 H 股在香港联合交易所主板挂牌上市（股份代号：01800. HK），是中国首家实现整体海外资本市场上市的特大型国有基建企业。2012 年 3 月 9 日，公司首次公开发行的 A 股在上海证券交易所挂牌上市（股份代号：601800. SH）。

中国交建是中国领先的交通基建企业，其核心业务领域分别为基建建设、基建设计和疏浚业务，业务范围主要包括国内及全球港口、航道、吹填造地、流域、道路与桥梁、铁路、城市轨道交通、市政基础设施、建筑及环保等相关的投资、设计、建设、运营与管理。中国交建是世界最大的港口、公路与桥梁的设计与建设公司、世界最大的疏浚公司；中国最大的国际工程承包公司、中国最大的高速公路投资商；拥有世界上最大的工程船船队。

中国交建作为中交集团重要控股子公司，对其经营业绩起着决定作用。中交集团在设计和承建的众多国家重点项目中，创造了诸多国内乃至亚洲和世界水工、桥梁建设史上的“第一”“之最”，苏通长江大桥、上海洋山深水港、长江口深水航道整治工程、海南工程、港珠澳大桥等工程不仅反映了中国最高水平，也反映了世界最高水平。在国家开放铁路建设市场后，还参与了哈大客专、京沪高铁、兰渝铁路、鲁南高铁等 130 多个国家重点铁路项目的施工。同时，中交集团积极参与铁路“走出去”项目，肯尼亚蒙巴萨——内罗毕铁路项目、内罗毕——马拉巴铁路一期项目采用中国铁路建设标准，项目的设计施工全部由中交集团独立完成。公司多个海外项目荣获鲁班奖、国家优质工程奖和 ENR 奖项，在海外又树立了一批标志工程、品质工程、民生工程。

2. 公司外币业务和外币财务报表折算

中国交建开展海外业务收入、向海外供货商购买材料及机器设备的款项及若干开支，并且在过往经营和未来战略中均将国际市场作为业务发展的重点，其具有较大规模的境外业务，因此会产生较大的外汇收支。中国交建的业务主要涉及的外币为美元、日元、港元及欧元。同时，根据中国交建年报披露，其主要外币为美元。中国交建的记账本位币和编制财务报表所采用的货币均为人民币。另外，对于境外经营，中国交建在编制财务报表时将其记账本位币折算为人民币。

（1）外币交易折算汇率的确定及其会计处理方法

①对于外币货币性项目采用资产负债表日即期汇率折算。由此产生的结算和货币性项目折算差额，除属于与购建符合资本化条件的资产相关的外币专门借款产生的差额按照借款费用资本化的原则处理之外，均计入当期损益。

②以历史成本计量的外币非货币性项目仍采用交易发生日的即期汇率折算，不改变其记账本位币金额。

③以公允价值计量的外币非货币性项目，采用公允价值确定日的即期汇率折算，由此产生的差额根据非货币性项目的性质计入当期损益或其他综合收益。

（2）资产负债表各项目的折算方法及外币财务报表折算的会计处理

①对资产负债表中的资产和负债项目，采用资产负债表日的即期汇率折算，

股东权益项目除“未分配利润”项目外，其他项目采用发生时的即期汇率折算。

②利润表中的收入和费用项目，采用与交易发生日即期汇率近似的汇率折算。

③按照上述折算所产生的外币财务报表折算差额，确认为“其他综合收益”。处置境外经营时，将与该境外经营相关的其他综合收益转入处置当期损益，部分处置的按处置比例计算。

(3) 财务费用明细情况（见表6-10）。

表6-10　中国交建财务费用明细表　单位：元

项　目	2020年		2019年	
	金额	比例	金额	比例
利息支出	18 061 668 397	218.83%	15 938 303 660	261.85%
减：利息收入	10 304 778 549	124.85%	8 535 124 991	140.23%
减：利息资本化	2 101 468 208	25.46%	1 983 560 004	32.59%
汇兑净亏损/(收益)	1 343 565 977	16.28%	-565 582 922	-9.29%
其他	1 254 821 395	15.20%	1 232 677 423	20.25%
合　计	8 253 809 012	100.00%	6 086 713 166	100.00%

根据中国交建的年报，2020年归属于母公司所有者的净利润为162亿元，同比减少19.02%；营业收入6 275亿元，同比增长12.99%。而2020年公司的汇兑净亏损为13.44亿元，较上年有较大的增长，对利润产生较大的影响。从2020年人民币汇率变动总趋势看，人民币汇率先贬后升，在2020年5月末，离岸人民币兑美元一度贬至7.19535，而后随着美元指数持续走弱，人民币反向升值，一直升值至2020年末的6.48945，全年美元兑人民币贬值6.6%。因此，受人民币汇率变动影响，公司2020年的汇兑净亏损为正数。另外，2020年财务费用净额为82.54亿元，较上年增加35.60%。财务费用净额变动主要是以美元为主的外币汇兑损失的增加及费用化利息支出增加所致。

为应对汇率变动所带来的风险，中国交建会持续评估汇率风险，并利用衍生金融工具对冲部分风险。于2020年度，若干子公司利用远期外汇合同与境内及海外银行进行交易，以对冲其余个别交易中与美元、欧元、日元等外币有关的汇率风险。

请仔细阅读以上信息，并结合本章内容，讨论以下问题：

1. 中国交建在外币交易会计处理中，采用的是“单一交易”观点还是“两项交易”观点？为什么？请思考并且理解两种方法的区别与联系。

2. 在人民币兑美元汇率波动较大的背景下，公司应对汇率风险会采取一系列措施，请结合此案例谈谈对于这些措施的看法。

3. 面对全球贸易频繁的经济环境，我国具有外币业务的公司更易受汇率波动、政策环境等各方面的影响。结合《会计法》与《企业会计准则第 19 号——外币折算》，根据自身对国内外关于外币政策等相关知识的了解，探讨我国目前在企业外币交易会计与外币财务报表折算方面具备哪些自身优势？是否需要进一步调整？有哪些具体方面可以进行调整？

第七章

基础金融工具

一、学习重点与难点

本章的重点与难点包括：了解金融工具会计及金融工具会计准则发展概况，理解金融工具定义与类别，掌握金融工具的列报方式及权益工具与金融负债的区分，掌握金融资产与金融负债的确认与计量，理解金融资产与负债的转移与终止确认原则与思路。

（一）金融工具种类与定义的理解

1. 金融工具的种类

从发行者角度，金融工具可以分为金融资产、金融负债和权益工具。可以从交易观的视角下理解金融工具的定义，金融工具必然是基于合同的经济交易产生的。因此交易的一方形成金融资产，而交易的另一方则必然形成负债或者权益（见图7-1）。

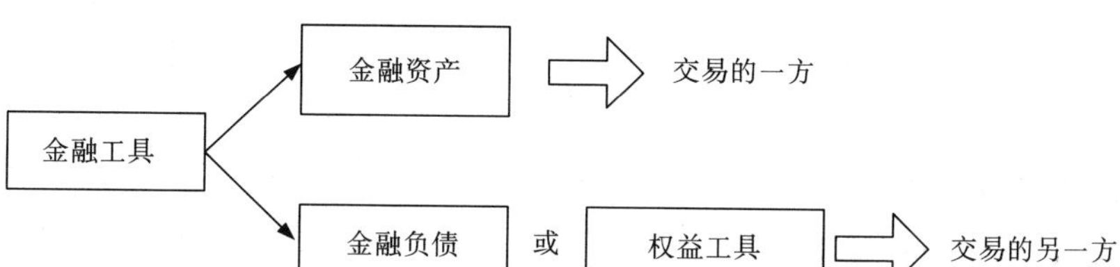

图7-1　金融工具的种类

2. 金融工具的定义

金融资产是指企业持有的现金、其他方的权益工具以及符合下列条件之一的资产：

（1）从其他方收取现金或其他金融资产的合同权利。

（2）在潜在有利条件下，与其他方交换金融资产或金融负债的合同权利。

（3）将来须用或可用企业自身权益工具进行结算的非衍生工具合同，且企业根据该合同将收到可变数量的自身权益工具。

（4）将来须用或可用企业自身权益工具进行结算的衍生工具合同，但以固定数量的自身权益工具交换固定金额的现金或其他金融资产的衍生工具合同除外。其中，企业自身权益工具不包括应当按照《企业会计准则第 37 号——金融工具列报》分类为权益工具的可回售工具或发行方仅在清算时才有义务向另一方按比例交付其净资产的金融工具，也不包括本身就要求在未来收取或交付企业自身权益工具的合同。

金融负债是指企业符合下列条件之一的负债：

（1）向其他方交付现金或其他金融资产的合同义务。

（2）在潜在不利条件下，与其他方交换金融资产或金融负债的合同义务。

（3）将来须用或可用企业自身权益工具进行结算的非衍生工具合同，且企业根据该合同将交付可变数量的自身权益工具。

（4）将来须用或可用企业自身权益工具进行结算的衍生工具合同，但以固定数量的自身权益工具交换固定金额的现金或其他金融资产的衍生工具合同除外。企业对全部现有同类别非衍生自身权益工具的持有方同比例发行配股权、期权或认股权证，使之有权按比例以固定金额的任何货币换取固定数量的该企业自身权益工具的，该类配股权、期权或认股权证应当分类为权益工具。其中，企业自身权益工具不包括应当按照《企业会计准则第 37 号——金融工具列报》分类为权益工具的可回售工具或发行方仅在清算时才有义务向另一方按比例交付其净资产的金融工具，也不包括本身就要求在未来收取或交付企业自身权益工具的合同。

权益工具是指能证明拥有某个企业在扣除所有负债后的资产中的剩余权益的合同。企业发行的金融工具同时满足下列条件的，符合权益工具的定义，应当将该金融工具分类为权益工具：

（1）该金融工具应当不包括交付现金或其他金融资产给其他方，或在潜在不利条件下与其他方交换金融资产或金融负债的合同义务；

（2）将来须用或可用企业自身权益工具结算该金融工具。如为非衍生工具，该金融工具应当不包括交付可变数量的自身权益工具进行结算的合同义务；如为衍生工具，企业只能通过以固定数量的自身权益工具交换固定金额的现金或其他金融资产结算该金融工具。企业自身权益工具不包括应按照《企业会计准则第 37 号——金融工具列报》分类为权益工具的金融工具，也不包括本身就要求在未来收取或交付企业自身权益工具的合同。

金融资产定义的（3）、（4）项及金融负债定义的（3）、（4）项理解起来较为困难，这些金融工具需要用自身权益工具结算。一个简单的理解就是当主体涉及自身权益工具的交易时，会导致不确定数量的自身权益工具的交换，则可能会产生一项资产或者负债，而非权益（具体分析见下文“金融负债和权益工具的区分”中关于通过自身权益工具结算的说明）。

会计准则通过列举法对金融资产与金融负债作出了具体定义，并在此基础上明确权益工具是资产扣除负债后的剩余权益。金融工具定义的关键点是对定义中“合同”一词的理解，“合同”这一定义强调了金融工具是基于合同工具形成的金融性权利与义务关系，具有一定的法律强制性，金融工具会计准则就是对这种金融性权利与义务的确认与计量作出规范与指南。合同是指双方或多方之间的具有明确经济结果的协议，该协议在法律上具有强制性，协议各方难以不受之约束。合同可以有不同形式，不一定采用书面形式。“合同”也是判断一项资产是否符合金融资产定义、一项负债是否符合金融负债定义的关键，那些不是基于合同产生的资产与负债不是金融工具会计准则规范的范畴。

（二）金融负债和权益工具的区分

金融负债与权益工具区分的总体思路是先明确交易结算的方式，分为：

1. 通过交付现金、其他金融资产或交换金融资产或金融负债结算；

2. 交付一定数量的自身权益工具。

通过交付现金、其他金融资产或交换金融资产或金融负债结算的金融工具区分思路较为简单，按照是否存在无条件地避免交付现金或其他资产的合同义务作为判断标准。如果是的话，则分为金融负债，如果不是的话，则分为权益工具。

通过自身权益工具结算的合约则有一些复杂，还需进一步区分是以非衍生的自身权益工具结算，还是以衍生的自身权益工具结算。图 7－2 演示了通过自身权益工具结算的金融工具的分类思路。

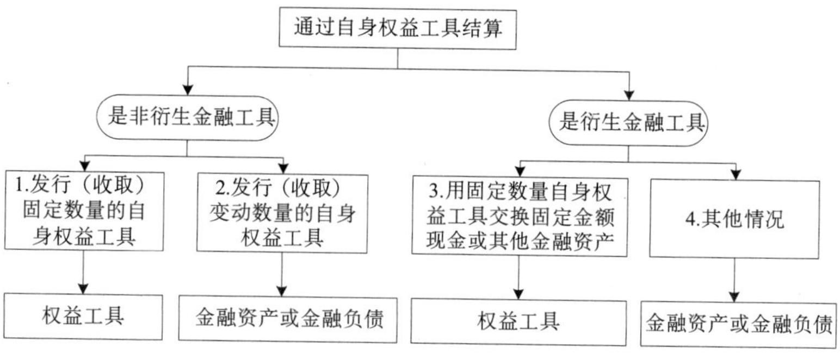

图 7－2　通过自身权益工具结算合约的分类

（三）金融资产分类与计量

按照《企业会计准则22号——金融工具确认和计量》，将业务模式分为“以收取合同现金流量为目标的业务模式”“以收取合同现金流量和出售金融资产为目标的业务模式”和“其他业务模式”，其中，“其他业务模式”又可分为“为出售金融资产而持有的业务模式”和“剩余其他业务模式”，具体评估流程如图7-3所示。

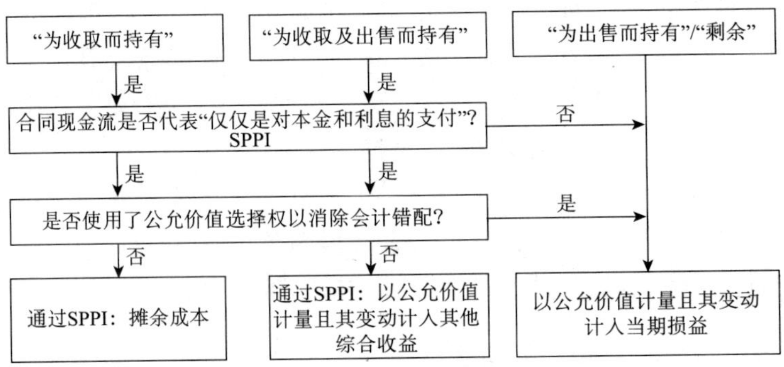

图7-3　业务模式评估流程

同时，《企业会计准则22号——金融工具确认和计量》对金融资产的分类、计量及重分类的相关规定在表7-1中做了总结。

表7-1　　金融资产分类与会计处理总结

类别	初始确认和计量	重分类	重分类的计量
以摊余成本计量的金融资产	公允价值+交易费用（资产）	重分类为以公允价值计量且其变动计入其他综合收益的金融资产	（1）在重分类日以公允价值计量； （2）原账面价值与公允价值之间的差额计入其他综合收益； （3）不影响实际利率及预期信用损失的计量
		重分类为以公允价值计量且其变动计入当期损益的金融资产	（1）在重分类日以公允价值计量； （2）原账面价值与公允价值之间的差额计入当期损益
以公允价值计量且其变动计入其他综合收益的金融资产		重分类为以摊余成本计量的金融资产	（1）将原计入其他综合收益的累计利得或损失转出； （2）调整该金融资产在重分类日的公允价值，以调整后的金额作为新的账面价值； （3）不影响实际利率及预期信用损失的计量
		重分类为以公允价值计量且其变动计入当期损益的金融资产	（1）继续以公允价值计量； （2）原持有期间累计利得或损失从其他综合收益转入当期损益

续表

类别	初始确认和计量	重分类	重分类的计量
以公允价值计量且其变动计入当期损益的金融资产	公允价值计量，交易费用计入当期损益	重分类为以摊余成本计量的金融资产	应当以其在重分类日的公允价值作为新的账面余额
		重分类为以公允价值计量且其变动计入其他综合收益的金融资产	继续以公允价值计量

（四）金融工具减值

《企业会计准则22号——金融工具确认和计量》要求对不同类型的金融工具应采用不同会计处理方法，具体如表7－2所示。

表7－2　　金融工具减值处理方法

类型	处理方法
购买或源生的已发生信用减值的金融资产	每个资产负债表日，将整个存续期内预期信用损失的变动金额作为减值损失或利得计入当期损益
贸易应收账款、合同资产和租赁应收款的简化方法	始终按照相当于整个存续期内预期信用损失的金额计量其损失准备
其他情形	每个资产负债表日评估相关金融工具的信用风险自初始确认后是否已显著增加，并按照预期信用损失“三阶段”模型分别计量其损失准备、确认预期信用损失及其变动

（五）金融资产终止确认评估步骤

现行会计准则对金融资产终止确认采用了“风险与报酬”观。不同情形下金融资产终止确认的会计处理方法可在表7－3中作出归纳。

表7－3　　金融资产转移会计处理方法

判断情形	条件	计量
终止确认	企业收取金融资产现金流量的合同权利终止或转移，或企业转移了金融资产所有权上几乎所有的风险和报酬	（1）全部满足终止确认条件时，计入当期损益的金额＝转移对价－转移资产的账面价值＋/－原计入所有者权益的公允价值变动累计金额； （2）部分满足终止确认条件时按照公允价值比例计算
不符合终止确认的情形	企业保留了金融资产所有权上几乎所有的风险和报酬的，不应当终止确认	继续确认所转移的金融资产，并将收到的对价确认为负债

续表

判断情形	条件	计量
继续涉入	企业既没有转移也没有保留金融资产所有权上几乎所有的风险和报酬，但未放弃对该金融资产控制的，应当按照其继续涉入所转移金融资产的程度确认有关金融资产，并相应确认有关负债（资产和负债同时存在）	（1）通过担保方式继续涉入 ①继续涉入资产→转移日金融资产账面价值和财务担保金额两者的较低者； ②继续涉入负债→财务担保金额和财务担保合同的公允价值之和； ③担保金额→企业收到的对价中将可能被要求偿还的最高金额。 （2）金融资产部分转移的继续涉入 ④企业仅继续涉入所转移金融资产一部分的，应当比照金融资产部分转移时满足终止确认条件的相关规定进行处理

二、思维导图

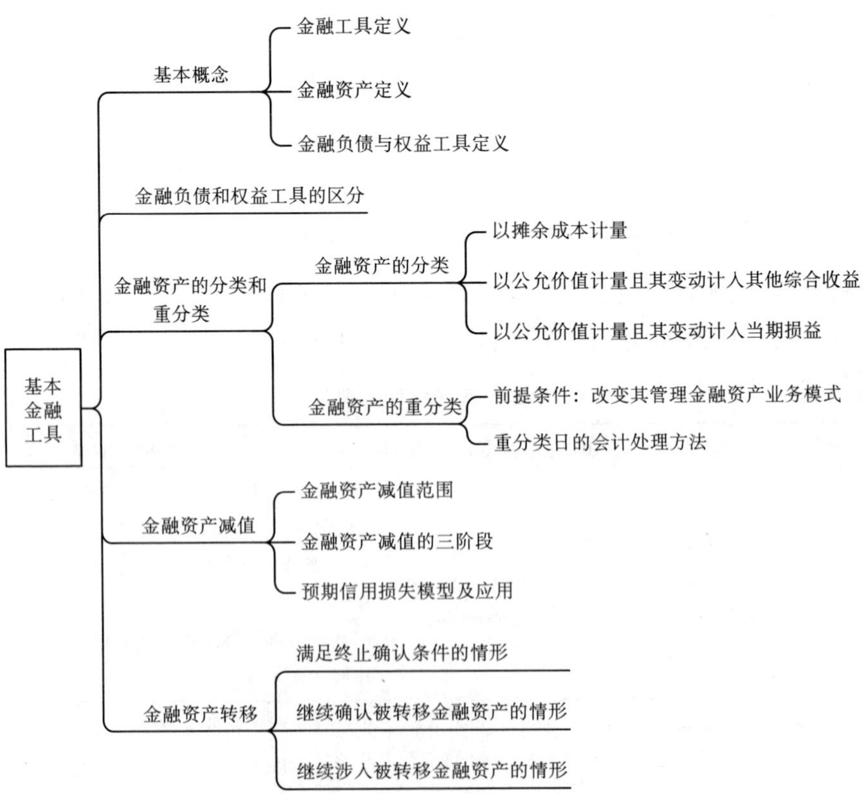

三、练习题

（一）单项选择题

1. 甲公司与乙公司签订的合同约定，甲公司以 100 万元等值的自身权益工具偿还所欠乙公司债务。甲公司应将其发行的金融工具划分为（　　）。

A. 以摊余成本计量的金融资产　　B. 权益工具

C. 应付票据　　D. 金融负债

2. 甲公司为制造企业，下列交易或事项形成的现时义务，属于金融负债的是（　　）。

A. 为已销售产品计提质量保证金 5 000 万元

B. 按年度奖金计划计提的应付职工薪酬 30 万元

C. 预收乙公司商品采购款 800 万元

D. 向证券公司借入丙上市公司 100 万股股票对外出售

3. 甲公司采用商业汇票结算方式结算已售产品货款，常持有大量的应收票据。甲公司对应收票据进行管理的目标是，将商业汇票持有至到期以收取合同现金流量，同时兼顾流动性需求贴现商业汇票。不考虑其他因素，甲公司上述应收票据在资产负债表中列示的项目是（　　）。

A. 应收票据　　B. 应收款项融资

C. 其他债权投资　　D. 其他流动资产

4. 甲企业 2020 年 1 月 1 日从二级市场上购入某公司于当日发行的面值 500 万元的三年期公司债券，票面利率为 5%，甲企业准备次年 6 月份将其出售，则甲企业购买的这部分债券应划分为（　　）。

A. 以公允价值计量且其变动计入当期损益的金融资产

B. 以公允价值计量且其变动计入其他综合收益的金融资产

C. 长期股权投资

D. 以摊余成本计量的金融资产

5. 企业取得交易性金融资产时，发生的交易费用，应借记的会计科目是（　　）。

A. 交易性金融资产　　B. 投资收益

C. 财务费用　　D. 管理费用

6. 企业取得金融资产时，支付的价款中所包含的、已到付息期但尚未领取的利息或已宣告但尚未发放的现金股利，应记入的会计科目是（　　）。

A. 应收利息或应收股利　　B. 交易性金融资产

C. 持有至到期投资　　D. 可供出售金融资产

7. 下列各项中，关于划分权益工具和金融负债的说法不正确的是（　　）。

A. 企业通过固定金额的外币交换固定数量的自身权益工具进行结算通常符合“固定换固定”原则

B. 对于附有或有结算条款的金融工具，只有在发行方清算时，才需以现金、其他金融资产或以其他导致该工具成为金融负债的方式结算，发行方应当将其分类为权益工具

C. 对于存在结算选择权的衍生工具，发行方应当将其确认为金融负债或金融资产

D. 在可转换工具转换时，应终止确认负债成分、原来的权益成分仍保留为权益，中间不产生损益

8. 下列各项中，关于复合金融工具说法不正确的是（　　）。

A. 初始确认时，企业应将复合金融工具按照负债成分和权益成分进行分拆

B. 发生的交易费用，应当在负债成分和权益成分之间按照各自的相对公允价值进行分摊

C. 交易日前赎回时发生的交易费用不再分配至权益部分和负债部分

D. 企业可修订可转换工具的条款以促成持有一方提前转换

9. 按照企业会计准则的规定，确定企业金融资产预期信用损失的方法是（　　）。

A. 金融资产的预计未来现金流量与其账面价值之间的差额

B. 金融资产的公允价值与其账面价值之间的差额

C. 金融资产的公允价值减去处置费用后的净额与其账面价值之间的差额的现值

D. 应收取金融资产的合同现金流量与预期收取的现金流量之间差额的现值

10. 2020 年 1 月 1 日，甲公司自证券市场购入面值总额为 2 000 万元的债券。购入时实际支付价款 2 078.98 万元，另支付交易费用 10 万元。该债券发行日为 2020 年 1 月 1 日，系分期付息、到期还本债券，期限为 5 年，票面年利率为 5%，实际年利率为 4%，每年 12 月 31 日支付当年利息。甲公司根据其管理该债券的业务模式和该债券的合同现金流量特征，将该债券分类为以摊余成本计量的金融资产。假定不考虑其他因素，该金融资产 2020 年 12 月 31 日的账面价值为（　　）万元。

A. 2 062.14　　B. 2 068.98

C. 2 072.54　　D. 2 083.43

11. 2020年1月1日，甲公司从二级市场购入乙公司分期付息、到期还本的债券12万张，以银行存款支付价款1 050万元，另支付相关交易费用12万元。该债券系乙公司于2019年1月1日发行，每张债券面值为100元，期限为3年，票面年利率为5%，每年年末支付当年度利息。甲公司根据其管理该债券的业务模式和该债券的合同现金流量特征，将该债券分类为以摊余成本计量的金融资产。不考虑其他因素，甲公司持有乙公司债券至到期累计应确认的投资收益是（　　）万元。

A. 120　　B. 258

C. 270　　D. 318

12. 2021年1月1日，甲公司购入乙公司当日发行的4年期分期付息（于次年初支付上年度利息）到期还本债券，面值为1 000万元，票面年利率为5%，实际支付价款为1 050万元，另发生交易费用2万元。甲公司根据其管理该债券的业务模式和该债券的合同现金流量特征，将该债券分类为以摊余成本计量的金融资产。每年末确认投资收益，2021年12月31日确认投资收益35万元。2021年12月31日，甲公司该项金融资产的摊余成本为（　　）万元。

A. 1 035　　B. 1 037

C. 1 065　　D. 1 067

13. 甲公司2020年6月10日自证券市场以每股8.6元的价格购入乙公司发行的股票100万股，支付价款860万元，另支付交易费用4万元。购入时，乙公司已宣告但尚未发放的现金股利为每股0.16元/股。甲公司将购入的乙公司股票作为交易性金融资产核算。2020年6月30日甲公司收到乙公司发放的现金167万元，2020年7月20日，甲公司出售该交易性金融资产，收到价款960万元。甲公司2020年利润表中因该交易性金融资产应确认的投资收益为（　　）万元。

A. 100　　B. 112

C. 116　　D. 120

14. 2020年12月20日，甲公司以每股10元的价格从二级市场购入乙公司股票10万股，支付价款100万元，另支付相关交易费用0.2万元。甲公司将购入的乙公司股票作为交易性金融资产核算。2020年12月31日，乙公司股票市场价格为每股15元。2021年3月15日，甲公司收到乙公司本年度宣告并分派的现金股利5万元。2021年4月4日，甲公司将所持有乙公司股票以每股16元的价格全部出售，在支付相关交易费用0.3万元后，实际取得款项159.7万元。不考虑其他因素，甲公司因投资乙公司股票2021年累计应确认的投资收益为

（　　）万元。

A. 14.7　　B. 64.7

C. 9.7　　D. 14.5

15. 甲银行与乙银行签订一笔贷款转让协议，由甲银行将其本金为 1 000 万元、年利率为 10%、贷款期限为 9 年的组合贷款出售给两银行，售价为 990 万元。双方约定，由甲银行为该笔贷款提供担保，担保金额为 300 万元，实际贷款损失超过担保金额的部分由乙银行承担。转移日，该笔贷款（包括担保）的公允价值为 1 000 万元，其中，担保的公允价值为 100 万元。甲银行没有保留对该笔贷款的管理服务权。假定该贷款没有市场，乙银行不具有出售该笔贷款的实际能力。结合上述材料，下列说法中，不正确的是（　　）。

A. 甲银行保留了对该笔贷款的控制

B. 甲银行应该按照 300 万元继续确认该笔贷款

C. 甲银行应当按照 300 万元确认相应负债

D. 甲银行确认的贷款处置损益应为 -110 万元

（二）多项选择题

1. 下列各项中，不属于金融负债的有（　　）。

A. 按照销售合同的约定预收的销货款

B. 按照劳动合同的约定应支付职工的工资

C. 按照产品质量保证承诺预计的保修费

D. 按照采购合同的约定应支付的设备款

2. 下列各项交易费用应计入相关金融资产初始入账价值的有（　　）。

A. 金融企业发放贷款时发生的交易费用

B. 取得交易性金融资产时发生的交易费用

C. 取得债权投资时发生的交易费用

D. 取得其他权益工具投资时发生的交易费用

3. 下列各项中属于金融资产的有（　　）。

A. 衍生金融资产　　B. 持有的其他单位的权益工具

C. 应收利息　　D. 贷款

4. 下列各项中，影响债权投资摊余成本因素的有（　　）。

A. 计提的累计信用减值准备

B. 已偿还的本金

C. 采用实际利率法将金融资产的初始确认金额与到期日金额之间的差额进行摊销形成的累计摊销额

D. 期末公允价值变动

5. 下列关于金融资产初始计量和后续计量的表述中，正确的有（　　）。

A. 企业初始确认金融资产时应当按照公允价值计量

B. 指定为以公允价值计量且其变动计入其他综合收益的金融资产的现金股利应当在被投资单位宣告发放股利时计入当期损益

C. 采用实际利率法计算的以公允价值计量且其变动计入其他综合收益的金融资产的利息应当计入当期损益

D. 外币其他权益工具投资形成的汇兑差额应当计入当期损益

6. 下列各项资产中，在其持有期间内可以通过损益转回已计提的减值准备的有（　　）。

A. 长期股权投资　　B. 债权投资

C. 其他债权投资　　D. 合同资产

7. 关于金融资产转移，下列说法中正确的有（　　）。

A. 已转移金融资产所有权上几乎所有的风险和报酬，应当终止确认该金融资产

B. 保留了金融资产所有权上几乎所有的风险和报酬，应当继续确认该金融资产

C. 既没有转移也没有保留金融资产所有权上几乎所有的风险和报酬，放弃了对金融资产的控制的，应当终止确认该金融资产

D. 既没有转移也没有保留金融资产所有权上几乎所有的风险和报酬的，放弃了对该金融资产控制的，应当按照其继续涉入所转移金融资产的程度确认有关金融资产，并相应确认有关金融负债

8. 下列各项中，应当终止确认相关金融资产的有（　　）。

A. 甲公司以不附追索权方式出售债权

B. 甲公司将持有的债券投资出售给乙公司，同时与乙公司签订协议，约定2年后按当日该金融资产的公允价值回购该债券投资

C. 甲公司将一项股权投资出售给丙公司，同时与丙公司签订看跌期权合约，但从合约条款判断，该看跌期权是一项重大价外期权

D. 甲公司将应收B公司账款1 000万元，出售给丁银行，同时与丁银行签订协议，如果丁银行收不回B公司账款，甲公司将对坏账金额进行赔偿

9. 下列各项交易费用中，应当于发生时直接计入当期损益的有（　　）。

A. 承担指定为以公允价值计量且其变动计入当期损益的金融负债时发生的相关交易费用

B. 发行权益工具时发生的相关交易费用

C. 取得以摊余成本计量的金融资产时发生的相关交易费用

D. 同一控制下企业合并中发生的审计与咨询费用

10. 下列有关金融资产预期信用损失的表述中，说法正确的有（　　）。

A. 金融资产的预期信用损失是以违约概率为权重的、金融工具现金流缺口的现值的加权平均值

B. 金融资产的信用损失应为企业应收取的合同现金流量与预期收取的现金流量之间的差额

C. 企业在确定金融资产经信用调整的实际利率时，应当在考虑初始预期信用损失的基础上估计预期现金流量

D. 企业将一项以摊余成本计量的金融资产重分类为以公允价值计量且其变动计入其他综合收益的金融资产，不影响其预期信用损失的计量

11. 关于金融工具重分类的表述，下列说法正确的有（　　）。

A. 企业对金融资产进行重分类，应当自重分类日起采用未来适用法进行相关会计处理

B. 企业对金融资产进行重分类时，既可采用未来适用法，也可以采用追溯调整法

C. 重分类日是金融资产业务模式发生变更时的日期

D. 重分类日是金融资产业务模式发生变更后的首个报告期间的第一天

12. 下列关于公允价值套期的确认和计量，下列说法不正确的有（　　）。

A. 套期工具产生的利得或损失通常应当计入其他综合收益

B. 如果被套期项目为以摊余成本计量的金融工具（或其组成部分）的，企业对被套期项目账面价值所作的调整应当按照开始摊销日重新计算的实际利率进行摊销，并计入当期损益

C. 如果被套期项目为以公允价值计量且其变动计入其他综合收益的金融资产（或其组成部分）的，企业应当调整金融资产（或其组成部分）的账面价值

D. 当履行确定承诺而取得资产或承担负债时，应当调整该资产或负债的初始确认金额

13. 甲公司于 2021 年 1 月 2 日以 5 200 万元的价格购买乙公司于 2020 年 1 月 1 日发行的 3 年期债券作为以公允价值计量且其变动计入其他综合收益的金融资产（债权类）核算，该债券面值为 5 000 万元，票面利率为 5%，实际利率为 3%，每年末付息，到期一次还本，2021 年末该债券的公允价值为 4 906 万元，该债券的信用风险自初始确认后并无显著增加，应按 12 个月预期信用损失计量预期信用损失，且预期信用损失金额为 0 元。甲公司于 2022 年 3 月 15 日将其出售，实际收到价款 4 800 万元，另发生手续费 5 万元。则下列针对甲公司对该投

资的处理说法正确的有（　　）。

A. 甲公司处置该投资时应确认投资收益 -311 万元

B. 甲公司应将发生的手续费计入其他综合收益

C. 甲公司 2021 年末应确认信用减值损失 180 万元

D. 甲公司 2021 年应分摊的利息调整金额为 94 万元

14. 甲公司于 2020 年 1 月 1 日以 3 300 万元的价款购入乙公司于当日发行的 3 年期到期一次还本付息的公司债券。该公司债券面值总额为 3 500 万元，票面年利率为 5%，实际年利率为 5.5%。为取得债券投资甲公司另支付交易费用 6 万元，甲公司将其作为以摊余成本计量的金融资产。2020 年 12 月 31 日，甲公司认为该债券投资预期信用损失自初始确认后未显著增加，故确认相当于未来 12 个月内发生的预期信用损失 100 万元，但未发生信用减值。不考虑其他因素，甲公司下列会计处理中正确的有（　　）。

A. 2020 年 1 月 1 日该债券投资的初始入账金额为 3 306 万元

B. 2020 年 12 月 31 日该债券投资的摊余成本为 3 387.83 万元

C. 2021 年应确认的投资收益金额为 191.83 万元

D. 2021 年应确认的投资收益金额为 186.33 万元

15. 甲公司有关金融资产业务如下：（1）甲公司 2020 年 1 月 20 日购入乙公司一项 5% 的股权，并将其指定为以公允价值计量且其变动计入其他综合收益的金融资产。2021 年 3 月 6 日乙公司宣告现金股利 200 万元。（2）甲公司 2022 年 6 月 12 日向丙公司销售一批商品，销售价格为 100 万元，增值税税额 13 万元，款项尚未收到。2022 年 12 月 31 日，甲公司已经对该笔债权计提坏账准备 10 万元。2023 年 3 月 19 日，甲公司将该笔应收账款出售给银行，售价是 80 万元。根据以往经验估计，预计该应收账款对应的商品不会发生销售退回，且银行对该应收债权不具有追索权。（3）甲公司 2020 年 3 月 8 日以低于面值的价格购入丁公司发行的 3 年期债券，并作为以摊余成本计量的金融资产进行核算。该债券面值 1 000 万元，票面利率为 6%。（4）甲公司 2021 年 4 月 5 日自上海证券交易所购入戊公司发行的股票 100 万股，甲公司将购入的戊公司股票作为交易性金融资产核算。2021 年 4 月 25 日甲公司收到戊公司宣告发放的现金股利每股 1 元。下列有关甲公司金融资产或金融负债的表述，正确的有（　　）。

A. 2021 年 3 月 6 日乙公司宣告现金股利，甲公司确认投资收益 10 万元

B. 2023 年 3 月 19 日甲公司出售该笔应收债权应计入当期损益的金额为 23 万元

C. 2021 年 12 月 31 日甲公司确认丁公司发行 3 年期债券的投资收益 60 万元

D. 2021 年 4 月 25 日甲公司收到现金股利，甲公司确认投资收益 100 万元

（三）判断题

1. 以普通股净额结算的股票期权属于金融负债。（　　）

2. 预收账款不属于金融资产减值范围。（　　）

3. 企业对所有金融负债均不得进行重分类。（　　）

4. 通过抵押向商业银行申请一笔贷款属于金融资产转移。（　　）

5. 对于非衍生工具，如果发行方未来有义务交付可变数量的自身权益工具进行结算，则该非衍生工具是权益工具。（　　）

6. 收到购买交易性金融资产时支付的价款中包含的已到付息期但尚未领取的利息，应计入当期损益。（　　）

7. 取得分类为以公允价值计量且其变动计入其他综合收益的金融资产时发生的相关交易费用应计入相关资产成本或负债初始确认金额。（　　）

8. 发行以公允价值计量且其变动计入当期损益的金融负债时发生的相关交易费用，不应计入相关资产成本或负债初始确认金额。（　　）

9. 处置持有至到期投资时，应将实际收到的金额与其账面价值的差额计入公允价值变动损益。（　　）

10. 会计期末，如果交易性金融资产的成本高于市价，应该计提交易性金融资产跌价准备。（　　）

11. 企业在持有以公允价值计量且其变动计入当期损益金融资产期间取得的利息或现金股利，应当冲减交易性金融资产的账面价值。（　　）

12. 资产负债表日，企业应将以公允价值计量且其变动计入当期损益的金融资产或金融负债的公允价值变动计入当期损益，核算时应通过“投资收益”科目核算。（　　）

13. 以摊余成本计量的金融资产重分类为以公允价值计量且其变动计入当期损益的金融资产时公允价值与原账面价值的差额计入公允价值变动损益。

（　　）

14. 当公司对其商业贷款组合不再以出售为目标，而是以收取合同现金流量为目标，则发生了业务模式变更。（　　）

15. 企业划分为以公允价值计量且其变动计入当期损益的金融资产，应当按照取得时的公允价值和相关的交易费用作为初始确认金额，支付的价款中包含已宣告发放的现金股利或债券利息，应当单独确认为应收项目。（　　）

（四）计算与账务处理题

1. 甲公司2020年至2022年发生的业务如下：

（1）甲公司2020年1月1日购入乙公司当日发行的5年期的债券，该债券面值为2 000万元，购买价款为2 200万元，另支付交易费用10万元。该债券票面利率为5%，每年年末付息，到期一次还本。假定其实际利率是2.73%。甲公司管理该项金融资产的业务模式为：在持有期间收取利息、到期收回本金，但是如果有更好的投资机会，则甲公司将出售该项金融资产。

（2）2020年末，该债券的公允价值为2 000万元。

（3）2021年末，该债券的公允价值为1 100万元；甲公司评估发现该项金融资产的信用风险自初始确认后已显著增加，应收取的合同现金流量现值为2 129.58万元，预期能收取的现金流量现值为1 000万元。

（4）2022年3月1日，甲公司将该债券对外出售，处置价款为1 310万元，处置时发生交易费用10万元。假定不考虑其他因素。

要求：

（1）判断该债券应划分金融资产的类型，计算初始入账金额，并编制相关会计分录。

（2）计算2020年末该债券的期末摊余成本，并编制相关会计分录；计算确认公允价值变动后的期末摊余成本和账面价值。

（3）判断该项金融资产在2021年末是否存在损失准备，并编制相关会计分录。

（4）编制甲公司2022年出售该项金融资产时的相关会计分录。

2. 甲公司2020年、2021年发生如下业务（盈余公积计提比例是10%）：

（1）甲公司2020年1月1日以银行存款2 600万元购买丙公司2%股权，持有时将其指定为以公允价值计量且其变动计入其他综合收益的金融资产。至2020年12月31日，该项股权的公允价值为2 800万元，当日丙公司当年宣告分配现金股利500万元，2021年1月1日甲公司收到该现金股利。2021年12月31日该项股权的公允价值为3 200万元。

（2）甲公司2020年7月1日以银行存款2 200万元购买丁公司10%股权，取得股权时另发生交易费用1万元，将其划分为以公允价值计量且其变动计入当期损益的金融资产。2020年12月31日，该项股权的公允价值为2 700万元；2021年12月31日该股权的公允价值为2 400万元。

（3）2022年4月1日，甲公司出售其持有的对丙公司的股权投资，取得价款3 300万元。同时出售其持有的对丁公司的股权，取得价款2 450万元。

要求：

（1）编制甲公司取得丙公司股权至处置时的会计分录。

（2）编制甲公司取得丁公司股权至处置时的会计分录。

（3）计算因甲公司处置对丙公司和丁公司的股权对2022年当年净利润及所有者权益的影响金额。

3. 2020年，甲公司发生的相关交易或事项如下：

（1）1月1日，甲公司以2 500万元从乙公司购入其发行的3年期资产管理计划的优先级A类资产支持证券，该证券的年收益率为5.5%，该资产管理计划系乙公司将其所有的股权投资和应收款项作为基础资产履行的资产支持证券，该证券分为优先级A类、优先级B类和次级类三种。按照发行协议的约定，优先级A类和优先级B类按固定收益率每年年初支付上一年的收益，到期偿还本金和最后一年的收益，基础资产中每年产生的现金流量，按优先级和次级顺序依次支付优先级A类、优先级B类和次级类持有者的收益。该资产管理计划到期时，基础资产所产生的现金流量按上述顺序依次偿付持有者的本金及最后一年的收益，如果基础资产产生的现金流量不足以支付所有持有者的本金及收益的，按上述顺序依次偿付。

（2）8月7日，甲公司以2 000万元购入由某银行发行的两年期理财产品，预计年收益率为6%。根据该银行理财产品合同的约定，将客户投资理财产品募集的资金投资于3A级公司债券、申购新股和购买国债。

（3）9月30日，甲公司与其开户银行签订保理协议，将一年后到期的5 000万元不带息应收账款，按照4 800万元的价格出售给其开户银行。按照保理协议的约定，如果应收账款到期后债务人不能按期支付款项，甲公司有义务向其开户银行偿付本金5 000万元。当日，甲公司收到其开户银行支付的4 800万元款项。

甲公司对应收账款进行管理的目标是，将应收账款持有到期后收取款项，同时兼顾流动性要求转让应收账款。

（4）10月1日，甲公司向特定的合格机构投资者按面值发行永续债3 000万元。根据募集说明书的约定，本次发行的永续债无期限，票面年利率为4.8%，按年支付利息；5年后甲公司可以赎回，如果不赎回，票面年利率将根据当时的基利率上浮1%，除非利息支付日前12个月发生甲公司向普通股股东支付股利等强制付息事件，甲公司有权取消支付永续债当期的利息，且不构成违约，在支付约定的永续债当期利息前，甲公司不得向普通股股东分配股利。甲公司有权按照永续债票面金额加上当期已决议支付但尚未支付的永续债利息之和赎回本次发行的永续债，本次发行的永续债不设置投资者回售条款，也不设置强制转换为普通股的条款；甲公司清算时，永续债持有者的清偿顺序劣后于普通债务的债权人，但在普通股股东之前。

甲公司根据相应的议事机制，能够自主决定普通股股利的支付。

（5）12月31日，经董事会批准，甲公司与丙公司签订出售其所持丁公司

20%股权的协议。协议约定，出售价格为3 500万元，甲公司应于2021年4月末前办理完成丁公司股权的产权转移手续。甲公司预计能够按照协议约定完成丁公司股权的出售，预计出售该股权发生的税费为400万元。

甲公司持有丁公司30%股权并对其具有重大影响。截至2020年12月31日，甲公司对丁公司股权投资的账面价值为3 600万元，其中投资成本为2 400万元，损益调整为900万元，其他综合收益为300万元。

本题不考虑税费及其他因素。

要求：

（1）根据资料（1），判断甲公司购入的优先级A类资产支持证券在初始确认时应当如何分类，并说明理由。

（2）根据资料（2），判断甲公司购入银行理财产品在初始确认时应当如何分类，并说明理由。

（3）根据资料（3），判断甲公司保理的应收账款在初始确认时应当如何分类，并说明理由；判断甲公司保理的应收账款能否终止确认，说明理由，并编制与应收账款保理相关的会计分录；说明该保理应收账款在甲公司2020年12月31日资产负债表中列示的项目名称。

（4）根据资料（4），判断甲公司发行的永续债在初始确认时应当如何分类，并说明理由，编制相关会计分录。

（5）根据资料（5），判断甲公司对拟出售的丁公司股权应当如何分类和计量，编制相关会计分录；说明甲公司保留所持丁公司10%股权投资在完成出售20%股权前的会计处理原则。

4. 长城公司为一家在深圳证券交易所挂牌交易的金融类上市公司。长城公司在2020年度发生如下金融资产转移业务：

（1）2020年1月10日，长城公司与中国建设银行深圳支行签订一笔贷款转让协议，由长城公司将其本金为1 000万元、年利率为10%、贷款期限为9年的组合贷款出售给中国建设银行深圳支行，售价为1 000万元。双方约定，由长城公司为该笔贷款提供担保，担保金额为300万元，实际贷款损失超过担保金额的部分由中国建设银行深圳支行承担。金融资产转移日，该笔贷款（包括担保）的公允价值为1 000万元，其中，担保的公允价值为100万元。长城公司没有保留对该笔贷款的管理服务权。

（2）2020年3月10日，长城公司将持有的西门公司发行的5年期公司债券出售给长江公司，同时签订了一项看涨期权合约，期权行权日为2020年12月31日，行权价为400万元。长城公司支付期权费10万元。假定预计行权日该债券的公允价值为500万元。

（3）2020 年 7 月 20 日，长城公司将某项账面余额为 5 000 万元的应收账款（已计提坏账准备 200 万元）转让给华夏投资银行，转让价格为当日公允价值 3 750 万元；同时与华夏投资银行签订了应收账款的回购协议，双方约定 3 个月后长城公司有优先回购选择权，回购价为该应收账款的市场价格。同日，华夏投资银行按协议支付了 3 750 万元。该应收账款 2020 年 12 月 31 日的预计未来现金流量现值为 3 600 万元。

（4）2020 年 8 月 1 日，长城公司将其持有的一笔国债出售给黄河公司，售价为 200 万元，该债券年利率为 3.5%。同时，长城公司与黄河公司签订了一项回购协议，协议规定 3 个月后由长城公司将该笔国债购回，回购价为 202 万元。2020 年 11 月 1 日，长城公司将该笔国债购回。假定该笔国债合同利率与实际利率差异较小。

要求：根据上述资料，逐一分析、判断长城公司上述金融资产转移的业务是否满足终止确认条件，并说明理由。

（五）案例

天津中新药业集团股份有限公司（简称中新药业），上海证券交易所 A 股上市公司。中新药业是以中药创新为特色，集生产、经营、科研为一体，主要从事中成药、中药材、化学药、营养保健品的生产经营和医药商业领域，形成了中药工业和医药商业两大核心业务板块。目前，公司旗下共拥有 22 家分公司、10 家全资子公司、7 家控股子公司和 6 家参股公司。

该公司自 2018 年 1 月 1 日起，按照 2017 年新会计准则编制财务报表，并调整 2018 年 1 月 1 日金融工具相关期初数。

中新药业股份有限公司 2018 年年度报告相关信息节录

1. 主要会计数据（见表 7－4）

表 7－4 单位：元 币种：人民币

主要会计数据	2018 年	2017 年	本期比上年同期增减（%）
营业收入	6 358 622 318.617	5 689 242 496.07	11.77
归属于上市公司股东的净利润	561 679 706.35	476 079 838.39	17.98
归属于上市公司股东的扣除非经常性损益的净利润	544 747 210.30	409 890 301.94	32.90
经营活动产生的现金流量净额	350 144 366.53	－3 972 631.78	8 913.91

续表

	2018 年末	2017 年末	本期末比上年同期末增减（%）
归属于上市公司股东的净资产	4 926 990 477.02	4 476 757 551.23	10.06
总资产	7 105 306 204.62	6 621 804 787.64	7.30

2. 主要财务指标（见表 7-5）

表 7-5

主要财务指标	2018 年	2017 年	本报告期比上年同期增减（%）
基本每股收益（元/股）	0.73	0.62	17.74
稀释每股收益（元/股）	0.73	0.62	17.74
扣除非经常性损益后的基本每股收益（元/股）	0.71	0.53	33.96
加权平均净资产收益率（%）	11.93	11.05	增加 0.88 个百分点
扣除非经常性损益后的加权平均净资产收益率（%）	11.57	9.51	增加 2.06 个百分点

3. 非经常性损益项目和金额（见表 7-6）

表 7-6　　单位：元　币种：人民币

非经常性损益项目	2018 年金额	2017 年金额
非流动资产处置损益	3 782 247.82	39 072 186.72
计入当期损益的政府补助，但与公司正常经营业务密切相关，符合国家政策规定、按照一定标准定额或定量持续享受的政府补助除外	11 572 578.58	11 241 632.77
债务重组损益		-347 520.68
除同公司正常经营业务相关的有效套期保值业务外，持有交易性金融资产、交易性金融负债产生的公允价值变动损益，以及处置交易性金融资产、交易性金融负债和可供出售金融资产取得的投资收益		13 926 871.31
除同公司正常经营业务相关的有效套期保值业务外，持有交易性金融资产、交易性金融负债产生的公允价值变动损益，以及处置交易性金融资产、交易性金融负债和可供出售金融资产取得的投资收益	6 636 153.61	

续表

非经常性损益项目	2018 年金额	2017 年金额
除上述各项之外的其他营业外收入和支出	574 735.91	4 472 099.27
其他符合非经常性损益定义的损益项目		5 153 463.94
少数股东权益影响额	-2 254 994.78	-947 095.30
所得税影响额	-3 378 225.09	-6 382 101.58
合计	16 932 496.05	66 189 536.45

4. 调整期初留存收益及财务报表相关项目（见表 7-7）

表 7-7 单位：元 币种：人民币

具体科目	调增/调减金额
交易性金融资产	1 250.00
其他应收款	863.13
其他流动资产	-1 250.00
其他债权投资	50 747.86
可供出售金融资产	-14 922.06
持有至到期投资	-54 194.81
其他权益工具投资	14 922.06
递延所得税资产	645.95
资产合计	-1 937.86
交易性金融负债	23 435.67
其他流动负债	-23 435.67
其他综合收益	-1 937.86
所有者权益合计	-1 937.86

说明：上述为中新药业截至 2017 年 12 月 31 日对相关资产负债项目的调整。具体调整内容说明如下：

（1）供出售金融资产账面价值的调减包括天房发展、滨海能源、天津港、华东医药等 9 家公司的股权投资。在本次执行新准则过程中，中新药业将其全部划分为“以公允价值计量且其变动计入其他综合收益的金融资产”，作为非交易性权益工具核算。

（2）2017 年 12 月 31 日，中新药业其他流动资产中，包含银行理财产品 1.005 亿元，其中交易成立后不支持本金提前兑付的理财产品有两笔，合计金额 0.88 亿元；支持本金提前兑付的理财产品 0.125 亿元，为向中国农业银行股份有限公司购入的短期理财产品。在本次执行新准则过程中，中新药业将其他流动资产中部分银行短期理财产品转入“以公允价值计量且其变动计入当期损益的金融资产”。

（3）2017 年 12 月 31 日，中新药业持有至到期投资账面余额 5.42 亿元，核算项目为债券投资（国债、公司债、金融债券等）。在本次金融工具按新准则分类中，5.27 亿元被划分为“以公允价值计量且其变动计入其他综合收益的金融资产”，并确认公允价值变动 -1 937.86 万元。

（4）2017 年底中新药业账面的其他流动负债余额 2.34 亿元，性质为融资回购业务中的标准券——即从证券交易市场进行融资回购，将公司持有的长期债券进行质押，以回购标准券形式融入资金。2018 年中报中，也一并进行了重新划分，转入交易性金融负债中核算。

5. 资产负债表（见表 7－8）

表 7－8　　中新药业股份有限公司资产负债表

2018 年 12 月 31 日

（除特别注明外，金额单位均为人民币元）

	2018 年 12 月 31 日	2018 年 1 月 1 日	2017 年 12 月 31 日
流动资产：			
货币资金	1 467 085 146.16	992 178 444.72	992 178 444.72
交易性金融资产	53 306 952.84	12 500 000.00	
应收票据及应收账款	1 706 424 827.10	1 518 451 031.90	1 518 451 031.90
预付款项	162 550 801.93	160 526 957.63	160 526 957.63
其他应收款	22 083 705.25	31 307 259.08	22 675 917.57
存货	1 328 371 226.83	1 104 487 798.93	1 104 487 798.93
其他流动资产	63 462 884.36	149 733 223.35	162 233 223.35
流动资产合计	4 780 038 172.18	3 969 184 715.61	3 960 553 374.10
非流动资产：			
可供出售金融资产			149 220 593.38
其他债权投资		507 478 618.80	
持有至到期投资			541 948 124.68
长期股权投资	630 925 040.53	562 457 185.83	562 457 185.83
其他权益工具投资	142 085 807.49	149 220 593.38	
投资性房地产	23 581 793.72	25 185 910.49	25 185 910.49
固定资产	839 783 477.51	795 990 915.73	795 990 915.73
在建工程	359 885 414.18	279 704 058.77	279 704 058.77
无形资产	173 526 636.32	178 065 599.96	178 065 599.96
开发支出	1 332 045.28	1 269 169.81	1 269 169.81
长期待摊费用	8 656 220.51	5 703 527.30	5 703 527.30
递延所得税资产	133 289 799.65	115 957 538.54	109 497 997.45
其他非流动资产	12 201 797.25	12 208 330.14	12 208 330.14
非流动资产合计	2 325 268 032.44	2 633 241 448.75	2 661 251 413.54
资产总计	7 105 306 204.62	6 602 426 164.36	6 621 804 787.64
流动负债：			
短期借款	252 000 000.00	262 000 000.00	
交易性金融负债		234 356 733.51	
应付票据及应付账款	600 615 696.62	656 036 597.46	

续表

	2018 年 12 月 31 日	2018 年 1 月 1 日	2017 年 12 月 31 日
合同负债	235 398 654. 38	181 573 281. 86	
预收款项			55 129 311. 83
应付职工薪酬	116 357 636. 03	92 227 639. 65	92 227 639. 65
应缴税费	97 146 755. 72	61 980 197. 31	61 980 197. 31
其他应付款	612 544 649. 87	499 731 039. 94	499 731 039. 94
其他流动负债			234 356 733. 51
流动负债合计	1 914 063 392. 62	1 861 461 519. 70	1 861 461 519. 70
非流动负债：			
长期应付款	38 781 943. 06	38 781 943. 06	38 781 943. 06
长期应付职工薪酬	41 449 658. 75	39 914 556. 18	39 914 556. 18
递延收益	50 703 038. 43	49 174 109. 88	49 174 109. 88
递延所得税负债	5 911 452. 90	7 615 039. 13	6 981 670. 78
非流动负债合计	136 846 093. 14	135 485 648. 25	134 852 279. 90
负债合计	2 050 909 485. 76	1 996 947 167. 95	1 996 313 799. 60
所有者权益			
股本	768 873 076. 00	768 873 076. 00	768 873 076. 00
资本公积	1 323 858 121. 13	1 315 240 037. 85	1 315 240 037. 85
其他综合收益	81 921 096. 53	89 071 630. 02	48 211 345. 17
盈余公积	434 364 000. 00	434 364 000. 00	434 364 000. 00
未分配利润	2 317 974 183. 36	1 910 069 092. 21	1 910 069 092. 21
归属于母公司所有者权益合计	4 926 990 477. 02	4 517 617 836. 08	4 476 757 551. 23
少数股东权益	127 406 241. 84	148 733 436. 81	148 733 436. 81
所有者权益合计	5 054 396 718. 86	4 666 351 272. 89	4 625 490 988. 04
负债和所有者权益总计	7 105 306 204. 62	6 663 298 440. 84	6 621 804 787. 64

问题：

1. 结合金融工具定义，根据本案例提供的上市公司 2018 年度报告，分析、讨论案例公司持有的资产、负债与权益项目哪些符合金融工具的定义？

2. 2017 年，我国财政部发布了修订后的《企业会计准则第 22 号——金融工具确认和计量》《企业会计准则第 23 号——金融资产转移》《企业会计准则第 24 号——套期会计》等准则，请比较修订后的新准则在金融资产分类及确认、计量上与原准则差异，并结合案例给出的数据，分析新金融工具准则的颁布对公司财务报告的影响有哪些？

第八章

衍生金融工具和套期保值

一、学习重点与难点

本章的重点与难点包括：理解衍生金融工具概念及主要类型，了解衍生金融工具会计处理特点及会计准则的发展，掌握衍生金融工具确认与计量方法，理解套期会计的概念和分类，掌握套期确认标准和计量方法。

本章的重点和难点主要在衍生金融工具定义的理解与运用、嵌入衍生金融工具的分离、套期会计的运用。

（一）衍生金融工具定义中的职业判断

衍生金融工具是指满足以下三个特征的金融工具：（1）其价值随特定利率、金融工具价格、商品价格、汇率、价格或利率指数、信用等级或信用指数或其他变量的变动而变动；（2）不要求初始净投资，或要求的初始净投资小于预期对市场因素变化有类似反应的其他类型合同所要求的初始净投资；（3）在未来某一日期进行结算。

上述定义中的第二个特征“不要求初始净投资，或者少量的初始净投资”需要一定程度的职业判断。究竟多少的初始净投资是“少量的”，可以根据衍生金融工具相对于其所依附的基本工具的价值来判断。这一特征体现了衍生金融工具的杠杆性，也即衍生金融工具能以小博大，如通过购买期权的方式，获得了在以后期间按照固定价格购买某一商品的权利。如果期权购买成本接近于当时的商品价格，则表明此交易不满足衍生金融工具第二条标准。

如 A 公司签订了一项远期合同，在一年后按远期价格购入 1 000 万股 T 公司股票，T 公司一年后的远期价格为 25 元/股，现行市价为 22 元/股。A 公司被要求在合同开始的时候即为此远期合同预先支付款项，公司 A 根据股票的现行价格进行了预付。

该合约虽然满足远期合同定义，但该合约中初始投资类似于对市场因素变动有相似反映的其他类似合同所要求的投资，因为在合同开始后也可以按照同样的 25 元每股的价格购买 T 公司的股份。因此，预付的远期合同不符合“不要求初始净投资或少量的初始净投资”的标准。

（二）嵌入衍生金融工具的分离

嵌入衍生工具与主合同是否需要分拆，首先要明确混合工具作为一个整体所选择的计量基础。

混合合同包含的主合同不属于《企业会计准则第 22 号——金融工具确认和计量》规范的资产，且同时符合下列条件的，企业应当从混合合同中分拆嵌入衍生工具，将其作为单独存在的衍生工具处理：

嵌入衍生工具的经济特征和风险与主合同的经济特征和风险不紧密相关。

（1）与嵌入衍生工具具有相同条款的单独工具符合衍生工具的定义。

（2）该混合合同不是以公允价值计量且其变动计入当期损益进行会计处理（即嵌在以公允价值计量且其变动计入当期损益的金融负债中的衍生工具不予分拆）。

根据上述规定，可以将嵌入衍生金融工具是否需要分拆通过流程图 8 - 1 予以说明。

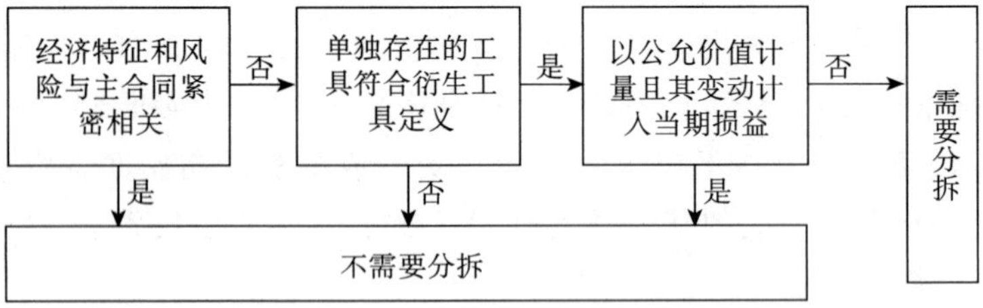

图 8 - 1　嵌入衍生工具分拆判断流程

（三）套期会计的运用

1. 被套期项目的运用范围

被套期项目，是指使企业面临公允价值或现金流量变动风险，且被指定为被套期对象的、能够可靠计量的项目。根据被套期项目的定义和准则规定，企业可以将下列单个项目、项目组合或其组成部分指定为被套期项目：（1）已确认资产或负债。（2）尚未确认的确定承诺。其中，确定承诺是指在未来某特定日期或期间，以约定价格交换特定数量资源、具有法律约束力的协议；尚未确认是指尚未在资产负债表中确认。（3）极可能发生的预期交易。其中，预期交易是指尚未承诺但预期会发生的交易。评估预期交易发生的可能性不能仅依靠企业管理人员的意图，而应当基于可观察的事实和相关因素。（4）境外经营净投资。

但并不是所有的项目都可以作为被套期项目，注意以下项目不能作为被套期项目：

①企业的一般经营风险（如固定资产毁损风险等）不能作为被套期风险，因为这些风险不能具体辨认和单独计量。同样地，企业合并交易中，与购买另一个企业的确定承诺相关的风险（不包括外汇风险）也不能作为被套期风险。

②衍生工具不能作为被套期项目，但对于外购的、嵌在另一项金融工具（主合同）中的期权，如果其与主合同存在紧密关系，且混合工具没有被指定为以公允价值计量且其变动计入当期损益的金融工具，则可以作为被套期项目。

③对于信用风险或外汇风险，企业可以将持有至到期投资作为被套期项目，而对于利率风险或提前还款风险，则不可以作为被套期项目。

④采用权益法核算的股权投资不能在公允价值套期中作为被套期项目，因为权益法下，投资方只是将其在联营企业或合营企业中的损益份额确认为当期损益，而不确认投资的公允价值变动。

2. 公允价值套期与现金流量套期的区别

通俗一点讲，公允价值套期是指企业担心手中某项资产或负债的价值在未来会有变动而对企业不利，而采取规避风险的措施。因为公允价值是指由市场自发形成的价值，企业自身是无法控制和改变的，企业处于被动接受者地位，企业只能在事先采取防范的措施。

而现金流量套期是指企业担心未来要收到或要支付一笔现金时有变动，因此采取规避风险的措施。也就是说，在现金流量发生的时候有可能不利于企业，因为利率或汇率变动少收或多付现金，那么就采取规避措施。一般情况下出现预期交易都是现金流量套期。

对外汇确定承诺的套期是属于以上两者兼而有之的特点，所以是可以划分为公允价值套期保值，也可以划分为现金流量套期保值。

3. 套期会计分类的常见情形

套期会计中根据被套期项目的不同而产生的不同套期会计类别在表 8－1 中予以列示。

表 8－1　　套期会计分类

分类	套期对象	套期利得或损失
公允价值套期	公允价值变动风险敞口	一般计入当期损益；如果是对以公允价值计量且其变动计入其他综合收益的非交易性权益工具投资进行套期，则计入其他综合收益
现金流量套期	现金流量变动风险敞口	套期无效部分：计入当期损益 套期有效部分：计入其他综合收益
境外经营净投资套期	境外经营净投资外汇风险敞口	套期无效部分：计入当期损益 套期有效部分：计入其他综合收益

4. 公允价值套期会计

公允价值套期即对特定风险引起的公允价值变动的敞口进行套期：

（1）已确认的资产和负债，如确认于资产负债表；非未来交易非未记录的资产。

（2）确定承诺。

在实务中，签出商品期货合同，对库存商品的公允价值变动风险进行套期用利率互换（收固定利率，付浮动利率），对固定利率债券的公允价值变动风险进行套期签出远期燃油合同，对以固定价格的燃油（确定承诺）的价格变动风险进行套期买入远期外汇合同，对以固定外币价格购买资产的确定承诺的外汇汇率变动风险进行套期均属于公允价值套期。

对于用于套期的衍生工具的公允价值变动计入当期损益，对于因被套期风险引起的被套期项目的公允价值变动计入当期损益。在公允价值套期会计下，被套期项目的确认和计量方法需要改变，其中，套期无效的部分仍然在利润表中反映。

具体处理方法如图 8－2 所示。

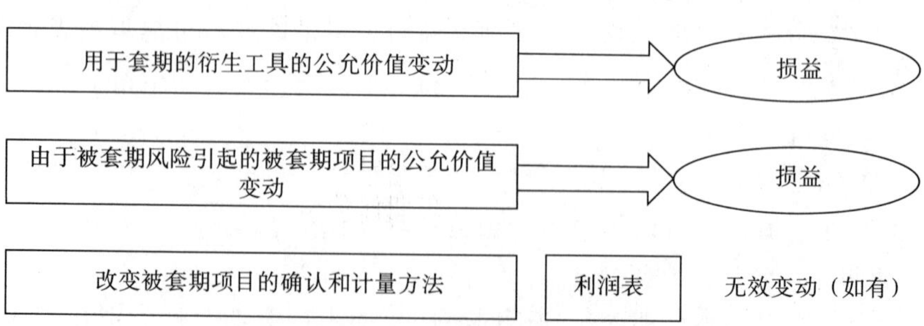

图 8－2　公允价值套期会计处理

5. 现金流量套期会计

现金流量套期会计即对特定风险引起的现金流量变动的敞口进行套期：

（1）已确认的资产和负债，如浮动利率、外币资产和负债。

（2）确定承诺的外汇风险。

（3）极可能发生的预期交易，如未来采购或销售。

在实务中，用利率互换（付固定利率，收浮动利率），对浮动利率债券的利息的现金流量变动风险进行套期买入远期外币合同，对以固定外币价格买入原材料的确定承诺预期交易的外汇变动风险进行套期用利率互换，对预期发行债券预期借款的利息的现金流量变动风险进行套期买入期货合约，对预期商品销售的价格变动风险进行套期均为现金流量套期。

用于套期的衍生工具的公允价值变动中由被套期风险引起的变动部分中属于套期有效的部分，作为现金流量套期储备，计入其他综合收益；属于套期无效的部分，计入当期损益。现金流量套期是通过改变套期工具的公允价值变动的列报方法，其中套期有效的部分先计入其他综合收益，等被套期项目产生损益时，可以在利润表中进行对冲，无效部分计入当期损益。

具体会计处理如图 8－3 所示。

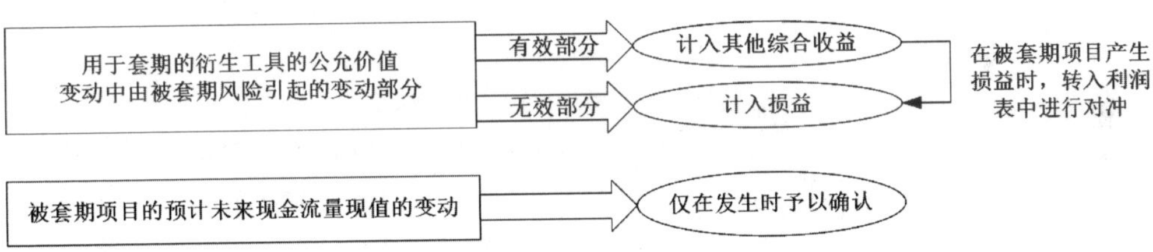

图 8－3 现金流量套期会计处理逻辑

二、思维导图

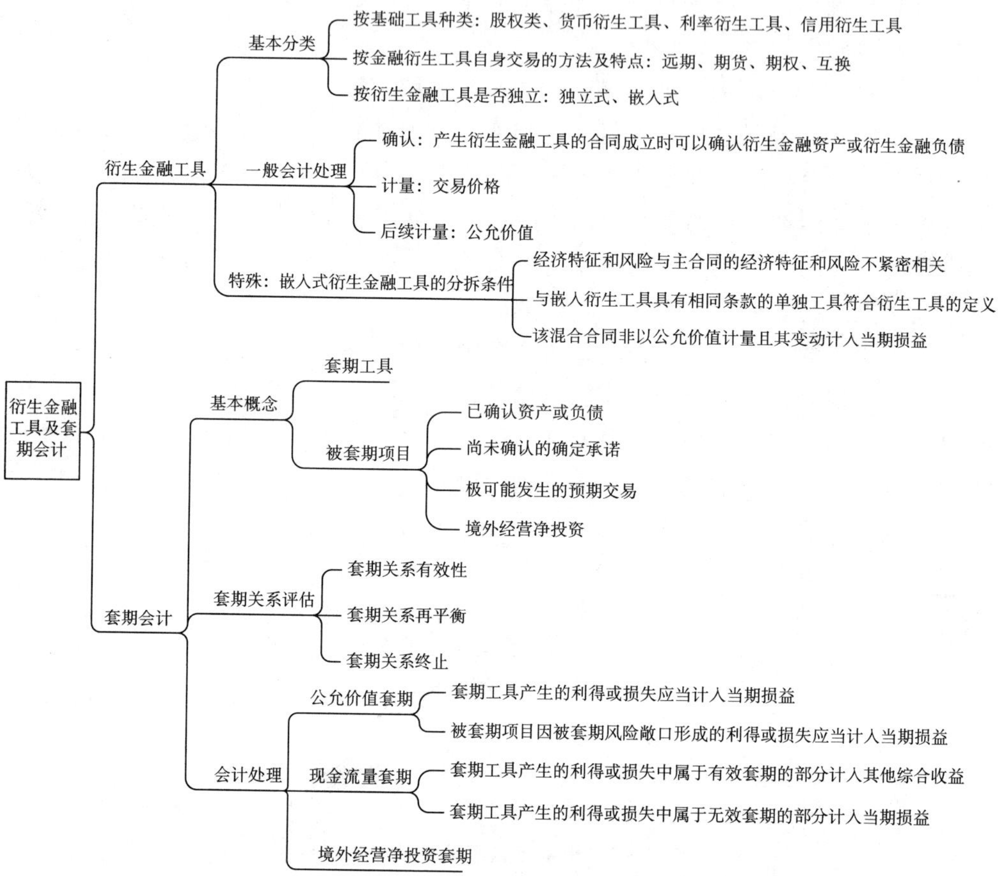

三、练习题

（一）单项选择题

1. 下面不属于独立衍生工具的是（　　）。

A. 可转换公司债券　　B. 远期合同

C. 期货合同　　D. 互换和期权

2. 金融衍生工具产生的直接动因是（　　）。

A. 规避风险和套期保值　　B. 金融创新

C. 投机者投机的需要　　D. 金融衍生工具的高风险高收益刺激

3. 套期保值是指通过在现货市场和期货市场之间建立（　　）的头寸，从而锁定未来现金流的交易行为。

A. 方向相同，数量不同　　B. 方向相反，数量不同

C. 方向相反，数量相同　　D. 方向相同，数量相同

4. 金融衍生工具依照（　　）可以划分为股权类产品的衍生工具、货币衍生工具和利率衍生工具、信用衍生工具以及其他衍生工具。

A. 基础工具分类

B. 金融衍生工具自身交易的方法及特点

C. 交易场所

D. 产品形态

5. 关于金融衍生工具的基本特征叙述错误的是（　　）。

A. 无论是哪一种金融衍生工具，都会影响交易者在未来一段时间内或未来某时点上的现金流，跨期交易的特点十分突出

B. 金融衍生工具交易一般只需要支付少量的保证金或权利金，就可签订远期大额合约或互换不同的金融工具

C. 金融衍生工具的价值与基础产品或基础变量紧密联系、规则变动

D. 金融衍生工具的交易后果取决于交易者对衍生工具（变量）未来价格（数值）的预测和判断的准确程度

6. 根据企业会计准则 22 号，一个衍生金融工具嵌入到另外一个合约中时，该衍生金融工具是否要与该合约分开作会计处理（　　）。

A. 所有的嵌入衍生金融工具都需要分开处理

B. 所有的嵌入衍生金融工具都不需要分开处理

C. 要看具体情况，当嵌入衍生金融工具在形式上、商业实质上均独立于主合约时，需要分开处理

D. 要看具体情况，当嵌入衍生金融工具与主合同在经济特征及风险方面不存在紧密关系时，需要分开处理

7. 金融衍生工具依照（　　）可以划分为股权类产品的衍生工具、货币衍生工具和利率衍生工具、信用衍生工具以及其他衍生工具。

A. 基础工具分类

B. 金融衍生工具自身交易的方法及特点

C. 交易场所

D. 产品形态

8. 下列关于被套期项目的说法，不正确的是（　　）。

A. 当企业处于风险管理目的对一组项目进行组合管理、且组合中的每一个项目（包括其组成部分）单独都属于符合条件的被套期项目时，可以将该项目组合指定为被套期项目

B. 企业可以将符合被套期项目条件的风险敞口与衍生工具组合形成的汇总风险敞口指定为被套期项目

C. 若某一层级部分包含提前还款权，该提前还款权的公允价值受被套期风险变化影响，且企业在计量被套期项目的公允价值时已包含该提前还款权影响的，则企业不得将该层级指定为公允价值套期的被套期项目

D. 被套期项目，是指企业面临公允价值或现金流量变动风险，且被指定为被套期对象、能够可靠计量的项目

9. 在确立套期关系时，下列会计处理表述中，正确的是（　　）。

A. 在确立套期关系时，企业必须将符合条件的金融工具整体指定为套期工具

B. 对于期权，企业可以将期权的内在价值和时间价值分开，只将期权的内在价值变动指定为套期工具

C. 对于远期合同，企业可以将远期合同的远期要素和即期要素分开，全部的价值变动指定为套期工具

D. 企业可以将套期工具剩余期限内某一时段的公允价值变动部分指定为套期工具

10. 下列项目中不应终止运用套期会计的是（　　）。

A. 因风险管理目标发生变化，导致套期关系不再满足风险管理目标

B. 套期工具和被套期项目不再符合条件

C. 被套期项目与套期工具之间不再存在经济关系

D. 部分套期关系不再满足运用套期会计的标准，将整体终止运用套期会计

11. 关于公允价值套期，下列表述中错误的是（　　）。

A. 是指对已确认资产或负债、尚未确认的确定承诺，或上述项目组成部分的公允价值变动风险敞口进行的套期

B. 该公允价值变动源于特定风险，可能影响企业的损益

C. 该公允价值变动源于特定风险，可能影响企业的其他综合收益，影响其他综合收益的情形，仅限于企业对指定为以公允价值计量且其变动计入其他综合收益的非交易性权益工具投资的公允价值变动风险敞口进行的套期

D. 套期工具有效套期部分计入其他综合收益，无效套期部分计入当期损益

12. 公允价值套期的会计处理中，应计入当期损益的是（　　）。

A. 衍生套期工具公允价值变动形成的利得或损失

B. 非衍生套期工具账面价值因汇率变动形成的利得或损失

C. 被套期项目因被套期风险形成的利得或损失

D. 套期工具利得或损失中属于有效套期的部分

13. 现金流量套期的会计处理中，应当直接确认为所有者权益的是（　　）。

A. 套期工具利得或损失中属于有效套期的部分

B. 套期工具利得或损失中属于无效套期的部分

C. 被套期项目因被套期风险形成的利得或损失

D. 套期工具自套期开始的累积利得或损失

14. 下列关于套期的确认和计量，说法不正确的是（　　）。

A. 对于公允价值套期，套期工具是对选择以公允价值计量且其变动计入其他综合收益的非交易性权益工具投资（或其组成部分）进行套期的套期工具产生的利得或损失应当计入其他综合收益

B. 对于现金流量套期，套期工具产生的利得或损失中属于套期有效的部分，作为现金流量套期储备，应当计入其他综合收益

C. 对于现金流量套期，当企业对现金流量套期终止运用套期会计时，被套期的未来现金流量预期仍然会发生的，累计现金流量套期储备的金额应当从其他综合收益中转出，计入当期损益

D. 对于境外经营净投资套期，套期工具形成的利得或损失中属于无效套期的部分，应当计入当期损益

15. 2020 年 1 月 1 日，甲公司计划在 24 个月内采购 100 万桶 A 类原油。该公司在现金流量套期中指定一份 105 万桶 A 类原油的期货合约，以对极可能发生的 100 万桶 A 类原油的采购计划进行套期（套期比率为 1:1.05）。2020 年 12 月 31 日，被套期项目的公允价值累计变动为 300 万元，而套期工具的公允价值累计变动为 315 万元。假定不考虑其他因素，下列会计处理表述中，正确的是（　　）。

A. 该项套期属于公允价值套期

B. 2020 年计入其他综合收益的金额为 315 万元

C. 2020 年计入其他综合收益的金额为 300 万元

D. 2020 年计入其他综合收益的金额为 15 万元

（二）多项选择题

1. 与金融衍生产品相对应的基础金融产品可以有（　　）。

A. 债券　　B. 股票

C. 银行定期存款单　　D. 应收账款

2. 金融衍生工具的基本特征包括（　　）。

A. 跨期性　　B. 杠杆性

C. 联动性　　D. 不确定性或高风险性

3. 关于金融衍生工具的产生与发展论述正确的有（　　）。

A. 金融衍生工具产生的最基本原因是避险

B. 20 世纪 80 年代以来的金融自由化进一步推动了金融衍生工具的发展

C. 金融机构的利润驱动是金融衍生工具产生和迅速发展的又一重要原因

D. 新技术革命为金融衍生工具的产生与发展提供了物质基础与手段

4. 金融衍生工具从其自身交易的方法和特点可以分为（　　）。

A. 金融远期合约　　B. 金融期权

C. 金融互换　　D. 金融期货

5. 根据中国企业会计准则，衍生金融工具作为金融工具或合约，应同时具备的特征有（　　）。

A. 与对市场情况变化有类似反应的其他类型合同相比，要求较多的初始净投资

B. 其价值随特定利率、金融工具价格、商品价格、汇率、价格指数或其他类似变量的变动而变动，变量为非金融变量的，该变量与合同的任一方不存在特定关系

C. 不要求初始净投资，或与对市场情况变化有类似反应的其他类型合同相比，要求很少的初始净投资

D. 在未来某一日期结算

6. 下列项目中不属于衍生金融工具的有（　　）。

A. 银行存款　　B. 应收票据

C. 应付票据　　D. 期权合约

7. 下列项目中，可作为套期工具的有（　　）。

A. 以公允价值计量且其变动计入当期损益的衍生工具，但签出期权除外

B. 以公允价值计量且其变动计入当期损益的非衍生金融资产

C. 企业自身权益工具

D. 以公允价值计量且其变动计入当期损益的非衍生金融负债，但指定为以公允价值计量且其变动计入当期损益同时其自身信用风险变动引起的公允价值变动计入其他综合收益的金融负债除外

8. 下列各项中，能够作为公允价值套期的被套期项目有（　　）。

A. 已确认的负债　　　　　　　　B. 尚未确认的确定承诺

C. 已确认资产的组成部分　　　　D. 极可能发生的预期交易

9. 下列项目中，可作为公允价值套期的有（　　）。

A. 买入期货合约，对预期商品销售的价格变动风险进行套期

B. 用利率互换去对预期发行债券的利息的现金流量变动风险进行套期

C. 买入远期燃油合同，以固定价格将燃油（确定承诺）的价格变动风险进行套期

D. 买入远期外汇合同，对以固定外币价格购买资产的确定承诺的外汇汇率变动风险进行套期

10. 下列项目中，不属于现金流量套期的有（　　）。

A. 用利率互换去对固定利率债券套期

B. 用利率互换去对浮动利率债券套期

C. 某电力公司因签订了一项 6 个月后以约定价格购买煤炭的合同，对该确定承诺的价格变动风险进行套期

D. 对现有存货价格变动风险进行套期

11. 嵌入衍生金融工具需要作分拆会计处理的条件有（　　）。

A. 混合工具不能以公允价值计量且其变动计入损益

B. 衍生金融工具与主合同在经济特征及风险方面不存在紧密关系

C. 单独存在的工具符合衍生工具定义

D. 嵌入衍生工具相关的混合工具以摊余成本计量

12. 下列各项中，能够作为甲公司套期交易中被套期项目的有（　　）。

A. 甲公司在境外子公司净资产中的权益份额

B. 甲公司一笔期限为 10 年，年利率为 6%，按年付息的长期借款产生的 5 年应支付的利息

C. 甲公司签订的一份法律上具有约束力的采购协议，约定 6 个月后以固定的价格采购固定数量的原油

D. 甲公司出口销售收到的 2 000 万美元外币存款

13. 关于套期会计，下列说法正确的有（　　）。

A. 如果套期关系由于套期比率的原因而不再满足套期有效性要求的，则企业应将其终止确认

B. 因风险管理目标发生变化导致套期关系不再满足风险管理目标的，企业应当终止运用套期会计

C. 对于公允价值套期，套期工具产生的利得或损失一般应当计入当期损益

D. 对于现金流量套期，套期工具产生的利得或损失中属于套期无效的部分，

应当计入当期损益

14. 下列关于公允价值套期的确认和计量，说法不正确的有（　　）。

A. 套期工具产生的利得或损失通常应当计入其他综合收益

B. 如果被套期项目为以摊余成本计量的金融工具（或其组成部分）的，企业对被套期项目账面价值所作的调整应当按照开始摊销日重新计算的实际利率进行摊销，并计入当期损益

C. 如果被套期项目为以公允价值计量且其变动计入其他综合收益的金融资产（或其组成部分）的，企业应当调整金融资产（或其组成部分）的账面价值

D. 当履行确定承诺而取得资产或承担负债时，应当调整该资产或负债的初始确认金额

15. 关于境外经营净投资的套期，下列会计处理的表述中，正确的有（　　）。

A. 套期工具形成的利得或损失中属于有效套期的部分，应当计入当期损益

B. 套期工具形成的利得或损失中属于无效套期的部分，应当计入当期损益

C. 套期工具形成的利得或损失，应当计入当期损益

D. 全部或部分处置境外经营时，计入其他综合收益的套期工具利得或损失应当相应转出，计入当期损益

（三）判断题

1. 衍生金融工具的层出不穷对传统财务会计理论与实务产生了重大的影响和冲击，但是经过近些年来国际会计界的努力，关于衍生金融工具的会计确认、计量和报告的问题已经得到圆满解决。（　　）

2. 衍生金融工具对传统会计计量的冲击主要表现在对历史成本计量属性的挑战。（　　）

3. 企业利用衍生金融工具对以外币结算的应收账款进行套期，就是为了消除汇率变动可能给企业带来的风险。（　　）

4. 在套期会计中，对确定承诺的套期保值只能运用公允价值套期。（　　）

5. 公允价值套期中，套期工具产生的利得或损失一般应当计入当期损益。（　　）

6. 当且仅当公司明确套期工具与被套期项目时，公司就可以运用套期会计。（　　）

7. 在套期会计中，对预期交易的套期保值应采用现金流量套期会计处理程序。（　　）

8. 每期计入其他综合收益的现金流量套期储备的金额应当为当期现金流量

套期储备的累计余额。（　　）

9. 企业用期货合约对已购进资产进行套期保值，因规避了风险从而一定会增加企业的净收益。（　　）

10. 公允价值套期包括对已确认资产或负债的公允价值变动风险敞口进行的套期。（　　）

11. 现金流量套期中，套期工具产生的利得或损失中属于套期无效的部分，应当作为现金流量套期储备，计入其他综合收益。（　　）

12. 外汇期货合约既可服务于套期保值目的，也可以用于投机。（　　）

13. 用外汇期货进行投机和进行套期保值，有关会计处理基本没有区别，也就是说，投机交易的期货损益和保值目的的期货损益都直接计入当期损益。（　　）

14. 企业对现金流量套期终止运用套期会计时，在其他综合收益中确认的累计现金流量套期储备金额应转入当期损益。（　　）

15. 中鲁粮油加工总公司预计 2019 年下半年大约需要进口 300 吨大豆，现已有库存 100 吨，估计尚需购买 200 吨。如果该公司采用期汇合约等金融工具对已有库存 100 吨原材料进行套期保值，属于公允价值套期；如果对将要购进的原材料 200 吨进行套期保值，则应属于现金流量套期。（　　）

（四）计算与账务处理题

1. 2020 年 1 月 1 日，大华公司为规避所持有甲库存商品公允价值变动风险，与某金融机构签订了一项衍生金融工具合同（即 A 衍生金融工具），并将其指定为 2020 年上半年甲库存商品价格变化引起的公允价值变动风险的套期。A 衍生金融工具的标的资产与被套期项目存货在数量、质量、价格变动和产地方面相同。2020 年 1 月 1 日，A 衍生金融工具的公允价值为 0，被套期项目（甲库存商品）的账面价值和成本均为 1 000 000 元，公允价值为 1 100 000 元，2020 年 6 月 30 日，A 衍生金融工具的公允价值上涨了 25 000 元，甲库存商品的公允价值下降了 25 000 元，当日，大华公司将甲库存商品出售，并将衍生金融工具 B 结算。大华公司预期该套期完全有效。假定不考虑衍生金融工具的时间价值，商品销售相关的增值税及其他因素。

要求：（1）根据上述资料编制大华公司的有关会计分录。（2）假定 2020 年 6 月 30 日，A 衍生金融工具的公允价值上涨了 22 500 元，甲库存商品的公允价值下降了 25 000 元。请编制大华公司相关的会计分录。

2. 2020 年 1 月 1 日，甲公司预期在 2020 年 6 月 30 日准备销售一批 A 商品，数量为 100 000 吨，为规避该预期销售有关的现金流量变动风险，甲公司于 2020

年 1 月 1 日与某金融机构签订了一项 B 衍生金融工具合同，且将其指定为对该预期商品销售的套期工具。B 衍生金融工具的标的资产与被套期预期商品销售在数量、质量、价格变动和产地等方面相同。并且 B 衍生金融工具的结算日和预期商品销售日均为 2020 年 6 月 30 日。甲公司先后发生如下现金流量套期业务：

（1）2020 年 1 月 1 日，B 衍生金融工具的公允价值为 0，商品的预期销售价格为 1 100 000 元。

（2）2020 年 6 月 30 日，B 衍生金融工具的公允价值上涨了 25 000 元，A 商品预期销售价格下降了 25 000 元，当日，甲公司将 A 商品出售，并将 B 衍生金融工具结算。假定甲公司预期该套期完全有效，不考虑衍生金融工具的时间价值，商品销售相关的增值税及其他因素。

要求：编制甲公司相关的会计分录。

3. 甲公司是以生产加工橄榄油、饲料为主的企业，2020 年涉及的相关套期保值业务如下：

甲公司于 2020 年 11 月 1 日与新加坡 AS 公司签订合同，约定于 2021 年 1 月 30 日以 S（新加坡币）每吨 60 元的价格购入 100 吨橄榄油。甲公司为规避购入橄榄油成本的外汇风险，于当日与某金融机构签订一项 3 个月到期的远期外汇合同，约定汇率为 1S＝4.5 人民币元，合同金额 S6 000 元。2021 年 1 月 30 日，甲公司以净额方式结算该远期外汇合同，并购入橄榄油。

假定：

（1）2020 年 12 月 31 日，1 个月 S 对人民币远期汇率为 1S＝4.48 人民币元，人民币的市场利率为 6%；

（2）2021 年 1 月 30 日，S 对人民币即期汇率为 1S＝4.46 人民币元；

（3）该套期符合运用套期保值准则所规定的运用套期会计的条件；

（4）不考虑增值税等相关税费。油脂厂将其划分为公允价值套期，2020 年 12 月 31 日确认远期外汇合同公允价值的金额为 119.4 元，2021 年 1 月 31 日确认的远期外汇合同公允价值的金额为 240 元，企业均计入资本公积，库存商品的金额为 26 760 元。

要求：根据资料，逐项分析、判断甲公司的做法是否正确，并简要说明理由。

4. 甲公司为境内商品生产企业，采用人民币作为记账本位币。2021 年 3 月 3 日，甲公司与某境外公司签订了一项设备购买合同（确定承诺），设备价格为 3 000 万美元，交货日期及付款日为 2021 年 4 月 30 日。2021 年 3 月 3 日，甲公司签订了一项购买 3 000 万美元的外汇远期合同。根据该远期，甲公司将于 2021 年 4 月 30 日支付人民币 19 950 万元购入 3 000 万美元。2021 年 3 月 3 日，外汇远期合同的公允价值为0。甲公司将该外汇远期合同指定为对美元/人民币汇率变动可能引起的外币计价的确定承诺公允价值变动风险进行套期的套期工具。

2021年4月30日，甲公司履行确定承诺并以净额结算该远期合同，2021年4月30日的即期汇率为1美元=6.80人民币元。

与该套期有关的远期汇率以及外汇远期合同的资料如表8-2所示。

其他资料如下：

（1）甲公司将上述套期划分为公允价值套期。

（2）假设甲公司的上述套期符合运用套期会计的所有条件，被套期项目与套期工具因美元/人民币汇率变动引起的公允价值变动金额相同。

（3）不考虑设备购买有关的税费因素、设备运输和安装费用等，且不考虑远期合同的远期要素。

表8-2　　单位：人民币万元

日期	2021年4月30日的远期汇率（美元/人民币）	本期外汇远期合同公允价值变动	本期末外汇远期合同公允价值
2021年3月3日	6.65	—	—
2021年3月31日	6.68	90	90
2021年4月30日	6.80	360	450

要求：

（1）判断甲公司上述套期是否可以划分现金流量套期，并说明理由。

（2）说明甲公司上述套期的套期工具和被套期项目的被指定内容；甲公司签订设备购买合同的当日即2021年3月3日是否需要进行会计处理？并说明理由。

（3）编制甲公司2021年3月31日与确认套期工具的公允价值变动及确定承诺因汇率变动引起的公允价值变动相关的会计分录。

（4）编制甲公司2021年4月30日与确认套期工具的公允价值变动、确认确定承诺因汇率变动引起的公允价值变动和结算远期合同相关的会计分录。

（5）计算甲公司2021年4月30日履行该项确定承诺时购入的固定资产原值，并编制相关的会计分录。

（五）案例

1. 公司简介

云南铜业股份有限公司（股票简称：云南铜业，股票代码：000878）前身为1958年成立的原云南冶炼厂。该公司于1998年5月成功在深交所上市，是中铝集团、中国铜业铜产业唯一上市公司和核心平台。公司主要生产阴极铜、黄金、白银、硫酸、铜精矿、铁精矿等产品，综合回收硒、碲、铂、钯、铟、铼等。主产品“铁峰”牌阴极铜在上海期货交易所和伦敦金属交易所注册，“铁峰”牌金锭在上海期货交易所和上海黄金交易所注册，“铁峰”牌银锭在上海期货交易所、上海黄金交易所和伦敦金银市场协会注册。公司参控股6座铜冶炼厂和11座大中型铜矿山，保有铜资源储量584万吨，形成年产精矿含铜12万吨的产能规模。截至2020年末，公司共有16户法人实体企业、6户参股单位，总资产423亿元，归母净资产117亿元，在册员工约1.3万人。

2. 2020年度公司衍生品投资情况（见表8-3）

表8-3　　2020年度公司衍生品投资情况　　单位：万元

衍生品投资操作方名称	关联关系	是否关联交易	衍生品投资类型	衍生品投资初始投资金额	起始日期	终止日期	期初投资金额	计提减值准备金额（如有）	期末投资金额	期末投资金额占公司报告期末净资产比例	报告期实际损益金额
上海期货交易所	无	否	铜	0	2020年1月1日	2020年12月31日	33 964.95	0	62 463.78	7.62%	-657.3
上海期货交易所	无	否	白银	0	2020年1月1日	2020年12月31日	5 298.7	0	16 237.92	1.98%	-11 591.68
…	…	…	…	…	…	…	…	…	…	…	…
境外金融机构	—	否	铜期货	0	2020年1月1日	2020年12月31日	13 296.04	0	58 668.4	7.16%	-103 788.67
境外金融机构	—	否	白银期货	0	2020年1月1日	2020年12月31日	3 377.5	0	4 920.91	0.60%	-10 312.3
…	…	…	…	…	…	…	…	…	…	…	…
合计				0	—	—	65 277.49	0	168 721.98	20.59%	-134 685.66
衍生品投资资金来源				衍生品投资资金来源为自筹							
涉诉情况（如适用）				无							
衍生品投资审批董事会公告披露日期（如有）				2020年4月10日							
衍生品投资审批股东会公告披露日期（如有）				2020年4月30日							

续表

<table>
<tr><th>衍生品投资操作方名称</th><th>关联关系</th><th>是否关联交易</th><th>衍生品投资类型</th><th>衍生品投资初始投资金额</th><th>起始日期</th><th>终止日期</th><th>期初投资金额</th><th>计提减值准备金额（如有）</th><th>期末投资金额</th><th>期末投资金额占公司报告期末净资产比例</th><th>报告期实际损益金额</th></tr>
<tr><td colspan="4">报告期衍生品持仓的风险分析及控制措施说明（包括但不限于市场风险、流动性风险、信用风险、操作风险、法律风险等）</td><td colspan="8">报告期内公司通过上海期货交易所、伦敦金属交易所进行期货套期保值业务，套期保值业务接受国资委和上级公司、中国证监会和国家外汇管理局监管。因此，公司选择实力雄厚、信誉度高、运作规范的经纪公司进行期货保值，公司套期保值业务不存在操作风险和法律风险。公司建立了比较完善的期货管理办法，监督机制，通过加强业务流程、决策流程和交易流程的风险控制，设立专门的期货领导小组等多种措施控制风险</td></tr>
<tr><td colspan="4">已投资衍生品报告期内市场价格或产品公允价值变动的情况，对衍生品公允价值的分析应披露具体使用的方法及相关假设与参数的设定</td><td colspan="8">公司持有的铜、黄金、白银期货合约的公允价值依据伦敦金属交易所、伦敦贵金属市场协会和上海期货交易所相应合约的结算价确定</td></tr>
<tr><td colspan="4">报告期公司衍生品的会计政策及会计核算具体原则与上一报告期相比是否发生重大变化的说明</td><td colspan="8">无重大变化</td></tr>
<tr><td colspan="4">独立董事对公司衍生品投资及风险控制情况的专项意见</td><td colspan="8">根据《关于在上市公司建立独立董事制度的指导意见》《深圳证券交易所股票上市规则》等法律法规及本《公司章程》的有关规定，我们作为1公司第八届董事会独立董事，对公司提交的2020年（2020年至下一年度商品衍生品审议完成日）金融衍生品交易相关材料等进行了认真审阅，并对公司存在的证券投资情况进行了认真核查，现对公司衍生品交易情况发表如下独立意见：为了确保公司金融衍生品交易业务的正常开展，公司已按照相关要求建立了《云南铜业股份有限公司期货管理暂行办法》，在制度中对期货套期保值、风险管理、档案管理和保密制度等方面工作均有明确规定，更好地加强了管理和监督，有效地防范和化解风险，实现稳健经营。公司采取的风险控制措施有：（一）严格控制衍生金融交易的资金规模，合理计划和安排使用保证金。公司严禁使用募集资金直接或间接进行套期保值；（二）公司的相关管理制度已明确了套期保值业务的职责分工与审批流程，建立了比较完善的监督机制。设立了专门的风险控制岗位，实行严格的授权和岗位制衡制度，能够有效控制操作风险；（三）公司已设立符合要求的交易、通讯及信息服务设施系统。根据上述情况，我们认为公司开展金融衍生交易业务符合国家相关法律、法规及《公司章程》的有关规定。公司开展套期保值业务有利于规避和控制经营风险，提高公司抵御市场风险的能力，不存在损害公司和全体股东利益的情况。公司从事金融衍生品交易业务的人员具有多年操作经验，对市场及业务较为熟悉，能够有效控制操作风险</td></tr>
</table>

3. 财务报表附注

(1) 其他综合收益（见表8-4）

表 8-4

项　　目	期初余额			本期发生额			期末余额
		本期所得税前发生额	减：前期计入其他综合收益当期转入损益	减：所得税费用	税后归属于母公司	税后归属于少数股东	
二、将重分类进损益的其他综合收益	−22 009 284.77	−1 008 131 378.96	−33 173 704.93	−197 398 112.30	−609 032 181.44	−168 527 380.29	−631 041 466.20
其中：权益法下在被投资单位以后将重分类进损益的其他综合收益		−2 863 078.00		−429 461.70	−2 433 616.30		−2 433 616.30
现金流量套期储备	−16 623 022.32	−990 394 298.90	−33 173 704.93	−196 968 650.60	−599 161 564.11	−161 090 379.26	−615 784 586.43
外币财务报表折算差额	−5 386 262.45	−14 874 002.06			−7 437 001.03	−7 437 001.03	−12 823 263.48
合计	−22 009 284.77	−1 008 131 378.96	−33 173 704.93	−197 398 112.30	−609 032 181.44	−168 527 380.29	−631 041 466.21

说明：2020 年 12 月 31 日公司账面的铜、金、银产品的未来销售预期发生的时间为 2021 年 1 月至 2021 年 3 月，公司由此购入了相应的期货合约。

（2）公允价值变动收益（见表8－5）

表8－5

产生公允价值变动收益的来源	本期发生额	上期发生额
交易性金融资产	17 105 262.72	11 184 210.24
交易性金融负债	－379 650.00	－25 087 079.35
非有效套期保值的衍生工具持仓损益	6 612 554.86	
合计	23 338 167.58	－13 902 869.11

（3）投资收益明细情况（见表8－6）

表8－6

项　　目	本期发生额	上期发生额
权益法核算的长期股权投资收益	78 900 623.75	11 920 325.07
处置长期股权投资产生的投资收益	32 913 310.24	22 468 768.42
交易性金融资产在持有期间的投资收益	36 760 863.80	4 303 222.69
处置交易性金融资产取得的投资收益	3 105 227.92	
交易性金融负债在持有期间的投资收益	－358 223 730.60	129 024 207.84
其他非流动金融资产持有期间取得的投资收益	1 179 862.53	1 394 382.99
非有效套期保值的衍生工具平仓损益	－22 589 417.07	
其他	371 906.55	237 832.66
合计	－227 581 352.88	169 348 739.67

请根据以上内容，并结合本章内容，讨论以下问题：

1. 结合案例，讨论上市公司衍生品投资的制度建设包括哪些方面？

2. 结合本案例的具体信息，讨论套期保值类型及相关会计处理方法。

3. 结合上述财务报告附注信息，讨论案例公司套期保值类型，并分析套期保值对上市公司财务绩效有何影响？

第九章

租　　赁

一、学习重点与难点

本章的重点和难点主要包括以下四个方面：

（一）租赁的识别

1. 租赁的定义

租赁，是指在一定期间内，出租人将资产的使用权让与承租人以获取对价的合同。一项合同要被分类为租赁，必须满足三个要素：一是存在一定期间；二是存在已识别资产；三是资产供应方向客户转移对已识别资产使用权的控制。

其中，第一项要素较为简单，而第二项、第三项要素的确定存在一定难度。首先，在鉴别潜在的租赁合同中是否存在已识别资产时，需要明确实质性替换权的概念，即，即使合同已对资产进行指定，但如果资产供应方在整个使用期间拥有对该资产的实质性替换权，则该资产不属于已识别资产，这项合同也就不能构成租赁。其次，为确定合同是否让渡了在一定期间内对已识别资产使用权的控制，企业应当评估合同中的客户是否有权获得在使用期间因使用已识别资产所产生的几乎全部经济利益，并有权在该使用期间主导已识别资产的使用。

在确定合同中的客户是否有权获得在使用期间因使用已识别资产所产生的几乎全部经济利益时，应当考虑客户是否可以通过多种方式直接或间接获得使用该资产所产生的经济利益，例如，通过使用、持有或转租资产，是否可以直接或间接地获得资产的主要产出和副产品（包括来源于这些项目的潜在现金流量）以及是否可以获得通过与第三方之间的商业交易实现的其他经济利益。

2. 租赁期

租赁期是指承租人有权使用租赁资产且不可撤销的期间；承租人有续租选择权，即有权选择续租该资产，且合理确定将行使该选择权的，租赁期还应当包含续租选择权涵盖的期间；承租人有终止租赁选择权，即有权选择终止租赁该资产，但合理确定将不会行使该选择权的，租赁期应当包含终止租赁选择权涵盖的期间。

租赁期自租赁期开始日起计算。租赁期开始日，是指出租人提供租赁资产使其可供承租人使用的起始日期。如果承租人在租赁协议约定的起租日或租金起付日之前，已获得对租赁资产使用权的控制，则表明租赁期已经开始。租赁协议中对起租日或租金支付时间的约定并不影响租赁期开始日的判断。

（二）承租人会计处理

新租赁准则下，承租人不再区分经营租赁和融资租赁，而是应当在租赁期开始日，对租赁确认使用权资产和租赁负债，短期租赁和低价值资产租赁适用简化处理的除外。

1. 租赁负债的初始计量

承租人的租赁负债应当按照租赁期开始日尚未支付的租赁付款额的现值进行初始计量。识别应纳入租赁负债的相关付款项目是计量租赁负债的关键，它包括：

（1）租赁付款额。包括以下五项内容：

①固定付款额及实质固定付款额，存在租赁激励的，扣除租赁激励相关金额；

②取决于指数或比率的可变租赁付款额；

③购买选择权的行权价格，前提是承租人合理确定将行使该选择权；

④行使终止租赁选择权需支付的款项，前提是租赁期反映出承租人将行使终止租赁选择权；

⑤根据承租人提供的担保余值预计应支付的款项。

（2）折现率。在计算租赁付款额的现值时，承租人应当采用租赁内含利率作为折现率；无法确定租赁内含利率的，应当采用承租人增量借款利率作为折现率。

租赁内含利率是指使出租人的租赁收款额的现值与未担保余值的现值之和等于租赁资产公允价值与出租人的初始直接费用之和的利率。其中，未担保余值是指租赁资产余值中，出租人无法保证能够实现或仅由与出租人有关的一方予以担保的部分。初始直接费用是指为达成租赁所发生的增量成本。增量成本是指若企业不取得该租赁，则不会发生的成本，如佣金、印花税等。无论是否实际取得租赁都会发生的支出，不属于初始直接费用，例如为评估是否签订租赁而发生的差旅费、法律费用等，此类费用应当在发生时计入当期损益。

2. 租赁负债的后续计量

在租赁期开始日后，承租人应当按以下原则对租赁负债进行后续计量：

（1）确认租赁负债的利息时，增加租赁负债的账面金额。

（2）支付租赁付款额时，减少租赁负债的账面金额。

（3）因重估或租赁变更等原因导致租赁付款额发生变动时，重新计量租赁负债的账面价值。

3. 使用权资产的初始计量

在租赁期开始日，承租人应当按照成本对使用权资产进行初始计量。该成本包括下列四项：

（1）租赁负债的初始计量金额。

（2）在租赁期开始日或之前支付的租赁付款额；存在租赁激励的，应扣除已享受的租赁激励相关金额。

（3）承租人发生的初始直接费用。

（4）承租人为拆卸及移除租赁资产、复原租赁资产所在场地或将租赁资产恢复至租赁条款约定状态预计将发生的成本。前述成本属于为生产存货而发生的，适用《企业会计准则第 1 号——存货》。

4. 使用权资产的后续计量

在租赁期开始日后，承租人应当采用成本模式对使用权资产进行后续计量，即，以成本减累计折旧及累计减值损失计量使用权资产。承租人按照新租赁准则有关规定重新计量租赁负债的，应当相应调整使用权资产的账面价值。

（三）出租人会计处理

在新租赁准则下，出租人会计处理与原准则相比未产生重大变化，仍须在租赁开始日，将租赁分为融资租赁和经营租赁。

一项租赁属于融资租赁还是经营租赁取决于交易的实质。如果一项租赁实质上转移了与租赁资产所有权有关的几乎全部风险和报酬，出租人应当将该项租赁分类为融资租赁。出租人应当将除融资租赁以外的其他租赁分类为经营租赁。

一项租赁存在下列一种或多种情形的，通常分类为融资租赁：

1. 在租赁期届满时，租赁资产的所有权转移给承租人。

2. 承租人有购买租赁资产的选择权，所订立的购买价款预计将远低于行使选择权时租赁资产的公允价值，因而在租赁开始日就可以合理确定承租人将行使该选择权。

3. 资产的所有权虽然不转移，但租赁期占租赁资产使用寿命的大部分。这里的“大部分”一般指租赁期占租赁开始日租赁资产使用寿命的75%以上（含75%）。

4. 在租赁开始日，租赁收款额的现值几乎相当于租赁资产的公允价值。实务中，这里的“几乎相当于”，通常掌握在90%以上。

需要说明的是，这里的“75%”“90%”的量化标准只是指导性标准，企业在具体运用时，必须以准则规定的相关条件进行综合判断。

5. 租赁资产性质特殊，如果不作较大改造，只有承租人才能使用。

（四）售后租回交易会计处理

若企业（卖方兼承租人）将资产转让给其他企业（买方兼出租人），并从买方兼出租人租回该项资产，则卖方兼承租人和买方兼出租人均应按照售后租回交易的规定进行会计处理。

1. 售后租回交易中的资产转让属于销售

卖方兼承租人应当按原资产账面价值中与租回获得的使用权有关的部分，计量售后租回所形成的使用权资产，并仅就转让至买方兼出租人的权利确认相关利得或损失。买方兼出租人根据其他适用的企业会计准则对资产购买进行会计处理，并根据新租赁准则对资产出租进行会计处理。

2. 售后租回交易中的资产转让不属于销售

卖方兼承租人不终止确认所转让的资产，而应当将收到的现金作为金融负债，并按照《企业会计准则第22号——金融工具确认和计量》（2017）进行会计处理。买方兼出租人不确认被转让资产，而应当将支付的现金作为金融资产，并按照《企业会计准则第22号——金融工具确认和计量》（2017）进行会计处理。

二、思维导图

- 租赁
  - 基本概念 ★
    - 租赁的识别
      - 存在一定期间（租赁期：承租人有权使用租赁资产且不可撤销的期间）
      - 存在已识别资产（有明确或隐含的指定、在物理上可区分、资产供应方对资产无实质性替换权）
      - 资产供应方向客户转移对已识别资产使用权的控制
        - 客户是否有权获得因使用资产所产生的几乎全部经济利益？
        - 客户是否有权主导该资产的使用？
    - 租赁的定义：租赁，是指在一定期间内，出租人将资产的使用权让与承租人以获取对价的合同
    - 租赁的分拆与合并
      - 合同中包含多项单独租赁的，承租人和出租人应当将合同予以分拆单独租赁的定义
        - 可从单独使用该资产或将其与易于获得的其他资源一起使用中获利
        - 该资产与合同中的其他资产不存在高度依赖或高度关联关系
      - 与同一交易方在同一或相近时间订立的多份合同在满足下列条件之一时，应予以合并
        - 该多份合同基于总体商业目的订立并构成“一揽子交易”
        - 其中某份合同的对价金额取决于其他合同的定价或履行情况
        - 该多份合同让渡的资产使用权合起来构成一项单独租赁
  - 承租人会计处理 ★★
    - 初始计量：确认使用权资产和租赁负债（短期租赁和低价值资产租赁简化处理除外）
      - 租赁负债的初始计量：尚未支付的租赁付款额的现值
        租赁付款额包括五项内容
        - 1.固定付款额及实质固定付款额
        - 2.取决于指数或比率的可变租赁付款额
        - 3.购买选择权的行权价格（前提是承租人合理确定将行使该选择权）
        - 4.行使终止租赁选择权需支付的款项（前提是承租人合理确定将行使该选择权）
        - 5.根据承租人提供的担保余值预计应支付的款项
      - 使用权资产的初始计量：按照成本计量
        成本包括四项
        - 1.租赁负债的初始计量金额
        - 2.租赁期开始日或之前支付的租赁付款额
        - 3.承租人发生的初始直接费用
        - 4.承租人为拆卸及移除租赁资产、复原租赁资产所在场地或将租赁资产恢复至租赁条款约定状态预计将发生的成本
    - 后续计量
      - 租赁负债的后续计量
        - 确定租赁负债的利息时增加租赁负债的账面金额，支付租赁付款额时减少租赁负债的账面金额，因重估或租赁变更导致租赁付款额发生变动时重新计量租赁负债的账面价值
      - 使用权资产的后续计量
        - 成本减累计折旧及累计减值损失
  - 出租人会计处理 ★★★
    - 出租人应当在租赁开始日将租赁分为融资租赁和经营租赁
      - 融资租赁：如果一项租赁实质上转移了与租赁资产所有权有关的几乎全部风险和报酬，出租人应当将该项租赁分类为融资租赁
      - 经营租赁：除融资租赁外的其他租赁
    - 融资租赁的分类标准（存在其中一种或多种情形）
      - 1.在租赁期届满时，租赁资产的所有权转移给承租人
      - 2.承租人有购买租赁资产的选择权，订立的购买价款预计将远低于行使选择权时租赁资产的公允价值
      - 3.资产的所有权虽然不转移，但租赁期占租赁资产使用寿命的大部分（“大部分”一般指租赁期占租赁开始日租赁资产使用寿命的75%及以上）
      - 4.在租赁开始日，租赁收款额的现值几乎相当于租赁资产的公允价值（“几乎相当于”指90%以上）
      - 5.资产性质特殊，如不作较大改造，只有承租人才能使用
    - 融资租赁的会计处理：出租人在租赁开始日以租赁投资净额确认应收融资租赁款，并终止确认融资租赁资产
    - 经营租赁的会计处理：出租人应采用直线法或者其他系统合理的方法将经营租赁的租赁收款额确认为租金收入
  - 售后租回会计处理 ★★★★
    - 售后租回交易中的资产转让属于销售
      - 卖方兼承租人应当按原资产账面价值中与租回获得的使用权有关的部分，计量售后租回所形成的使用权资产，并仅就转让至买方兼出租人的权利确认相关利得或损失
    - 售后租回交易中的资产转让不属于销售
      - 卖方兼承租人不终止确认所转让的资产，而应当将收到的现金作为金融负债，并按照《企业会计准则第22号——金融工具确认和计量》（2017）进行会计处理；买方兼出租人不确认被转让资产，而应当将支付的现金作为金融资产，并按照《企业会计准则第22号——金融工具确认和计量》（2017）进行会计处理

三、练习题

（一）单项选择题

1. 在出租人对于经营租赁和融资租赁进行判断时，以下说法正确的是（　　）。

A. 出租人应当关注合同的形式是否符合经营租赁或融资租赁

B. 出租人的租赁分类是以租赁转移与租赁资产所有权相关的风险和报酬的程度为依据的

C. 在租赁期届满时，租赁资产的所有权将转移给承租人，则出租人应当将该租赁分类为经营租赁

D. 在租赁开始日，若能合理确定租赁收款额的现值相当于租赁资产公允价值的 75% 以上，则出租人应当将该租赁分类为融资租赁

2. 关于租赁的定义，以下说法错误的是（　　）。

A. 新租赁准则规定不再区分经营租赁和融资租赁

B. 租赁，是指在一定期间内，出租人将资产的使用权让与承租人以获取对价的合同

C. 租赁在某种意义上是企业的一种融资行为

D. 对租期较短的租赁而言，租赁能使承租人取得资产负债表表外筹资的效果

3. 关于租赁的识别，以下说法错误的是（　　）。

A. 已识别资产通常由合同明确指定，也可以在资产可供客户使用时隐性指定

B. 租赁标的资产要求在物理上可区分

C. 即使合同已对资产进行指定，但如果资产供应方在整个使用期间拥有对该资产的实质性替换权，则该资产不属于已识别资产

D. 资产供应方在资产运行结果不佳或者进行技术升级的情况下，因修理和维护而替换资产的权利或义务也属于实质性替换权

4. 关于租赁的分拆与合并，以下说法错误的是（　　）。

A. 合同中同时包含多项单独租赁的，承租人和出租人应当将合同予以分拆，并分别各项单独租赁进行会计处理

B. 合同中同时包含租赁和非租赁部分的，承租人和出租人应当将租赁和非

租赁部分进行分拆

C. 当承租人可从单独使用该资产或将其与易于获得的其他资源一起使用中获利，且该资产与合同中的其他资产不存在高度依赖或高度关联关系，使用已识别资产的权利构成合同中的一项单独租赁

D. 当两份或多份合同合并为一份合同进行会计处理时，则不需要区分该合同中的租赁部分和非租赁部分

5. 关于租赁付款额的确定，以下说法错误的是（　　）。

A. 租赁付款额，是指承租人向出租人支付的与在租赁期内使用租赁资产的权利相关的款项

B. 租赁业务中的实质固定付款额是指在实质上可能包含变量但形式上无法避免的付款额

C. 可变租赁付款额，是指承租人为取得在租赁期内使用租赁资产的权利，而向出租人支付的因租赁期开始日后的事实或情况发生变化（而非时间推移）而变动的款项

D. 如果承租人合理确定将行使购买标的资产的选择权，则租赁付款额中应包含购买选择权的行权价格

6. 对于短期租赁和低价值资产租赁，以下说法错误的是（　　）。

A. 对于短期和低价值资产租赁，承租人可以选择不确认使用权资产和租赁负债

B. 对于短期租赁，承租人可以按照租赁资产的类别作出采用简化会计处理的选择，如果承租人对某类租赁资产作出了简化会计处理的选择，未来该类资产下所有的短期租赁都应采用简化会计处理

C. 短期租赁是指租赁期不超过 12 个月的租赁，无论是否包含购买选择权

D. 对于短期和低价值资产租赁，承租人应当将租赁付款额在租赁期内按照直线法或其他系统合理的方法计入相关资产成本或当期损益

7. 甲公司为国内航空公司（客户）与乙飞机租赁公司（供应方）签订了使用一架指定飞机的 4 年期合同，合同详细规定了飞机（波音 737—800）的内部和外部规格。合同规定，乙公司在 4 年合同期内可以随时替换飞机，在飞机出现故障时则必须替换飞机；无论哪种情况下，所替换的飞机必须符合合同中规定的内部和外部规格。在乙公司的机队中配备符合甲公司要求规格的飞机仅有一架，如果需替换所需成本高昂。下列说法正确的是（　　）。

A. 乙公司在该飞机运行结果不佳的情况下，因修理维护而替换资产的权利属于实质性替换权

B. 该合同中不存在已识别的资产

C. 该合同包含租赁

D. 该合同不包含租赁

8. 甲公司与乙公司签订租赁合同，乙公司将某商铺租赁给甲公司，乙公司于 2020 年 1 月 1 日将房屋钥匙交付甲公司，甲公司在收到钥匙后就可以自主安排对商铺进行装修布置，并安排搬迁。同时合同约定有 3 个月的免租期，起租日为 2020 年 4 月 1 日，承租人自起租日开始支付租金。甲公司于 2020 年 1 月 30 日开始对商铺进行装修布置，于 2020 年 2 月 20 日安排搬迁进入商铺。假定不考虑其他因素，租赁期开始日为（　　）。

A. 2020 年 1 月 1 日　　B. 2020 年 4 月 1 日

C. 2020 年 1 月 30 日　　D. 2020 年 2 月 20 日

9. 2020 年 6 月 30 日，A 公司与 B 公司签订租赁合同，从 B 公司租入一栋办公楼。根据租赁合同的约定，该办公楼不可撤销的租赁期为 10 年，租赁期开始日为 2020 年 7 月 1 日，月租金为 50 万元，于每月末支付，首 6 个月免租金，在不可撤销的租赁期到期后，A 公司拥有 6 年按市场租金行使的续租选择权。自合同签订日起，B 公司有权在租赁期开始日 4 年以后终止租赁，但需向 A 公司支付 100 万元违约金。从 2020 年 7 月 1 日起算，该办公楼剩余使用寿命为 30 年。假定在不可撤销的租赁期结束后 A 公司将行使续租选择权，不考虑其他因素，A 公司对该办公楼使用权资产计提折旧的年限是（　　）年。

A. 10　　B. 16

C. 30　　D. 4

10. 甲公司是一家知名零售商，从乙公司处租入已开发成熟的零售场所开设一家商店。根据租赁合同，甲公司在正常工作时间内必须经营该商店，且甲公司不得将商店闲置或进行分租。合同中关于租赁付款额的条款为：如果甲公司开设的这家商店没有发生销售，则甲公司应付的年租金为 100 元；如果这家商店发生了任何销售，则甲公司应付的年租金为 1 000 000 元。下列说法正确的是（　　）。

A. 该租赁包含每年 1 000 000 元的实质固定付款额

B. 该租赁包含每年 100 元的实质固定付款额

C. 该租赁包含每年 1 000 000 元的可变付款额

D. 该租赁包含每年 100 元的可变付款额

11. 以下有关租赁付款额的说法中错误的是（　　）。

A. 租赁付款额包括固定付款额及实质固定付款额，存在租赁激励的，扣除租赁激励相关金额

B. 租赁付款额不包括取决于指数或比率的可变租赁付款额

C. 租赁付款额包括购买选择权的行权价格，前提是承租人合理确定将行使该选择权

D. 租赁付款额包括根据承租人提供的担保余值预计应支付的款项

12. 2020 年 1 月 1 日，A 公司与 B 公司签订租赁合同，A 公司将其一栋建筑物租赁给 B 公司作为零售商店使用。根据合同约定，建筑物的租金为每月 100 万元，于每年年末支付，租赁期为 10 年，自合同签订日开始算起，租赁期首 6 个月为免租期，B 公司免予支付租金，如果 B 公司每年的营业收入超过 5 亿元，B 公司应向 A 公司支付经营分享收入 200 万元。B 公司 2020 年度实现营业收入 7 亿元。A 公司认定上述租赁为经营租赁。不考虑增值税及其他因素，上述交易对 A 公司 2020 年度营业利润的影响金额是（　　）万元。

A. 600　　B. 800

C. 1 200　　D. 1 340

13. 2020 年 1 月 1 日，甲公司与乙公司签订租赁合同，乙公司将其一栋建筑物租赁给甲公司，甲公司租赁期开始日之前已支付租赁付款额 160 万元，租赁期开始日尚未支付的租赁付款额的现值为 800 万元，甲公司发生的初始直接费用为 6 万元，已享受的租赁激励为 16 万元。甲公司该项使用权资产的初始成本为（　　）万元。

A. 960　　B. 966

C. 822　　D. 950

14. 2020 年 1 月 1 日，甲公司与乙公司签订租赁合同，乙公司将其一台机器设备租赁给甲公司，约定不可撤销期间为 9 个月，且承租人拥有 4 个月的续租选择权。在租赁期开始日，因为续租期的月租赁付款额明显低于市场价格，甲公司判断可以合理确定将行使续租选择权。假定不考虑其他因素，以下有关甲公司的处理正确的是（　　）。

A. 甲公司确定租赁期为 9 个月　　B. 甲公司确定租赁期为 13 个月

C. 该项租赁属于短期租赁　　D. 甲公司可以选择简化会计处理

15. 2020 年 1 月 1 日，A 公司与 B 公司签订租赁合同，B 公司将其一台机器设备租赁给 A 公司，租期为 10 年，用于 A 公司生产经营。A 公司相关使用权资产的初始账面价值为 200 000 元，按直线法在 10 年内计提折旧，年折旧费为 20 000元。在第 5 年年末，A 公司确认该使用权资产发生的减值损失为 40 000 元，计入当期损益。假定不考虑其他因素，在第 6 年 A 公司针对该使用权资产应该计提的折旧为（　　）元。

A. 10 000　　B. 12 000

C. 16 000　　D. 20 000

（二）多项选择题

1. 关于租赁的优点，以下说法正确的有（　　）。

A. 可以减少资产陈旧的风险

B. 可以使企业灵活选择与自身现金流量相匹配的支付租金的方式

C. 对长期租赁而言，它可以部分抵消通货膨胀所造成的影响

D. 对短期租赁而言，租赁能使承租人取得资产负债表表外筹资的效果

2. 关于租赁合同必须满足的要素，以下说法正确的有（　　）。

A. 存在一定租赁期间

B. 存在已识别的资产

C. 资产供应方向客户转移对已识别资产使用权的控制

D. 资产供应方拥有对资产的实质性替换权

3. 对客户是否控制已识别资产使用权的判断，以下说法正确的有（　　）。

A. 企业应当评估合同中的客户是否有权获得在使用期间因使用已识别资产所产生的几乎全部经济利益

B. 企业应当评估合同中的客户是否有权在该使用期间主导已识别资产的使用

C. 使用资产所产生的经济利益包括资产的主要产出和副产品以及通过与第三方之间的商业交易实现的其他经济利益，但不包括来源于这些项目的潜在现金流量

D. 如果合同规定客户应向资产供应方或另一方支付因使用资产所产生的部分现金流量作为对价，该现金流量则不应视为客户因使用资产而获得的经济利益的一部分

4. 关于租赁期，以下说法正确的有（　　）。

A. 租赁期是指承租人有权使用租赁资产且不可撤销的期间

B. 承租人有续租选择权的，且合理确定将行使该选择权的，租赁期还应当包含续租选择权涵盖的期间

C. 承租人有终止租赁选择权，但合理确定将不会行使该选择权的，租赁期应当包含终止租赁选择权涵盖的期间

D. 如果承租人在租赁协议约定的起租日或租金起付日之前，已获得对租赁资产使用权的控制，则表明租赁期已经开始

5. 关于承租人会计处理，以下说法正确的有（　　）。

A. 对于所有租赁，在租赁期开始日，承租人都应当对租赁确认使用权资产和租赁负债

B. 租赁负债应当按照租赁期开始日尚未支付的租赁付款额的现值进行初始计量

C. 在租赁期开始日后，承租人应当确认租赁负债的利息，增加租赁负债的账面金额

D. 在租赁期开始日后，承租人应当以成本减累计折旧及累计减值损失计量使用权资产

6. 关于出租人会计处理，以下说法正确的有（　　）。

A. 出租人应当在租赁开始日将租赁分为融资租赁和经营租赁

B. 一项租赁属于融资租赁还是经营租赁取决于交易的实质，如果一项租赁实质上转移了与租赁资产所有权有关的几乎全部风险和报酬，出租人应当将该项租赁分类为融资租赁

C. 租赁资产预计使用寿命、预计余值等会计估计变更或发生承租人违约等情况变化的，出租人需对租赁进行重分类

D. 当资产的所有权虽然不转移，但租赁期占租赁资产使用寿命的大部分，此时也须分类为融资租赁，这里的“大部分”一般指租赁期占租赁开始日租赁资产使用寿命的90%以上（含90%）

7. 甲公司从乙公司租赁一台推土机、一辆卡车和一台长臂挖掘机用于采矿业务，租赁期为4年。乙公司同意在整个租赁期内维护各项设备。合同固定对价为3 000 000元，按年分期支付，每年支付750 000元。合同对价包含了各项设备的维护费用。甲公司未采用简化处理，下列说法正确的有（　　）。

A. 甲公司应当将维护服务与租入的各项设备分别进行会计处理

B. 甲公司可以将维护服务与租入的各项设备合并进行会计处理

C. 乙公司应当分拆租赁部分与非租赁部分

D. 甲公司应当将合同对价分摊至三个租赁部分和非租赁部分

8. 甲公司（承租人）与乙公司（出租人）签订了一份建筑租赁合同，包括4年不可撤销期限和2年按照市价行使的续租选择权。在搬入该建筑之前，承租人花费了大量资金对租赁建筑进行了改良，预计在4年结束时租赁资产改良仍将具有重大价值，且该价值仅可通过继续使用租赁资产实现，下列说法正确的有（　　）。

A. 甲公司无法确定将来是否行使续租选择权

B. 甲公司可以合理确定将行使续租选择权

C. 承租人确定的租赁期为4年

D. 承租人确定的租赁期为6年

9. 下列情形中，使用不变的折现率来重新计量租赁负债的有（　　）。

A. 实质固定付款额发生变动

B. 用于确定租赁付款额的指数或比率（浮动利率除外）的变动

C. 担保余值预计的应付金额发生变动

D. 用于确定租赁付款额的浮动利率的变动

10. 下列各项中，通常应当分类为融资租赁的有（　　）。

A. 在租赁期届满时，租赁资产的所有权转移给承租人

B. 资产的所有权虽然不转移，但租赁期占租赁资产使用寿命的70%

C. 在租赁开始日，租赁收款额的现值几乎相当于租赁资产公允价值的95%

D. 租赁资产性质特殊，如果不作较大改造，只有承租人才能使用

11. 关于售后租回交易，下列表述正确的有（　　）。

A. 售后租回交易中的资产转让不属于销售情况下，承租人应当继续确认被转让资产，同时确认一项与转让收入等额的金融负债

B. 售后租回交易中的资产转让不属于销售情况下，出租人不确认被转让资产，但应当确认一项与转让收入等额的金融资产

C. 售后租回交易中的资产转让属于销售的情况下，承租人应当按原资产账面价值中与租回获得的使用权有关的部分，计量售后租回所形成的使用权资产，并就整个资产确认利得或损失

D. 售后租回交易中的资产转让属于销售的情况下，出租人根据其他适用的企业会计准则对资产购买进行会计处理，并根据租赁准则对资产出租进行会计处理

12. 2020年1月1日，甲公司与乙公司签订租赁合同，乙公司将其一台机器设备租赁给甲公司，租期为10年，租金于每年末支付，并按以下方式确定：第1年，租金是可变的，根据该机器在第1年的实际产能确定；第2年至第10年，每年的租金根据该机器在第1年的实际产能确定，即，租金将在第1年末转变为固定付款额。在租赁期开始日，甲公司无法确定租赁内含利率，其增量借款年利率为5%。假设在第1年末，根据该机器在第1年的实际产能所确定的租赁付款额为每年20万元。已知（P/A，5%，9）＝7.1078，假定不考虑其他因素，以下有关甲公司相关会计处理正确的有（　　）。

A. 租赁期开始日，甲公司确认的租赁负债为0

B. 租赁期开始日，甲公司确认的租赁负债为200万元

C. 第1年末，甲公司确认的租赁负债账面价值为142.16万元

D. 第1年末，甲公司确认的租赁负债——未确认融资费用金额为37.84万元

13. 2015年1月1日，甲公司与乙公司签订租赁合同，乙公司将10 000平

方米的零售门店出租给甲公司，租期为 10 年。年租赁付款额为 2 000 万元，在每年末支付。甲公司无法确定租赁内含利率，甲公司在租赁期开始日的增量借款年利率为 6%。2021 年 1 月 1 日，甲公司和乙公司同意对原租赁合同进行变更，即，将租赁期延长 4 年。每年的租赁付款额不变。甲公司在租赁变更生效日即 2021 年 1 月 1 日的增量借款年利率为 7%。已知：（P/A，7%，8）＝5.9713；（P/A，6%，4）＝3.4651。假定不考虑其他因素，甲公司下列会计处理正确的有（　　）。

A. 2021 年 1 月 1 日甲公司应调整增加使用权资产 5 012.4 万元

B. 2021 年 1 月 1 日甲公司应调整增加租赁负债 5 012.4 万元

C. 2021 年 1 月 1 日甲公司应使用 6% 的折现率来重新计量租赁负债

D. 2021 年 1 月 1 日甲公司应使用 7% 的折现率来重新计量租赁负债

14. 甲公司（承租人）与乙公司（出租人）签订了一项为期 10 年的不动产租赁合同，每年的租赁付款额为 50 000 元，于每年初支付。合同规定，租赁付款额在租赁期开始日后每两年基于过去 24 个月消费者价格指数的上涨进行上调。租赁期开始日的消费者价格指数为 125。假设在租赁第 3 年初的消费者价格指数为 135，假定不考虑其他因素。下列有关甲公司会计处理正确的有（　　）。

A. 甲公司租赁期开始日应以每年 50 000 元的租赁付款额为基础计量租赁负债

B. 甲公司租赁开始日应以每年 54 000 元的租赁付款额为基础计量租赁负债

C. 甲公司在第 3 年年初应以每年 5 000 元的租赁付款额为基础计量租赁负债

D. 甲公司在第 3 年年初应以每年 5 600 元的租赁付款额为基础计量租赁负债

15. A 公司（原租赁承租人）与 B 公司（原租赁出租人）就 3 000 平方米零售商场签订了一项为期 6 年的租赁（原租赁）。在第 3 年末，A 公司将该 3 000 平方米零售商场转租给 C 公司，期限为原租赁的剩余 3 年时间（转租赁）。假设不考虑初始直接费用，以下有关 A 公司相关会计处理正确的有（　　）。

A. 应终止确认与原租赁相关且转给 C 公司的使用权资产，并确认转租赁投资净额

B. 将使用权资产与转租赁投资净额之间的差额确认为损益

C. 在资产负债表中保留原租赁的租赁负债

D. 在转租期间 A 公司不应确认转租赁的融资收益

（三）判断题

1. 在判断一项合同是否属于租赁合同时，如果资产供应方在整个使用期间

拥有对该资产的实质性替换权，则该合同可能包含一项租赁。 （ ）

2. 为确定合同是否让渡了在一定期间内控制已识别资产使用的权利，企业应当评估合同中的客户是否有权获得在使用期间因使用已识别资产所产生的几乎全部经济利益。 （ ）

3. 当承租人可从单独使用某项资产或将这项资产与易于获得的其他资源一起使用中获利，且该资产与合同中的其他资产不存在高度依赖或高度关联关系时，使用这项已识别资产的权利构成租赁合同中的一项单独租赁。 （ ）

4. 租赁期是指承租人有权使用租赁资产且不可撤销的期间。当承租人有续租选择权时，即使能合理确定承租人将行使该选择权，租赁期也不应当包含续租选择权涵盖的期间。 （ ）

5. 如果承租人在租赁协议约定的起租日或租金起付日之前，已获得对租赁资产使用权的控制，则表明租赁期已经开始。 （ ）

6. 租赁激励是指出租人为达成租赁向承租人提供的优惠。存在租赁激励的，承租人在确定租赁付款额时，应扣除租赁激励相关金额。 （ ）

7. 可变租赁付款额，是指承租人为取得在租赁期内使用租赁资产的权利，而向出租人支付的会因时间推移而变动的款项。 （ ）

8. 可变租赁付款额中，无论是取决于指数或比率的可变租赁付款额，还是其他可变租赁付款额，均纳入租赁负债的初始计量。 （ ）

9. 如果承租人合理确定将行使购买标的资产的选择权，则租赁付款额中应包含购买选择权的行权价格。 （ ）

10. 如果承租人合理确定将行使终止租赁选择权，则租赁付款额中应包含行使终止租赁选择权需支付的款项，并且租赁期不应包含终止租赁选择权涵盖的期间。 （ ）

11. 为评估是否签订租赁而发生的差旅费、法律费用都应计入初始直接费用。 （ ）

12. 当承租人能够合理确定租赁期届满时取得租赁资产所有权的，应当在租赁资产剩余使用寿命内计提折旧。 （ ）

13. 对于短期租赁和低价值资产租赁，承租人也应确认使用权资产和租赁负债。 （ ）

14. 包含购买选择权的租赁，即使租赁期不超过 12 个月，也不属于短期租赁。 （ ）

15. 出租人应当在租赁开始日将租赁分为融资租赁和经营租赁。 （ ）

（四）计算与账务处理题

1. 甲公司是一家设备生产商，与乙公司（生产型企业）签订了一份租赁合同，向乙公司出租所生产的设备，合同主要条款如下：

（1）租赁资产：甲公司所生产的设备。

（2）租赁期：2019 年 1 月 1 日至 2021 年 12 月 31 日，共 3 年。

（3）租金支付：自 2019 年起每年年末支付年租金 200 万元。

（4）租赁合同规定的利率：5%（年利率），与市场利率相同。

（5）该设备于 2019 年 1 月 1 日的公允价值为 550 万元，账面价值为 400 万元。

（6）甲公司取得该租赁发生的相关成本为 1 万元。

（7）该设备于 2019 年 1 月 1 日交付乙公司，预计使用寿命为 8 年，无残值。

租赁期届满时，乙公司可以 0.2 万元购买该设备，预计租赁到期日该设备的公允价值不低于 300 万元，乙公司对此金额提供担保；租赁期内该设备的保险、维修等费用均由乙公司自行承担。已知（P/A，5%，3）=2.7232，（P/F，5%，3）=0.8638，假设不考虑其他因素和各项税费影响。

要求：

（1）判断甲公司的租赁类型，并说明理由。

（2）计算 2019 年 1 月 1 日甲公司确认收入的金额。

（3）编制 2019 年 1 月 1 日甲公司相关会计分录。

（4）填列表 9－1。

表 9－1　租赁期内各期间甲公司租赁相关金额的计算　单位：万元

日期	收取租赁款项	确认的融资收入	应收租赁款减少额	应收租赁款净额
2019. 1. 1				
2019. 12. 31				
2020. 12. 31				
2021. 12. 31				
合计				

（5）编制 2019 年 12 月 31 日甲公司的相关会计分录（以万元为单位）。

2. 2020 年 1 月 1 日，甲公司（承租人）与乙公司（出租人）就 5 000 平方米的办公场所签订了 10 年期的租赁合同。年租赁付款额为 100 000 元，在每年末支付。甲公司无法确定租赁内含利率。在租赁期开始日，甲公司的增量借款年利率为 6%。在第 6 年初，甲公司和乙公司同意对原租赁合同进行变更，即自第

6 年初起，将原租赁场所缩减至 2 500 平方米。每年的租赁付款额（自第 6 至 10 年）调整为 60 000 元。承租人在第 6 年初的增量借款年利率为 5%。已知：（P/A，6%，10）＝7. 3601，（P/A，6%，5）＝4. 2124，（P/A，5%，5）＝4. 3295。假定使用权资产按直线法在 10 年内计提折旧，不考虑其他因素。

要求：

（1）编制甲公司 2020 年 1 月 1 日与租赁相关的会计分录。

（2）编制甲公司 2020 年 12 月 31 日使用权资产计提折旧的会计分录。

（3）计算甲公司第 6 年初租赁变更后应确认的租赁负债金额。

（4）编制甲公司第 6 年初与租赁变更有关的会计分录。

3. 2020 年 1 月 1 日，A 公司与 B 公司签订租赁合同，A 公司从 B 公司租入一栋管理用办公大楼。根据租赁合同的约定，办公大楼的租赁期为 10 年，自合同签订之日算起，B 公司有权在租赁期开始日 5 年以后终止租赁，但需向 A 公司支付 2 500 万元违约金；每年租金为 5 100 万元，于每年初支付，如果 A 公司能够在每年初及时付款，则 B 公司给予减少租金 100 万元的奖励；租赁期到期后，A 公司有权按照每年 5 000 万元续租 5 年；租赁结束移交办公楼时，A 公司需将办公楼恢复至最初 B 公司交付时的状态。同日，A 公司向 B 公司支付第一年租金 5 000 万元。为获得该项租赁，A 公司向房地产中介公司支付佣金 80 万元。A 公司在租赁期开始时经评估后认为，其可以合理确定将行使续租选择权；预计租赁期结束办公楼恢复最初状态将发生成本 120 万元。A 公司对租入的使用权资产采用直线法自租赁期开始日计提折旧，预计净残值为零。A 公司无法确定租赁内含利率，其增量借款年利率为 6%。假定 A 公司在每年初及时支付租金，不考虑其他因素影响。

已知（P/A，6%，15）＝9. 7122，（P /A，6%，14）＝9. 2950，（P/A，6%，10）＝7. 3601，（P/A，6%，9）＝6. 8017；（P/F，6%，15）＝0. 4173，（P/F，6%，14）＝0. 4423，（P/F，6%，10）＝0. 5584，（P/F，6%，9）＝0. 5919。

要求：

（1）判断 A 公司租入办公大楼的租赁期并说明理由。

（2）计算 2020 年 1 月 1 日 A 公司租赁负债的初始入账金额。

（3）计算 2020 年 1 月 1 日 A 公司使用权资产的成本，并编制相关会计分录。

（4）计算 A 公司 2020 年度使用权资产的折旧额，并编制相关会计分录。

（5）计算 A 公司 2020 年度租赁负债的利息费用，并编制相关会计分录。

4. 甲公司为一家上市公司。2016 年至 2020 年甲公司发生与租赁业务有关的交易或事项如下：

（1）2016 年 1 月 1 日，承租人甲公司与出租人乙公司就 6 000 平方米的办公楼签订了 10 年期的租赁合同。甲公司将上述租赁的办公楼作为本公司行政办公场所。年租赁付款额为 1 000 万元，在每年末支付。甲公司无法确定租赁内含利率，在租赁期开始日，甲公司的增量借款年利率为 6%。甲公司每年末确认租赁负债的利息费用。

（2）2020 年 1 月 1 日，甲公司和乙公司同意对原租赁合同进行如下变更：①自 2020 年 1 月 1 日起，将原租赁场所缩减至 3 600 平方米；②自 2020 年至 2025 年，每年的租赁付款额调整为 600 万元，每年末支付。承租人在租赁变更生效日即 2020 年 1 月 1 日的增量借款年利率为 5%。

其他资料如下：

甲公司对上述租赁取得的使用权资产自租赁期开始日每年末按直线法计提折旧。

已知：（P/A，6%，10）＝7.360；（P/A，6%，6）＝4.9173；（PA，5%，6）＝5.0750

本题不考虑其他因素。

要求：

（1）编制甲公司 2016 年度与租赁办公楼有关的会计分录。

（2）计算甲公司该项租赁的使用权资产及租赁负债 2019 年 12 月 31 日的账面价值。

（3）计算甲公司租赁变更生效日即 2020 年 1 月 1 日终止部分的使用权资产影响损益的金额。

（4）计算甲公司变更后部分的使用权资产 2020 年 1 月 1 日的账面价值。

（5）编制甲公司 2020 年 1 月 1 日与办公楼租赁变更有关的会计分录。

（6）计算甲公司该项租赁业务对 2020 年度营业利润的影响金额，并编制 2020 年 12 月 31 日与该项租赁相关的会计分录。

（五）案例

在今天这个 IT 技术日新月异的时代，不少企业的首席信息官（CIO）都遇到过这样一个令人头疼的问题：企业原有的 IT 设备还没到国家规定的折旧期，但已经无法满足业务发展的需要了。不断积累的过时固定资产给资产管理带来了极大困难，而一次性采购又给有限的流动资金造成了较大压力，更何况采购计划还需要履行层层审批的复杂手续。

有没有一个两全其美的解决办法呢？来自国内某电信企业的经验告诉我们，与租赁公司合作就是一个相当不错的选择。

这家电信企业现下辖30多家分公司，盈利能力位居全国前列。但由于分公司众多，企业IT资产的管理一直是一件让人头疼的事情。多年来，他们努力寻找一种更好的管理方法，直到一家全球领先的IT设备租赁公司进入他们的视野。

2018年初，这家企业通过租赁采购的800台台式电脑和500台笔记本电脑陆续摆上了员工的办公桌面和营业大厅。随后，旗下多家分公司也开始陆续采用了这种方式，每家分公司采购的个人电脑数量都在数百台以上。这样，企业不必一次性支付大笔费用就让员工用上了最新款的办公电脑，而且可以分期支付租金并享受较低的利率。到租约期满时，企业还可以选择结束合约、续租、购买、以旧换新等多种灵活的方式处置即将过时的设备。

作为一家电信运营商，这家企业对业务效率的要求非常高，甚至开机速度都会直接影响服务效率，因此，对IT产品的性能和配置要求近乎苛刻。企业的一位IT经理表示，现在还有用了五六年的办公电脑“沉睡”在库房里，根本没用却又不能扔掉，因为它是固定资产。

具体来讲，如果采用直接购买的方式，按照国家和该企业的有关规定，2 500元以上的机电产品必须计入固定资产。由于企业每年都有固定资产的投资预算，而且第二年的预算是根据前一年的预算作出来的，这就导致了预算不准确，无法及时购置新设备。现在采用租赁的方式，不但可以促进设备的更新换代，提高工作效率，促进业务发展，而且更重要的是，通过与租赁公司的合作，可以使固定资产投资合理化，进而实现固定资产的轻松管理。

事实证明，租赁的采购方式帮助这家电信企业对其IT设备实现了更好的控制和管理。然而，继而产生的另一个问题是，这些租赁进来的IT设备和办公电脑在会计上应该被如何确认与计量呢？在新租赁准则颁布之前，根据原租赁准则，这家电信企业由于采用了租赁这一方式，租金应当被列入管理费用，计入当期损益。也就是说，原本属于固定资产的电脑设备一瞬间“变”没了，该公司的资产负债表上不会有“办公电脑”这一项。而在新租赁准则下，这家电信企业虽然采用了租赁这一方式，但仍需在资产负债表上体现使用权资产和租赁负债，企业仍需每年对该使用权资产计提折旧，并相应调整租赁负债的账面金额。

请仔细阅读以上案例，并结合本章内容，讨论以下问题：

1. 对承租人而言，除案例资料中所提到的优点外，租赁还具有哪些优点？

2. 应当如何保证案例中该电信企业的信息安全？

3. 在承租人的会计处理上，新租赁准则相较于原准则产生了重大变化，你支持这种变化吗？它对于企业的财务报表将带来哪些影响？

第十章

职工薪酬会计

一、学习重点与难点

本章的重点与难点包括以下三个方面：

（一）职工薪酬的分类

职工薪酬主要分为短期薪酬、离职后福利、辞退福利及其他长期职工福利四大类别，具体包含内容如图10－1所示。

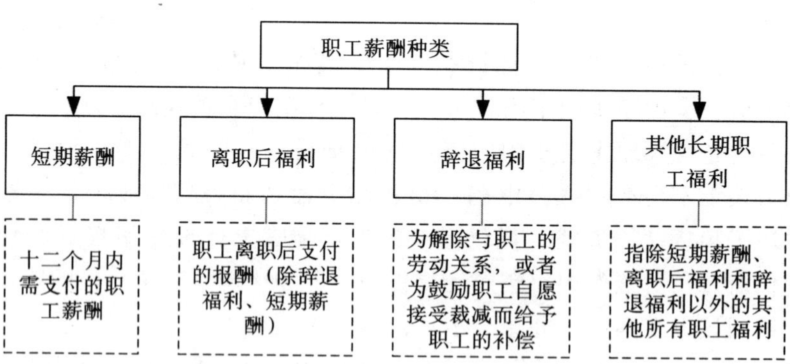

图10－1 职工薪酬的分类及定义

（二）设定受益计划与设定提存计划的区别

设定提存计划与设定受益计划的区别在于企业及职工在离职后福利计划中承担的风险情况不同。

1. 在设定提存计划下，企业的义务以企业应向独立主体缴存的提存金金额为限（往往为固定金额或者固定比例的金额），职工未来所能取得的离职后福利金额取决于向独立主体支付的提存金金额，以及提存金所产生的投资回报，从而精算风险和投资风险实质上要由职工来承担。

2. 在设定受益计划下，企业的义务是为现在及以前的职工提供约定的离职后福利，因此计划中的精算风险和投资风险实质上由企业来承担。

（三）设定受益计划的会计处理及列报

设定受益计划分设定受益义务与计划资产（如果有的话）两个对象分别进行核算。设定受益义务主要核算期初与期末义务现值之间的变化情况，计划资产主要核算期初与期末公允价值之间的变化情况。

具体涉及的核算科目如图 10－2 所示，其中设定受益义务下的利息费用、本期服务成本及过去服务成本以及计划资产公允价值下的利息收入计入当期损益；作为重新计量部分的精算利得与损失及计划资产投资回报计入其他综合收益。

最后设定义务现值期末余额与计划资产公允价值期末余额在资产负债表上可以净额列报。

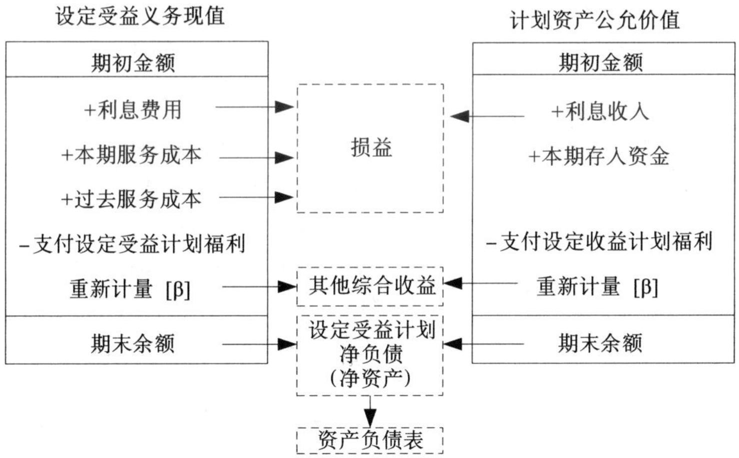

图 10－2 设定受益计划会计处理及列报

二、思维导图

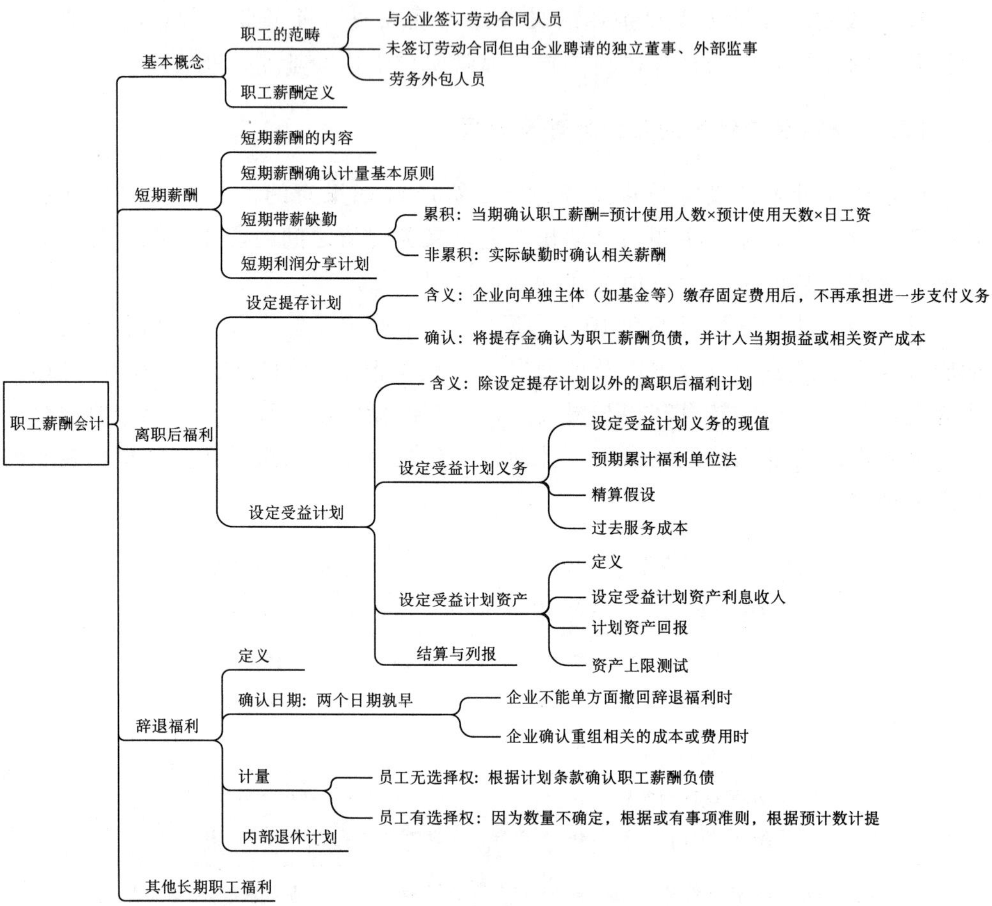

三、练习题

（一）单项选择题

1. 以下各项中，不属于职工薪酬中的“职工”的是（　　）。

A. 临时工　　　　B. 独立董事

C. 兼职财务人员　　D. 为企业提供审计服务的注册会计师

2. 职工薪酬准则中规范的职工薪酬不包括以下哪项（　　）。

A. 短期薪酬　　B. 辞退福利

C. 其他长期职工福利　　D. 应缴税金

3. 以下各项中，不属于职工薪酬的是（　　）。

A. 出差报销的火车票　　B. 生产工人工资

C. 离职后福利　　D. 辞退福利

4. 企业对于满足辞退福利确认条件、实质性辞退工作在一年内完成、但付款时间超过一年的辞退福利应当计入当期管理费用，并同时确认为（　　）。

A. 预计负债　　B. 应付职工薪酬

C. 其他应付款　　D. 应付账款

5. 生产产品工人的职工薪酬应计入（　　）。

A. 存货成本　　B. 管理费用

C. 制造费用　　D. 营业外支出

6. 以下不属于短期薪酬的是（　　）。

A. 职工工资　　B. 职工福利费

C. 短期利润分享计划　　D. 离职后福利

7. 设定受益计划的风险由（　　）承担。

A. 职工　　B. 税务部门

C. 国家　　D. 企业

8. 某公司为化妆品生产企业，共有职工 200 人，其中生产工人 170 人，行政管理人员 30 人。公司以每套成本为 200 元的化妆品发放职工元旦福利，市场不含税售价为每套 300 元，增值税税率为 16%。则“应付职工薪酬——非货币性福利”科目金额为（　　）元。

A. 69 600　　B. 60 000

C. 40 000　　D. 48 000

9. 职工薪酬中的企业年金基金，适用（　　）准则。

A. 职工薪酬　　B. 企业年金基金

C. 股份支付　　D. 金融资产

10. 在其他综合收益中列报的项目是（　　）。

A. 过去服务成本　　B. 当期服务成本

C. 利息费用　　D. 精算利得与损失

11. 租赁住房等资产供职工无偿使用的，应当根据受益对象，将每期应付的租金计入相关资产成本或费用，并确认（　　）。

A. 应付职工薪酬　　B. 预计负债
C. 投资收益　　D. 其他应付款

12. 下列各项中，不应通过“应付职工薪酬”科目核算的是（　　）。

A. 支付给生产工人的津贴　　B. 支付给管理人员的奖金
C. 支付给退休人员的退休费　　D. 代扣生产工人工资个人所得税

13. 企业确认的辞退福利，应当计入（　　）。

A. 生产成本　　B. 制造费用
C. 管理费用　　D. 营业外支出

14. 企业对于满足辞退福利确认条件、实质性辞退工作在一年内完成、但付款时间超过一年的辞退福利应当计入当期管理费用，并同时确认为（　　）。

A. 预计负债　　B. 应付职工薪酬
C. 其他应付款　　D. 应付账款

15. 正式的辞退计划或建议应当经过董事会或类似权力机构批准。辞退工作一般应当在（　　）完毕。

A. 三个月　　B. 半年
C. 一年　　D. 两年

（二）多项选择题

1. 以下哪些是产生精算利得和损失的原因（　　）。

A. 未预计的过高或过低的雇员流动率、提前退休率或死亡率，或是过高或过低的工资、福利或医疗费用的增长

B. 对未来雇员流动，提前退休或死亡，或工资、福利、医疗费用增长等估计因素变化的影响

C. 折现率变化的影响

D. 计划资产实际回报与预期回报的差额

2. 在报告期末，企业应当将其他长期职工福利产生的职工薪酬成本确认为下列组成部分（　　）。

A. 服务成本

B. 其他长期职工福利净负债或净资产的利息净额

C. 重新计量其他长期职工福利净负债或净资产所产生的变动

D. 计划资产实际回报与预期回报的差额

3. 下列项目中属于职工薪酬的有（　　）。

A. 社会保险费　　B. 非货币性福利
C. 养老保险费　　D. 辞退福利

4. 关于辞退福利下列说法中正确的有（　　）。

A. 辞退福利通常采取在解除劳动关系时一次性补偿的方式

B. 正式的辞退计划或建议应当经过批准

C. 辞退福利预期在其确认的年度报告期间期末后 12 个月内完全支付的，应当适用短期薪酬的相关规定

D. 辞退福利必须在 12 个月内完全支付

5. 设定受益计划下，可以计入其他综合收益的核算项目有（　　）。

A. 精算利得与损失　　B. 过去服务成本

C. 计划资产回报　　D. 资产上限的影响扣除利息部分

6. 以下属于短期薪酬的有（　　）。

A. 工资、奖金、补贴及津贴等　　B. 住房公积金

C. 社会保险费　　D. 短期带薪缺勤

7. 设定受益计划下，可以计入当期损益的核算项目有（　　）。

A. 过去服务成本　　B. 利息费用

C. 资产上限的影响　　D. 当期服务成本

8. 企业应当披露以下与设定受益计划相关的信息（　　）。

A. 解释设定受益计划的特征及与之相关的风险

B. 解释设定受益计划在财务报表中确认的金额及其变动

C. 折现率变化的影响

D. 设定受益义务现值所依赖的重大精算假设以及描述有关敏感性分析的结果

9. 企业应当在附注中披露与短期职工薪酬有关的下列信息（　　）。

A. 应当支付给职工的工资、奖金、津贴和补贴及期末应付未付金额

B. 应当为职工缴纳的医疗保险费、工伤保险费和生育保险费等社会保险费及其期末应付未付金额

C. 应当为职工缴存的住房公积金及其期末应付未付金额

D. 为职工提供的非货币性福利及其计算依据

10. 其他长期职工福利包括（　　）。

A. 长期带薪缺勤　　B. 长期残疾福利

C. 长期利润分享计划　　D. 长期奖金计划

11. 下列职工薪酬中，应根据职工提供服务的受益对象计入成本费用的有（　　）。

A. 因解除与职工的劳动关系给予的补偿

B. 工会经费和职工教育经费

C. 构成工资总额的各组成部分

D. 医疗保险费、养老保险费、失业保险费、工伤保险费和生育保险费等社会保险费

12. 根据《企业会计准则第9号——职工薪酬》规定，企业应当在附注中披露与职工薪酬有关的信息包括（　　）。

A. 应当支付的因解除劳动关系给予的补偿及其期末应付未付金额

B. 为职工提供的非货币性福利及其计算依据

C. 应当为职工缴存的住房公积金及其期末应付未付金额

D. 应当为职工缴纳的医疗保险费、养老保险费、失业保险费、工伤保险费和生育保险费等社会保险费及其期末应付未付金额

13. 下列职工薪酬中，可以计入产品成本的有（　　）。

A. 住房公积金　　B. 非货币性福利

C. 工会经费　　D. 职工教育经费

14. 企业缴纳的下列费用允许在税前列支的有（　　）。

A. 基本养老保险费　　B. 支付职工的夜班津贴

C. 工会经费　　D. 安全奖

15. 与职工薪酬有关的下列信息，企业应当在附注中披露（　　）。

A. 应当支付给职工的工资、奖金、津贴和补贴及其期末应付未付金额

B. 应当为职工缴纳的五险一金及其期末应付未付金额

C. 本期为职工提供的各项非货币性福利形式、金额及其计算依据

D. 应当支付的因解除劳动关系给予的补偿及其期末应付未付金额

（三）判断题

1. 职工薪酬义务的确认是在职工提供服务的会计期间，不是款项应付或者实际支付期间。（　　）

2. 2014年新修订的职工薪酬准则针对我国薪酬制度的会计处理进行了规范，同国际会计准则相关准则存在一定差异。（　　）

3. 辞退福利应当于企业不能单方面撤回解除劳动关系计划时进行确认。（　　）

4. 职工不包括雇佣的临时工。（　　）

5. 工会经费和职工教育经费不属于职工薪酬的范围，不通过“应付职工薪酬”科目核算。（　　）

6. 企业应当将离职后福利计划分类为设定提存计划和设定受益计划。（　　）

7. 企业为职工缴纳的医疗保险费、养老保险费、失业保险费、工伤保险费、生育保险费等社会保险费用和住房公积金，应当在职工为其提供服务的会计期间，根据工资总额的一定比例计算，计入资产成本或当期损益。（　　）

8. 设定提存计划的风险由企业承担，设定受益计划的风险由员工承担。（　　）

9. 以购买商业保险形式提供给职工的各种保险待遇，不属于职工薪酬。（　　）

10. 企业向职工提供非货币性福利，直接采用成本计量。（　　）

11. 企业为鼓励生产车间职工自愿接受裁减而给予补偿，应该计入生产成本科目。（　　）

12. 职工福利费的资金来源，包括从成本费用中提取和从税后利润中提取两个方面。（　　）

13. 以商业保险形式提供给职工的各种保险待遇不属于职工薪酬。（　　）

14. 职工薪酬包括提供给职工配偶、子女或其他被赡养人的福利等。（　　）

15. 将企业拥有的住房、汽车等资产无偿提供给职工使用的，应当根据受益对象，将该住房每期应计提的折旧计入相关资产成本或费用，不确认为应付职工薪酬。（　　）

（四）计算与账务处理题

1. 甲公司是一家生产笔记本电脑的企业，共有职工 2 000 名。2019 年 1 月 15 日，甲公司决定以其生产的笔记本电脑作为节日福利发放给公司每名职工。每台笔记本电脑的售价为 1.40 万元，成本为 1 万元。甲公司适用的增值税税率为 16%，已开具了增值税专用发票。假定 2 000 名职工中 1 700 名为直接参加生产的职工，300 名为总部管理人员。假定甲公司于当日将笔记本电脑发放给各职工。

要求：根据上述信息对甲公司上述业务作出会计处理。

2. 乙公司共有 1 000 名职工从 2020 年 1 月 1 日起，该公司实行累积带薪缺勤制度。该制度规定，每个职工每年可享受 5 个工作日带薪年休假，未使用的年休假只能向后结转一个日历年度，超过 1 年未使用的权利作废；职工休年休假时，首先使用当年可享受的权利，不足部分再从上年结转的带薪年休假中扣除；职工离开公司时，对未使用的累积带薪年休假无权获得现金支付。

2020 年 12 月 31 日，每个职工当年平均未使用带薪年休假为 2 天。乙公司预计2021年有950名职工将享受不超过5天的带薪年休假，剩余50名职工每人将平均享受6天半年休假，假定这50名职工全部为总部管理人员，该公司平均每名职工每个工作日工资为300元。

要求：根据上述信息对乙公司上述业务作出会计处理。

3. 丙公司有一项利润分享计划，要求丙公司将其至2020年12月31日止会计年度的税前利润的指定比例支付给在2020年7月1日至2021年6月30日为丙公司提供服务的职工。该奖金于2021年6月30日支付。2020年12月31日止财务年度的税前利润为1 000万元人民币。如果丙公司在2020年7月1日至2021年6月30日期间没有职工离职，则当年的利润分享支付总额为税前利润的3%。丙公司估计职工离职将使支付额降低至税前利润的2.5%（其中，直接参加生产的职工享有1%，总部管理人员享有1.5%），不考虑个人所得税影响。2021年6月30日，丙公司的职工离职使其利润分享比例调整至2.8%，其中一线工人1.1%，总部管理人员1.7%。

要求：根据上述信息对丙公司在2020年12月31日及2021年6月30日的会计处理作出说明。

4. 2020年1月1日，东方公司制定了一项当日开始实施的设定受益计划，计划内容概括如下：向公司部分高级技术人员提供除其他职工正常退休金之外的额外退休金，在退休后每年可以额外获得10万元退休金。这些员工获得的额外退休金是基于他们从计划开始日起到退休日止为公司提供的服务，而且必须为公司服务到退休。

根据公司目前的情况，符合计划的员工有10人，为了分析问题的简化，假定当期平均年龄为50岁，退休年龄为60岁，可以为公司服务10年。假定在退休前无人离职，退休后平均领取额外退休金的时间为15年。根据精算师的分析，在不考虑通货膨胀影响因素、离职因素等的情况下，假定适用的折现率为10%。

要求：请对此设定受益计划在前两个年度的会计处理编制会计分录。

（五）案例

1. 公司介绍

招商银行股份有限公司（简称：招商银行）成立于1987年，总部位于中国深圳，是一家在中国具有相当规模和实力的全国性商业银行。公司业务以中国市场为主，分销网络主要分布在长江三角洲地区、珠江三角洲地区、环渤海经济区域等中国相对富裕的地区以及其他地区的一些大中城市。2002年4月，公司在上海证券交易所上市。2006年9月，公司在香港联交所上市。公司向客户提供各种批发及零售银行产品和服务，亦自营及代客进行资金业务。本公司推出的许多创新产品和服务广为中国消费者接受，例如，“一卡通”多功能借记卡、“一网通”综合网上银行服务、双币信用卡、“金葵花理财”和私人银行服务以及全球现金管理和跨境金融等交易银行服务。

2. 2020 年度报告报表附注摘录

（1）重要会计政策和会计估计：职工薪酬。

①短期薪酬。本集团在为职工提供服务的会计期间，将实际发生的职工工资、奖金、按规定的基准和比例为职工缴纳的医疗保险费、工伤保险费和生育保险费等社会保险费和住房公积金确认为负债，并计入当期损益或相关资产成本。

②离职后福利——设定提存计划。本集团所参与的设定提存计划是按照中国有关法规要求，本集团职工参加的由政府机构设立管理的社会保障体系中的基本养老保险和失业保险以及企业年金缴费。基本养老保险和失业保险的缴费金额按国家规定的基准和比例计算。本集团根据国家企业年金制度的相关政策为员工建立补充设定提存退休金计划——企业年金。本集团在职工提供服务的会计期间，将应缴存的金额确认为负债，并计入当期损益或相关资产成本。

③离职后福利——设定受益计划。本集团根据预期累计福利单位法，采用无偏且相互一致的精算假设对有关人口统计变量和财务变量等作出估计，计量设定受益计划所产生的义务，然后将其予以折现后的现值减去设定受益计划资产（如有）公允价值所形成的赤字或盈余确认为一项设定受益计划净负债或净资产。

本集团将设定受益计划产生的福利义务归属于职工提供服务的期间，对属于服务成本和设定受益计划净负债或净资产的利息净额计入当期损益或相关资产成本，对属于重新计量设定受益计划净负债或净资产所产生的变动计入其他综合收益。

④辞退福利。本集团在职工劳动合同到期之前解除与职工的劳动关系，或者为鼓励职工自愿接受裁减而提出给予补偿的建议，在下列两者孰早日，确认辞退福利产生的负债，同时计入当期损益：

——本集团不能单方面撤回因解除劳动关系计划或裁减建议所提供的辞退福利时；

——企业确认与涉及支付辞退福利的重组相关的成本或费用时。

⑤股票增值权。本集团向高级管理人员提供 H 股股票增值权激励计划（“计划”），该计划以现金结算。股票增值权的公允价值在授予日以柏力克 - 舒尔斯（Black - Scholes）模型计量，并会考虑授予条款和条件。雇员须符合行权条件才能无条件地享有该期权的权利，在考虑股票增值权行权可能性后，授予期权的公允价值在整个等待期内进行分摊。

本集团会在等待期内审阅股票增值权的预期行权可能性。对以往年度确认的股票增值权公允价值的任何调整会在审阅当年计入利润表内。于可行权日，已确认的费用将进行调整，以反映股票增值权的实际金额。

（2）员工福利计划。

①应付职工薪酬如表 10－1 所示。

表 10－1 单位：百万元

	2020 年			
	年初账面余额	本年增加额	本年支付额（转出额）	年末账面余额
短期薪酬（a）	10 872	44 407	(41 124)	14 155
离职后福利 ——设定提存计划（b）	699	3 410	(2 869)	1 240
其他长期职工福利（c）	67	30	(30)	67
	11 638	47 847	(44 023)	15 462

②短期薪酬如表 10－2 所示。

表 10－2 单位：百万元

	2020 年			
	年初账面余额	本年增加额	本年支付额/转出额	年末账面余额
工资及奖金	8 451	34 037	(31 367)	11 121
职工福利费	69	4 156	(4 201)	24
社会保险费				
——医疗保险费	107	2 541	(2 257)	391
——工伤保险费	6	20	(20)	6
——生育保险费	7	79	(75)	11
住房公积金	246	1 921	(1 976)	191
工会经费和职工	1 986	1 653	(1 228)	2 411
教育经费	10 872	44 407	(41 124)	14 155
	5 057	19 093	(18 285)	5 865

③离职后福利—设定提存计划如表 10－3 所示。

表 10－3

单位：百万元

	2020 年			
	年初账面余额	本年增加额	本年支付额/转出额	年末账面余额
基本养老保险费	69	1 449	(1 388)	130
企业年金缴费	610	1 916	(1 438)	1 088
失业保险费	20	45	(43)	22
	699	3 410	(2 869)	1 240

（3）设定提存退休金计划。根据中国法规，本集团为员工参加了由当地政府组织的法定设定提存退休金计划（基本养老保险）。于 2020 年，本集团需按员工工资的 12% 至 16%（2019 年：12% 至 16%）不等的比率，向退休金计划供款。

除上述法定退休金计划外，本集团根据国家企业年金制度的相关政策为员工建立补充设定提存退休金计划（企业年金）。于 2020 年，本集团年供款按员工工资及奖金的 0 至 8.33% 计算（2019 年：0 至 8.33%）。

对于本行于中国境外的员工，本集团按照当地法规规定的供款比率制定了设定提存退休金计划。

（4）其他长期职工福利如表 10－4 所示。

表 10－4

单位：百万元

	年初账面余额	本年增加额	本年支付额	年末账面余额
以现金结算的股份支付	67	30	(30)	67

截至 2020 年 12 月 31 日，本集团共发行十期 H 股股票增值权激励计划。该计划规定，股票增值权授予后两年或三年内不得行权，在行权限制期满后的七年或八年为行权有效期，每份股票增值权与一份 H 股股票挂钩。

（5）离职后福利——设定受益计划。本集团子公司招商永隆银行为其员工设有设定受益计划，包括设定受益计划和设定受益退休计划部分。设定受益计划的供款是由精算师定期评估该计划的资产负债而确定。设定受益计划根据成员的最后薪金作为计算福利的基准，由招商永隆银行承担所有成本。

设定受益计划最近期一次精算估值由专业精算师提供。设定受益计划的设定受益义务现值及服务成本均以预期累计福利单位法计算。于估值日，该等计划之注资水平达 118%（2019 年：106%）。

于 2020 年 12 月 31 日止之年度合并资产负债表内确认之金额分析如表 10－5 所示。

表 10－5 单位：百万元

	2020 年	2019 年
设定受益计划资产公允价值	401	385
已累积设定受益义务现值	(341)	(363)
于合并资产负债表内确认的资产净额	60	22

以上部分之资产预期在一年后才收回。此项金额不适宜与未来十二个月内应收款项金额分隔开，原因是未来的供款涉及至未来提供的服务以及未来的精算估计和市场变化。预计于 2021 年不会为设定受益计划作出供款。

截至 2020 年及 2019 年 12 月 31 日，退休计划并无受调整、削减或结算之影响。

于合并利润表内确认的金额如表 10－6 所示。

表 10－6 单位：百万元

	2020 年	2019 年
服务成本	(12)	(11)
净利息收入	—	1
包括在退休福利成本的支出净额	(12)	(10)

截至 2020 年 12 月 31 日，设定受益计划资产的实际收益为人民币 64 百万元（2019 年：人民币 47 百万元）。

设定受益义务变动如表 10－7 所示。

表 10－7 单位：百万元

	2020 年	2019 年
于 1 月 1 日设定受益义务现值	363	326
服务成本	12	11
利息成本	6	6
实际福利支出	(25)	(26)
负债经验所致的精算亏损/（收益）	2	10
财务假设变动所致的精算亏损/（收益）	5	29
人口假设变动所致的精算收益	—	—
汇率变动	(22)	7
于 12 月 31 日实际设定受益义务	341	363

设定受益计划资产公允价值变动如表 10－8 所示。

表 10－8　　单位：百万元

	2020 年	2019 年
于 1 月 1 日设定受益计划资产公允价值	385	357
利息收入	6	7
预期设定受益计划资产利息收入以外（亏损）/收益	58	40
实际福利支出	(25)	(26)
汇率变动	(23)	7
于 12 月 31 日设定受益计划资产公允价值	401	385

设定受益计划资产主要分类如表 10－9 所示。

表 10－9　　单位：百万元

	2020 年		2019 年	
	金额	比例（%）	金额	比例（%）
股权证券	259	64.5	238	61.8
债权证券	64	16.0	73	19.0
现金	78	19.5	74	19.2
总额	401	100	385	100

在评估时采用的主要精算假设如表 10－10 所示。

表 10－10　　单位：百万元

	2020 年	2019 年
折算率	%	%
——设定受益计划部分	0.4	1.6
——设定受益退休计划部分	0.1	1.7
设定受益计划设定受益部分的长期平均薪酬升幅	5.0	6.0
设定受益退休计划的退休金增长幅度	—	—

请仔细阅读以上信息，结合本章内容讨论以下问题：

1. 结合本案例具体信息，分析案例企业是如何通过职工薪酬体系对员工进行激励的？这种激励在中国特色社会主义新时代中对企业发展有何作用？

2. 根据本案例提供的设定受益计划信息，讨论设定收益计划的列报方式。

3. 结合案例信息，讨论设定受益计划会计核算中精算假设的确定原则。

第十一章

股份支付

一、学习重点与难点

本章的重点和难点主要包括以下五个方面：

（一）股份支付的若干环节

股份支付的全称是以股份为基础的支付，是指企业为获取职工和其他方提供服务而授予权益工具或者承担以权益工具为基础确定的负债的交易。

股份支付通常涉及四个主要环节：（1）授予环节；（2）可行权环节；（3）行权环节；（4）出售环节。以上环节中，重要的时点包括：授予日、等待期内的资产负债表日、可行权日、行权日、出售日和失效日。

应当指出，授予环节主要发生在授予日。可行权环节是从授予日到可行权日。除非立即可行权，否则股份支付均会存在等待期。行权环节从可行权日到实际行权日，这之间的时期称为行权有效期。出售环节一般在行权日后，这之间的时期称为禁售期。行权有效期不是无限的，行权有效期的最后一天为失效日。

另外，对于“一次授予、分期行权”，即在授予日一次授予员工若干权益工具，之后每年分批达到可行权条件，每个批次是否可行权的结果通常是相互独立的，即每一期是否达到可行权条件并不会直接影响其他几期是否能够达到可行权条件。在会计处理时应将其作为同时授予的几个独立的股份支付计划。例如，在一次授予、分三年行权的股份支付计划中，应当将其视同为三个独立的股份支付计划，分别确定每个计划的等待期。企业应根据每个计划在授予日的公允价值估计股份支付费用，在其相应的等待期内，按照各计划在某会计期间内等待期长度占整个等待期长度的比例进行分摊。

（二）股份支付的可行权条件类型

可行权条件是指能够确定企业是否得到职工或其他方提供的服务，且该服务使职工或其他方具有获取股份支付协议规定的权益工具或现金权利的条件。

1. 服务期限条件

服务期限条件是指职工完成规定服务期间才可行权的条件。

以服务期限为可行权条件的处理，在等待期内每个资产负债表日都要计算从授予日到该资产负债表日的期限，将其与可行权条件的期限进行比较，以便计算应确认的成本或费用金额。

2. 业绩条件

业绩条件是指企业达到特定业绩目标职工才可行权的条件，包括市场条件和非市场条件。

市场条件是指行权价格、可行权条件以及行权可能性与权益工具的市场价格相关的业绩条件，如股份支付协议中关于股价至少上升至何种水平职工可相应取得多少股份的规定。企业在确定权益工具在授予日的公允价值时，应考虑市场条件的影响，而不考虑非市场条件的影响。但市场条件是否得到满足，不影响企业对预计可行权情况的估计。

非市场条件是指除市场条件之外的其他业绩条件，如股份支付协议中关于达到最低盈利目标或销售目标才可行权的规定。企业在确定权益工具在授予日的公允价值时，不考虑非市场条件的影响。但非市场条件是否得到满足，影响企业对预计可行权情况的估计。对于可行权条件为业绩条件的股份支付，只要职工满足了其他所有非市场条件，企业就应当确认已取得的服务。

（三）股份支付的可行权条件修改

在会计核算上，无论已授予的权益工具的条款和条件如何修改，甚至取消权益工具的授予或结算该权益工具，企业都应至少确认按照所授予的权益工具在授予日的公允价值来计量获取的相应的服务，除非因不能满足权益工具的可行权条件（除市场条件外）而无法行权。

1. 对职工有利的修改

企业应当分别以下情况，确认导致股份支付公允价值总额升高以及其他对职工有利的修改的影响：

（1）如果修改增加了所授予的权益工具的公允价值，企业应按照权益工具公允价值的增加相应地确认取得服务的增加。

（2）如果修改增加了所授予的权益工具的数量，企业应将增加的权益工具的公允价值相应地确认为取得服务的增加。

（3）如果企业按照有利于职工的方式修改可行权条件，如缩短等待期、变更或取消业绩条件（非市场条件），企业在处理可行权条件时，应当考虑修改后的可行权条件。

2. 对职工不利的修改

如果企业以减少股份支付公允价值总额的方式或其他不利于职工的方式修改条款和条件，企业仍应继续对取得的服务进行会计处理，如同该变更从未发生，除非企业取消了部分或全部已授予的权益工具。具体包括如下几种情况：

（1）如果修改减少了所授予的权益工具的公允价值，企业应当继续以权益工具在授予日的公允价值为基础，确认取得服务的金额，而不应考虑权益工具公允价值的减少。

（2）如果修改减少了授予的权益工具的数量，企业应当将减少部分作为已授予的权益工具的取消来进行处理。

（3）如果企业以不利于职工的方式修改了可行权条件，如延长等待期、增加或变更业绩条件（非市场条件），企业在处理可行权条件时，不应当考虑修改后的可行权条件。

3. 取消或结算

如果企业在等待期内取消了所授予的权益工具或结算了所授予的权益工具（因未满足可行权条件而被取消的除外），企业应当：

（1）将取消或结算作为加速可行权处理，立即确认原本应在剩余等待期内确认的金额。

（2）在取消或结算时支付给职工的所有款项均应作为权益的回购处理，回购支付的金额高于该权益工具在回购日公允价值的部分，计入当期费用。

（3）如果向职工授予新的权益工具，并在新权益工具授予日认定所授予的新权益工具是用于替代被取消的权益工具的，企业应以与处理原权益工具条款和条件修改相同的方式，对所授予的替代权益工具进行处理。权益工具公允价值的增加，是指在替代权益工具的授予日，替代权益工具公允价值与被取消的权益工具净公允价值之间的差额。被取消的权益工具净公允价值，是指其在取消前立即计量的公允价值减去因取消原权益工具而作为权益回购支付给职工的款项。如果企业未将新授予的权益工具认定为替代权益工具，则应将其作为一项新授予的股份支付进行处理。

企业如果回购其职工已可行权的权益工具，应当借记所有者权益，回购支付的金额高于该权益工具在回购日公允价值的部分，计入当期费用。

股权激励取消的会计处理分为两种情况：未达到非市场条件和达到市场条件。如果因为达到市场条件而未行权，则不调整已经确认的费用；如果因为未达到非市场条件（如业绩）而不能行权，则应调整已经确认的费用。

（四）股份支付的确认与计量原则

1. 以权益结算的股份支付的确认与计量原则

（1）换取职工服务的股份支付的确认和计量原则。对于有等待期的换取职工服务的股份支付，企业应当以股份支付所授予的权益工具的公允价值计量。在等待期内的每个资产负债表日，企业应以对可行权权益工具数量的最佳估计数为基础，按照权益工具在授予日的公允价值，将当期取得的服务计入相关资产成本或当期费用，同时计入资本公积中的其他资本公积。

对于授予后立即可行权的换取职工服务的股份支付，应在授予日按照权益工具的公允价值，将取得的服务计入相关资产成本或当期费用，同时计入资本公积中的股本溢价。

（2）换取其他方服务的股份支付的确认与计量原则。对于换取其他方服务的股份支付，企业应当以股份支付所换取的服务的公允价值计量。企业应当按照其他方服务在取得日的公允价值，将取得的服务计入相关资产成本或当期费用。如果其他方服务的公允价值不能可靠计量，但权益工具的公允价值能够可靠计量的，企业应当按照权益工具在服务取得日的公允价值，将取得的服务计入相关资产成本或当期费用。

2. 以现金结算的股份支付的确认与计量原则

在实际行权或者结算之前，以现金结算的股份支付实质上是企业欠职工的一项负债。企业应当在等待期内的每个资产负债日，以对可行权情况的最佳估计为基础，按照企业承担负债的公允价值，将当期取得的服务计入相关资产成本或当期费用，同时计入负债，并在结算前的每个资产负债表日和结算日对负债的公允价值重新计量，将其变动计入公允价值变动损益。

对于授予后立即可行权的现金结算的股份支付，企业应当在授予日按照企业承担负债的公允价值计入相关资产成本或当期费用，同时计入负债，并在结算前的每个资产负债表日和结算日对负债的公允价值重新计量，将其变动计入损益。

（五）两种结算方式股份支付会计上的比较

1. 在会计确认方面

（1）权益结算的股份支付和现金结算的股份支付的相同点：①初始确认的时点均分为授予后即可行权的股份支付和有等待期的股份支付两类，前者在授予日确认，后者在等待期的每个资产负债表日确认。②两种结算方式的股份支付都将当期取得的来自职工或其他方的服务计入相关资产成本或当期费用。

（2）权益结算的股份支付和现金结算的股份支付的不同点：权益结算的股份支付，因未来支付的对价将是股份或其他权益工具，不会导致资产的流出，因此需进行权益工具的确认；现金结算的股份支付，企业承担的是未来支付现金或其他资产的义务，因此需进行金融负债的确认。

2. 在会计计量方面

（1）权益结算的股份支付和现金结算的股份支付的相同点：计量属性相同，都以公允价值计量。

（2）权益结算的股份支付和现金结算的股份支付的不同点：①初始计量时，权益结算的股份支付以相关权益工具在授予日权益工具的公允价值计量；现金结算的股份支付以相关负债当时的公允价值计量。②可行权日之前的每个资产负债表日的后续计量中，权益结算的股份支付不需考虑权益工具的公允价值变动，只需考虑因可行权权益工具数量的最佳估计数的变化带来的影响；现金结算的股份支付则既要考虑可行权情况的最佳估计的变动，又要对其负债的公允价值进行重新计量。③可行权日至结算日期间的后续计量中，权益结算的股份支付不再对已确认的成本费用和所有者权益金额进行调整；现金结算的股份支付虽也不再调整已确认的成本费用，但要确认负债的公允价值变动损益，调整负债的金额。

3. 在会计处理方面

（1）权益结算的股份支付和现金结算的股份支付的相同点：①在授予日，对有等待期的股份支付均不作会计处理。②企业获取职工或其他方的服务均计入相关成本或费用科目。

（2）权益结算的股份支付和现金结算的股份支付的不同点：①在授予日，对于授予后立即可行权的股份支付，权益结算的股份支付按授予日权益工具的公允价值，借记相关成本或费用科目，贷记“资本公积——股本溢价”科目；现金结算的股份支付按授予日企业承担负债的公允价值，借记相关成本或费用科目，贷记“应付职工薪酬——股份支付”科目。②在等待期每个资产负债表日，权益结算的股份支付按照授予日的公允价值，根据可行权权益工具数量的最佳估计调整每年的成本或费用，借记相关成本或费用科目，贷记“资本公积——其他资本公积”科目；现金结算的股份支付重新计算负债在每个资产负债表日的公允价值，根据可行权权益工具数量的最佳估计调整每年的成本或费用，借记相关成本或费用科目，贷记“应付职工薪酬——股份支付”科目。③在可行权日之后，权益结算的股份支付不再对已确认的成本费用和所有者权益金额进行调整，不作会计处理；现金结算的股份支付不再调整已确认的成本费用，但要确认负债的公允价值变动损益，调整负债的金额，借记“公允价值变动损益”科目，贷记“应付职工薪酬——股份支付”科目（负债公允价值下跌时作相反会计分录）。④在行权日，权益结算的股份支付根据行权情况，借记“银行存款”“资本公积——其他资本公积”科目，贷记“股本”科目，按其差额记“资本公积——股本溢价”科目；现金结算的股份支付按照行权情况，借记“应付职工薪酬——股份支付”科目，贷记“银行存款”等科目。

二、思维导图

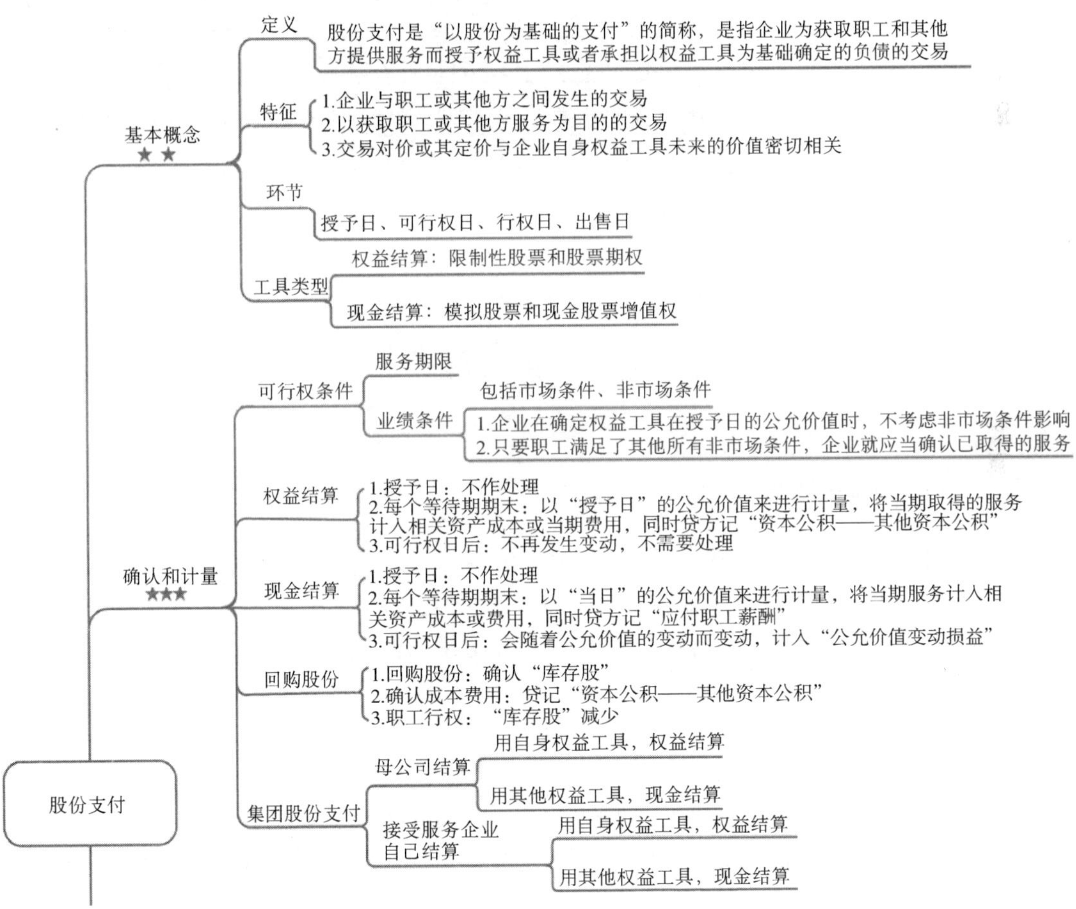

- 限制性股票★★
  - 授予日
    - 1.收到认股款，股本增加
    - 2.就回收义务确认负债，按发行限制性股票的数量以及相应的回购价格计算确定的金额
借：库存股
　　贷：其他应付款——限制性股票回购义务
  - 等待期内
    - 每个资产负债表日，按照权益结算的股份支付确认和计量原则处理
    - 分配现金股利

项目		预计未来可解锁	预计未来不可解锁
现金股利可撤销	分配股利时	借：利润分配——应付现金股利或利润 　　贷：应付股利——限制性股票股利 同时，按分配的现金股利金额： 借：其他应付款——限制性股票股利 　　贷：库存股	上市公司应分配给限制性股票持有者的现金股利应当冲减相关的负债。 借：其他应付款——限制性股票回购义务 　　贷：应付股利——限制性股票股利
	实际支付时	借：应付股利——限制性股票股利 　　贷：银行存款	借：应付股利——限制性股票股利 　　贷：银行存款
现金股利不可撤销	宣告时	借：利润分配——应付现金股利或利润 　　贷：应付股利——限制性股票股利	上市公司应分配给限制性股票持有者的现金股利应当计入当期成本费用。 借：管理费用 　　贷：应付股利——限制性股票股利
	实际支付时	借：应付股利——限制性股票股利 　　贷：银行存款	借：应付股利——限制性股票股利 　　贷：银行存款

  - 解锁日
    - 未达到解锁条件而需要回购的，按注销的库存股账面价值贷记“库存股”
    - 达到解锁条件而无需回购的，按解锁股票相对应的库存股的账面价值贷记“库存股”
- 股份支付的信息披露★
  - 表内披露
  - 表外披露

三、练习题

（一）单项选择题

1. 根据 CAS11 的规定，下列事项中能够确认为授予日的是（　　）。

A. 2019 年 1 月 5 日企业与职工开始就股份支付的协议条款和条件进行协商

B. 2019 年 3 月 10 日企业与职工就股份支付的协议条款和条件已达成一致，且该协议获得股东大会的批准

C. 2019 年 12 月 31 日职工可行权条件得到满足

D. 2020 年 3 月 1 日职工行使权力，获取现金

2. 下列关于附等待期的股份支付会计处理的表述中，正确的是（　　）。

A. 以权益结算的股份支付，相关权益性工具的公允价值在授予日后不再调整

B. 附市场条件的股份支付，应在市场及非市场条件均满足时确认相关成本费用

C. 现金结算的股份支付在授予日不作会计处理，权益结算的股份支付应予

处理

D. 业绩条件为非市场条件的股份支付，等待期内不需要根据后续信息调整对可行权情况的估计

3. 下列各项中，属于以现金结算的股份支付的是（　　）。

A. 以低于市价向员工出售限制性股票的计划

B. 授予高管人员低于市价购买公司股票的期权计划

C. 公司承诺达到业绩条件时向员工无对价定向发行股票的计划

D. 授予高管人员以预期股价相对于基准日股价的上涨幅度为基础支付奖励款的计划

4. 下列关于股份支付的表述中，不正确的是（　　）。

A. 企业在确定授予日权益工具公允价值时，应考虑市场条件和非可行权条件的影响

B. 可行权条件是否得到满足直接影响职工最终能否行权

C. 市场条件影响企业每期对可行权情况的估计

D. 行权时，若是市场条件没有满足，企业还需要确认当年的成本费用。但是不作行权的处理

5. 下列有关股份支付的可行权条件中市场条件的表述，正确的是（　　）。

A. 市场条件是与业绩条件和服务期限条件有关的

B. 对于可行权条件为业绩条件的股份支付，在确定权益工具的公允价值时，应考虑市场条件的影响，只要职工满足了其他所有非市场条件，企业就应当确认已取得的服务

C. 股份支付协议中关于达到最低盈利目标才可行权的规定属于市场条件

D. 市场条件是否得到满足，会影响企业对预计可行权情况的估计

6. 下列有关股份支付的会计处理的表述中，不正确的是（　　）。

A. 股份支付的会计处理必须以符合相关法规要求的、完整有效的股份支付协议为基础

B. 对以权益结算的、换取职工服务的股份支付，应以股份支付所授予的权益工具的公允价值计量

C. 对以权益结算的、换取其他方服务的股份支付，应以股份支付所换取的服务的公允价值计量

D. 股份支付在授予日不需要进行会计处理

7. 下列有关以现金结算的股份支付的会计处理的表述中，正确的是（　　）。

A. 按照企业承担的以股份或其他权益工具为基础计算确定的负债的公允价

值计量

B. 等待期内不需按相关负债在资产负债表日的公允价值重新计量

C. 可行权日后相关负债的公允价值变动调整已确认的成本费用

D. 可行权日后相关负债的公允价值变动不作调整

8. 根据股份支付准则的规定，下列表述不正确的是（　　）。

A. 如果预计未来期间可抵扣的金额超出等待期内确认的成本费用，超出部分形成的递延所得税资产应直接计入所有者权益

B. 企业授予职工权益工具，包括期权、认股权证等衍生工具

C. 无论是现金结算的股份支付，还是权益结算的股份支付，均以权益工具的公允价值为计量基础

D. 现金结算的股份支付，企业授予职工权益工具，实质上不属于职工薪酬的组成部分

9. 2019 年 1 月 1 日，A 公司经股东大会批准，向其 50 名高管人员每人授予 2 万股股票期权，这些人员自被授予股票期权之日起连续服务满 4 年，每人即可按每股 8 元的价格购买 2 万股公司股票，从而获益。A 公司股票在授予日的公允价值为每股 12 元。第一年有 5 名高管人员离开公司，预计总的离职人员比例将达到 30%；第二年没有人离职，公司将总的离职人数比例修正为 20%。则 2020 年 A 公司因该股份支付应确认的管理费用的金额为（　　）万元。

A. 120　　B. 210

C. 270　　D. 300

10. 甲公司 2018 年初实施了一项权益结算的股份支付计划，向 200 名管理人员每人授予 1 万份的股票期权，约定自 2018 年 1 月 1 日起，这些管理人员连续服务 3 年，即可以每股 3 元的价格购买 1 万份甲公司股票。授予日该股票期权的公允价值为每股 5 元。2018 年没有人离职，但是至 2019 年 12 月 31 日，已有 20 名管理人员离职，预计未来期间无人离职，当日股票期权的公允价值为每股 6 元。2020 年 4 月 20 日，甲公司经股东大会批准，将该项股份支付计划取消，同时以现金向未离职的员工进行补偿共计 920 万元。2020 年初至取消股权激励计划前，无人离职。不考虑其他因素，2020 年甲公司因上述股份支付影响损益的金额是（　　）万元。

A. －160　　B. 20

C. 320　　D. 300

11. B 公司为一上市公司，2017 年 7 月 1 日，公司向其 150 名管理人员每人授予 10 万份现金股票增值权，该股票增值权的可行权日为 2019 年 12 月 31 日，行权时即可按照当时股价的增长幅度获得现金，该增值权应在 2020 年 12 月 31

日前行使完毕。B 公司在授予日股票的公允价值为每股 7 元，2017 年 12 月 31 日股票的公允价值达到每股 10 元。2017 年有 15 名管理人员离开，预计未来两年还会有 25 名管理人员离开，则 2017 年末 B 公司因该股份支付确认的当期负债为（　　）万元。

A. 3 667　　　　B. 3 000

C. 2 200　　　　D. 1 540

12. 2018 年 1 月 1 日，C 公司向其 20 名研发人员合计授予 20 万股普通股股票（每股面值 1 元）。根据股份支付协议的规定，这些人员自被授予股票期权之日起连续服务满 3 年，即可于 2020 年 12 月 31 日无偿获得授予的股票。C 公司股票在授予日的公允价值为每股 15 元。2018 年 5 月 8 日，C 公司从二级市场以每股 12 元的价格回购本公司普通股股票 20 万股，拟用于研发人员股权激励。在等待期内，没有研发人员离职。2020 年 12 月 31 日，C 公司研发人员全部行权，当日 C 公司股票公允价值为每股 20 元，则 2020 年 C 公司因研发人员行权应确认的“资本公积——股本溢价”的金额为（　　）万元。

A. 100　　　　B. 60

C. 1 200　　　　D. 160

13. 在集团股份支付的会计处理中，如果结算企业是接受服务企业的投资者，结算企业应当在每个资产负债表日，按照授予日权益工具或应承担负债的公允价值，借记（　　）。

A. 长期股权投资　　　　B. 其他应收款

C. 资本公积　　　　D. 管理费用

14. 下列各项中，关于企业集团内涉及不同企业股份支付交易的会计处理表述不正确的是（　　）。

A. 结算企业以本身权益工具结算，接受服务企业没有结算义务的，结算企业应确认资本公积

B. 结算企业不是以本身权益工具结算，接受服务企业没有结算义务的，结算企业应确认资本公积

C. 结算企业与接受服务企业是同一企业，授予本企业职工的是其本身权益工具的，结算企业应确认资本公积

D. 结算企业与接受服务企业是同一企业，授予本企业职工的不是其本身权益工具的，结算企业应确认应付职工薪酬

15. 甲公司是一家上市公司，经股东大会批准，向其子公司（乙公司）的高级管理人员授予其自身的股票期权，对于上述股份支付，在甲公司和乙公司的个别财务报表中，正确的会计处理方法是（　　）。

A. 均作为以现金结算的股份支付

B. 甲公司作为以权益结算的股份支付处理，乙公司作为以现金结算的股份支付处理

C. 均作为以权益结算的股份支付处理

D. 甲公司作为以现金结算的股份支付处理，乙公司作为以权益结算的股份支付处理

（二）多项选择题

1. 下列有关股份支付的特征的表述中，正确的有（　　）。

A. 股份支付是企业与职工或其他方之间发生的交易

B. 股份支付是以获取职工或其他方服务为目的的交易

C. 股份支付交易的对价或其定价与企业自身权益工具的价值密切相关

D. 股份支付交易的对价形式是企业自身发行的权益工具

2. 下列项目中属于以现金结算的股份支付的有（　　）。

A. 现金股票增值权　　B. 限制性股票

C. 股票期权　　D. 模拟股票

3. 企业在确定权益工具在授予日的公允价值时，应考虑下列哪些条件的影响（　　）。

A. 市场条件　　B. 非市场条件

C. 非可行权条件　　D. 服务期限条件

4. 下列项目中，属于非市场业绩条件的有（　　）。

A. 最低股价增长率　　B. 最低利润指标的实现情况

C. 最低服务期限　　D. 营业收入增长率

5. 下列有关股份支付的主要环节和时点的表述中，正确的有（　　）。

A. 典型的股份支付通常涉及四个主要环节：授予、可行权、行权、出售

B. 授予环节主要发生在授予日

C. 行权环节从可行权日到实际行权日

D. 出售环节一般在行权日后，从行权日到出售日的时期称为“禁售期”

6. 在以权益结算的股份支付的会计处理中，可能需要采用的计量基础有（　　）。

A. 相关权益工具的公允价值　　B. 相关服务的公允价值

C. 相关负债的公允价值　　D. 相关权益工具的内在价值

7. 下列关于企业以现金结算的股份支付的会计处理中，正确的有（　　）。

A. 初始确认时影响所有者权益

B. 初始确认时以企业所承担负债的公允价值计量

C. 等待期内按照所确认负债的金额计入成本或费用

D. 可行权日后相关负债的公允价值变动计入公允价值变动损益

8. 下列有关股份支付在等待期内各资产负债表日的会计处理中，正确的有（　　）。

A. 对以权益结算的股份支付，应根据可行权权益工具数量的最佳估计的变化调整当期相关成本费用的金额

B. 对以权益结算的股份支付，应按资产负债表日权益工具的公允价值重新计量

C. 对以现金结算的股份支付，应在资产负债表日对负债的公允价值重新计量

D. 对以现金结算的股份支付，应将当期取得的服务计入相关成本或费用，同时确认负债

9. 下列关于股份支付的会计处理中，正确的有（　　）。

A. 以回购股份奖励本企业职工的，应作为以现金结算的股份支付进行处理

B. 在等待期内的每个资产负债表日，将取得职工提供的服务计入成本费用

C. 权益结算的股份支付应在可行权日后对已确认成本费用和所有者权益进行调整

D. 为换取职工提供服务所发生的以权益结算的股份支付，应以授予日权益工具的公允价值计量

10. 下列有关股份支付可行权条件修改的会计处理中，不正确的有（　　）。

A. 修改增加了所授予的权益工具的公允价值，则按照权益工具公允价值的增加确认取得服务的增加

B. 修改减少了所授予的权益工具的数量，则将减少的权益工具的公允价值相应确认为取得服务的减少

C. 修改变更了可行权条件，延长了等待期，则在处理可行权条件时应考虑修改后的等待期

D. 无论已授权的权益工具的条款和条件如何修改，都应至少确认按照所授予的权益工具在授予日的公允价值来计量获取的相应服务，除非因不能满足权益工具的可行权条件（除市场条件外）而无法可行权

11. 下列关于企业以回购股份形式奖励本企业职工业务的会计处理，表述正确的有（　　）。

A. 回购股份时，企业应当以回购股份的全部支出作为库存股处理

B. 等待期内每个资产负债表日，企业应按权益工具在授予日的公允价值，

将取得的职工服务计入相关成本费用，同时增加资本公积（其他资本公积）

C. 职工行权时，企业应转销交付职工的库存股成本和等待期内资本公积的累计金额

D. 企业以回购股份形式奖励本企业职工的，因首先需要用现金对股份进行回购，因此属于以现金结算的股份支付

12. 关于股份支付在等待期内成本费用金额的确认，下列表述正确的有（　　）。

A. 权益结算的股份支付，应按授予日权益工具的公允价值计量

B. 现金结算的股份支付，应按等待期内每个资产负债表日权益工具的公允价值重新计量

C. 如果受到激励的高管在集团内调动导致接受服务的企业变更，但相关股权激励未发生实质性变化的，应在等待期内按照合理的标准（例如按服务时间）在原接受服务的企业与新接受服务的企业间分摊该高管的股权激励费用

D. 母公司向子公司高管授予股份支付，子公司少数股东损益中应包含按照少数股东持股比例分享的子公司股权激励费用

13. 下列关于上市公司授予限制性股票的股权激励计划，在等待期内发放现金股利的会计处理，表述正确的有（　　）。

A. 在等待期内发放可撤销现金股利，对于预计未来不可解锁限制性股票持有者，应分配给限制性股票持有者的现金股利应当冲减相关的负债

B. 在等待期内发放不可撤销现金股利，对于预计未来不可解锁限制性股票持有者，应分配给限制性股票持有者的现金股利应当冲减相关的负债

C. 对于预计未来可解锁限制性股票持有者，上市公司应分配给限制性股票持有者的现金股利应当作为利润分配进行会计处理

D. 后续信息表明不可解锁限制性股票的数量与以前估计不同的，应当作为会计估计变更处理，直到解锁日预计不可解锁限制性股票的数量与实际未解锁限制性股票的数量一致

14. 对于上市公司实施规定了锁定期和解锁期的限制性股票股权激励计划，如果向职工发行的限制性股票按规定履行了增资手续，下列关于企业的会计处理，表述正确的有（　　）。

A. 授予日上市公司应就回购义务确认负债（作收购库存股处理）

B. 授予日，上市公司应根据收到职工缴纳的认股款确认库存股

C. 如果全部股票未被解锁而失效作废，上市公司应按照事先约定的价格回购

D. 在授予日，上市公司无须作会计处理

15. 2018 年 1 月 1 日，甲公司为其 50 名中层以上管理人员每人授予 200 份现金股票增值权，这些人员从 2018 年 1 月 1 日起在甲公司连续服务满 4 年即可行权，可行权日为 2021 年 12 月 31 日，根据股价的增长幅度获得现金，该增值权应在 2023 年 12 月 31 日之前行使完毕。截至 2019 年末累积确认相关负债 105 000元，2019 年末以前没有离职人员。在 2019 年有 4 人离职，预计 2021 年将有 2 人离职。2018 年 1 月 1 日，该现金股票增值权的公允价值为 15 元，2018 年 12 月 31 日的公允价值为 16 元（2018 年末预计未来无人离职），2020 年末该现金股票增值权的公允价值为 18 元。下列关于该项股份支付的会计处理，不正确的有（　　）。

A. 2018 年 1 月 1 日需要确认相关成本费用和应付职工薪酬

B. 2018 年应确认的相关成本费用和应付职工薪酬为 40 000 元

C. 2019 年应确认公允价值变动损益，同时调整应付职工薪酬 65 000 元

D. 2020 年末相关应付职工薪酬的余额为 158 400 元

（三）判断题

1. 无论是权益结算的股份支付还是现金结算的股份支付，在等待期内的每个资产负债表日都应对预计可行权的权益工具数量作出最佳估计。（　　）

2. 对于授予职工的不存在活跃市场的股票期权，应当通过期权定价模型来估计其公允价值。（　　）

3. 根据股份支付权益工具的公允价值和预计可行权的权益工具数量，计算可得当期累计应确认的成本费用金额，计入当期相关所有者权益或负债科目的贷方发生额。（　　）

4. 附市场条件的股份支付，应在市场及非市场条件均满足时确认相关成本费用。（　　）

5. 2017 年 1 月 1 日某上市公司的股份支付协议规定，若在其后 4 年内公司股价年平均提高 12% 以上，高管人员即可无偿获得授予的一定数量的该公司股票。到第 4 年末该股价目标未能实现，则该上市公司应按照股价提高情况部分确认高管人员提供的服务，并确认相应成本费用。（　　）

6. 企业授予职工的权益结算的股份支付和现金结算的股份支付，均构成企业人工成本的一部分。（　　）

7. 对于换取其他方服务的股份支付，企业应当以股份支付所换取的服务的公允价值计量。（　　）

8. 以现金结算的股份支付，在可行权日之后不再对已确认的成本费用进行调整。（　　）

9. 以现金结算的股份支付，在等待期和可行权日之后负债的公允价值变动均计入当期“公允价值变动损益”科目。（　　）

10. 企业在等待期内取消或结算了所授予的权益工具（因未满足可行权条件而被取消除外），应立即确认原本应在剩余等待期内确认的金额。（　　）

11. 以回购股份奖励本企业职工的，应作为以现金结算的股份支付处理。（　　）

12. 上市公司以非公开发行方式向激励对象授予一定数量的公司限制性股票，在锁定期和解锁期不得上市流通及转让，达到解锁条件才可以解锁。（　　）

13. 对于附市场条件的股份支付，职工满足了所有非市场条件，同时满足市场条件，企业才能确认已取得服务的成本费用。（　　）

14. 除立即可行权的股份支付外，现金结算的股份支付以及权益结算的股份支付在授予日均不作会计处理。（　　）

15. 对于集团内不同企业间的股份支付交易，接受服务企业具有结算义务且授予本企业职工的是其本身权益工具的，应当将该股份支付交易作为现金结算的股份支付处理。（　　）

（四）计算与账务处理题

1. A 公司是一家上市公司，2018 年 1 月 1 日，A 公司董事会批准了一项股份支付协议：向其 200 名管理人员每人授予 1 000 股普通股股票（每股面值 1 元），这些管理人员自授予股份之日起在 A 公司连续服务 3 年，即可无偿获得授予的股票。A 公司估计其股票在授予日的公允价值为 18 元。

第 1 年有 15 名管理人员离职，A 公司预计 3 年中离职人员比例将达到 20%；第 2 年又有 20 人离职，A 公司将离职比例修正为 30%；第 3 年又有 12 人离职。

要求：（1）计算 A 公司 2018—2020 年每年因该股份支付确认的费用。

（2）编制相关会计分录。

2. 2018 年 1 月 1 日，经股东大会批准，上市公司甲公司向其 30 名在销售部门工作的职员每人授予 10 000 份股票期权，附有要求职员在给予期间受雇于公司的条件。股票期权于第一年末可行权的条件是公司销售增长率达到 15%；于第二年末可行权的条件是公司销售额两年平均增长超过 12%；于第三年末可行权的条件是公司销售额三年平均增长超过 8%。每份期权在 2018 年 1 月 1 日的公允价值是 30 元。在三年中预计不分配股利。

2018 年 12 月 31 日，公司销售额增长了 13%，同时有 3 名职员离开。公司预计销售额在 2019 年继续以相同比例增长，将预计等待期调整为 2 年；并估计未来 2 年还会有共 3 名职员离开。

2019 年 12 月 31 日，公司销售额仅增长了 8%，有 2 名职员离开。公司预计在 2020 年公司销售增长率至少为 8%，将预计等待期调整为 3 年；并预计 2020 年将有 2 名职员离开。

2020 年 12 月 31 日，实际离开人数为 1 人，公司销售增长率为 9%。

要求：根据上述资料，计算甲公司各年股票期权的费用。

3. 甲股份有限公司（以下简称“甲公司”）于 2019 年开始对高管人员进行股权激励。具体情况如下：

（1）2019 年 1 月 2 日，甲公司与 60 名高管人员签订股权激励协议并经股东大会批准。协议约定，甲公司向每名高管授予 12 万份股票期权，每份期权到期日可以 8 元/股的价格购买甲公司 1 股普通股。该股票期权自股权激励协议签订之日起 3 年内分三期平均行权，即该股份支付协议包括等待期分别为 1 年、2 年和 3 年的三项股份支付安排；2019 年末甲公司实现的净利润较上一年度增长 9%（含 9%）以上，在职的高管人员持有的股票期权中每人可行权 4 万份；2020 年末如果甲公司 2019 年、2020 年连续两年实现的净利润增长率达到 9%（含 9%）以上，则高管人员持有的剩余股票期权可以行权。当日甲公司估计授予高管人员的股票期权公允价值为 5 元/份。

（2）2019 年，甲公司实现净利润 12 000 万元，较 2018 年增长 10%，预计股份支付剩余等待期内净利润仍能够以同等速度增长。2019 年甲公司普通股平均市场价格为 12 元/股。2019 年 12 月 31 日甲公司授予的股票期权的公允价值为 4.5 元/份。2019 年，与甲公司签订了股权激励协议的高管人员没有离职，预计后续期间也不会离职。

（3）2020 年，甲公司 50 名高管人员将至 2019 年末到期可行权的股票期权全部行权。2020 年，甲公司实现净利润 13 200 万元，较 2019 年增长 11%。2020 年没有高管人员离职，预计后续期间也不会离职。2020 年 12 月 31 日，甲公司所授予股票期权的公允价值为 3.5 元/份。

其他相关资料：不考虑相关税费及其他因素。

要求：（1）确定甲公司该项股份支付的授予日并说明理由。计算甲公司 2019 年、2020 年就该股份支付应确认的费用金额，并编制相关会计分录；

（2）编制甲公司高管人员 2020 年就该股份支付行权的会计分录。

4. 2016 年 1 月 1 日，C 公司为其 100 名管理人员每人授予 2 000 份现金股票增值权，这些人员从 2016 年 1 月 1 日起在该公司连续服务 3 年，即可自 2018 年 12 月 31 日起根据股价的增长幅度获得现金，该增值权应在 2020 年 12 月 31 日之前行使完毕。C 公司估计，该增值权在结算之前的每一资产负债表日以及结算日的公允价值和可行权后的每份增值权现金支出额如表 11 - 1 所示。

表 11 - 1　　每份股票增值权的公允价值和现金支出额　　单位：元

年份	公允价值	支付现金
2016	10	
2017	12	
2018	15	13
2019	16	15
2020		20

2016 年有 10 名管理人员离职，C 公司估计 3 年中离职人数比例将有 25%；2017 年又有 6 名管理人员离职，C 公司预计总的离职人数比例将为 20%；2018 年又有 3 名管理人员离职。2018 年末有 50 人行使股票增值权取得了现金，2019 年有 15 人行使股票增值权取得了现金，2020 年有 16 人行使股票增值权取得了现金。

要求：（1）计算 2016—2020 年每年应确认的费用（或损益）、应付职工薪酬余额和支付的现金，填入表 11 - 2。

表 11 - 2　　单位：元

年份	应付职工薪酬计算	支付现金	应付职工薪酬	当期费用
2016				
2017				
2018				
2019				
2020				
合计				

（2）编制相关会计分录。

5. 2017 年 1 月 1 日，经股东大会批准，乙公司通过了与高级管理人员的股份支付协议。协议规定：（1）乙公司向 50 名高级管理人员每人授予 5 万股股票期权，可行权条件为从授予股票期权之日起连续服务满 3 年；（2）服务期满后，每持有 1 股股票期权可以自 2020 年 1 月 1 日起 1 年内，以每股 5 元的价格购买乙公司普通股股票。乙公司估计授予日每股股票期权的公允价值为 18 元。

2017 年 5 月，乙公司自市场回购本公司股票 250 万股，共支付款项 2 000 万元作为库存股待行权时使用。

2017 年，乙公司有 2 名高级管理人员离开公司。该年末，乙公司预计未来两年将有 3 名高级管理人员离开公司。

2018 年，乙公司没有高级管理人员离开公司。该年末，乙公司预计未来 1 年将有 2 名高级管理人员离开公司。

2019 年，乙公司有 1 名高级管理人员离开公司。

2020 年 3 月，47 名高级管理人员全部行权，乙公司共收到款项 1 175 万元，相关股票的变更登记手续已办理完成。

要求：

（1）编制乙公司回购本公司股票时的相关会计分录；

（2）计算乙公司 2017 年、2018 年、2019 年因股份支付应确认的费用，并编制相关会计分录；

（3）编制乙公司高级管理人员行权时的相关会计分录。

（五）案例

九阳股份有限公司 2021 年股票期权激励计划部分内容摘要

第一章　释义（略）

第二章　本激励计划的目的（略）

第三章　本激励计划的管理机构（略）

第四章　激励对象的确定依据和范围

一、激励对象的确定依据

（一）激励对象确定的法律依据

本激励计划激励对象根据《公司法》《证券法》《管理办法》等有关法律、行政法规、规范性文件和《公司章程》的相关规定，结合公司实际情况而确定。

（二）激励对象确定的职务依据

本激励计划的激励对象为公司（含子公司）董事、高级管理人员及核心骨干人员。对符合本激励计划的激励对象范围的人员，由薪酬委员会拟定名单，并经公司监事会核实确定。

二、激励对象的范围

本激励计划涉及的激励对象共计 107 人，包括：

1. 董事、高级管理人员

2. 核心骨干人员

本次涉及的激励对象中，不包括九阳股份独立董事、监事和单独或合计持有公司 5% 以上股份的股东或实际控制人及其配偶、父母、子女。

所有激励对象中，公司董事、高级管理人员必须经股东大会选举或公司董事会聘任。所有激励对象必须在本激励计划的考核期内与公司或子公司签署劳动合同或聘用合同。

预留权益的激励对象应当在本激励计划经股东大会审议通过后12个月内明确，经董事会提出、独立董事及监事会发表明确意见、律师发表专业意见并出具法律意见书后，公司在指定网站按要求及时准确披露激励对象相关信息。超过12个月未明确激励对象的，预留权益失效。预留激励对象的确定标准参照首次授予的标准确定。

三、不能成为本激励计划激励对象的情形

（一）最近12个月内被证券交易所认定为不适当人选；

（二）最近12个月内被中国证监会及其派出机构认定为不适当人选；

（三）最近12个月内因重大违法违规行为被中国证监会及其派出机构行政处罚或者采取市场禁入措施；

（四）具有《公司法》规定的不得担任公司董事、高级管理人员情形的；

（五）法律法规规定不得参与上市公司股权激励的；

（六）中国证监会认定的其他情形。

若在本激励计划实施过程中，激励对象出现以上任何情形的，公司将终止其参与本激励计划的权利，注销其已获授但尚未行权的股票期权。

第五章　本激励计划拟授出的权益情况

一、本激励计划拟授出的权益形式

本激励计划采取的激励形式为股票期权。

二、本激励计划拟授出权益涉及的标的股票来源及种类

本激励计划标的股票来源为公司向激励对象定向发行的本公司A股普通股股票。

三、本激励计划拟授出权益的数量及占公司股份总额的比例

本激励计划拟授予激励对象的股票期权数量为1 800.00万份，占本激励计划草案公告日公司股本总额76 716.90万股的2.35%。其中首次授予1 560.00万份，占本激励计划拟授出股票期权总数的86.67%，约占本激励计划草案公告日公司股本总额76 716.90万股的2.03%；预留240.00万份，占本激励计划拟授出股票期权总数的13.33%，约占本激励计划草案公告日公司股本总额76 716.90万股的0.31%。本计划下授予的每份股票期权拥有在满足生效条件和生效安排的情况下，在可行权期内以行权价格购买1股本公司人民币A股普通股股票的权利。

公司2017年度股东大会审议通过的《2018年限制性股票激励计划》尚在实施中。截至本激励计划草案公告日，公司有效期内股权激励计划所涉及的标的股

票总数累计未超过本激励计划提交股东大会时公司股本总额的10.00%。本激励计划中任何一名激励对象通过全部有效期内的股权激励计划获授的公司股票数量未超过公司股本总额的1.00%。

第六章　激励对象名单及拟授出权益分配情况

一、激励对象名单及拟授出权益分配情况（见表11－3）

表11－3　股票期权分配表

姓名	职务	获授的股票期权数量（万份）	占本激励计划授予股票期权数量的比例（%）	占本激励计划公告日股本总额比例（%）
杨宁宁	董事、总经理	150.00	8.33	0.20
韩润	副董事长	90.00	5.00	0.12
姜广勇	董事	30.00	1.67	0.04
裘剑调	财务总监	30.00	1.67	0.04
核心骨干人员（103人）		1 260.00	70.00	1.64
预留		240.00	13.33	0.31
合计		1 800.00	100.00	2.35

二、相关说明

上述任何一名激励对象通过全部有效期内的股权激励计划获授的本公司股票均未超过公司股本总额的1.00%。公司全部有效期内股权激励计划所涉及的标的股票总数累计未超过公司股本总额的10.00%。预留权益比例未超过本激励计划拟授予权益数量的20.00%。激励对象因个人原因自愿放弃获授权益的，由董事会对授予数量作相应调整，将激励对象放弃的权益份额调整到预留部分或在激励对象之间进行分配。

第七章　有效期、授权日、等待期、行权安排和禁售期

一、本激励计划的有效期

本激励计划的有效期为自股票期权授权之日起至激励对象获授的股票期权全部行权或注销完毕之日止，最长不超过48个月。

二、本激励计划的授权日

本激励计划经公司股东大会审议通过后，公司将在60日内按相关规定召开。

董事会向激励对象授予权益，并完成登记、公告等相关程序。公司未能在60日内完成上述工作的，应当及时披露不能完成的原因，并宣告终止实施本激励计划。根据《管理办法》《业务办理指南》规定不得授出权益的期间不计算在60日内。

预留部分股票期权授权日由公司董事会在股东大会审议通过后12个月内

确认。

股票期权授权日必须为交易日。若根据以上原则确定的日期为非交易日，则授权日顺延至其后的第一个交易日为准。

三、本激励计划的等待期

激励对象获授的全部股票期权适用不同的等待期，均自授权完成登记日起计。授权日与首次可行权日之间的间隔不得少于12个月。

四、本激励计划的可行权日

本激励计划的激励对象自等待期满后方可开始行权，可行权日必须为本激励计划有效期内的交易日，但下列期间内不得行权：

（一）公司定期报告公告前30日内，因特殊原因推迟定期报告公告日期的，自原预约公告日前30日起算，至公告前1日；

（二）公司业绩预告、业绩快报公告前10日内；

（三）自可能对公司股票及其衍生品种交易价格产生较大影响的重大事件发生之日或者进入决策程序之日，至依法披露后2个交易日内；

（四）中国证监会及证券交易所规定的其他期间。

首次授予的股票期权行权安排如表11-4所示。

表11-4　　首次授予的股票期权具体行权期安排

行权安排	行权期间	行权比例
第一个行权期	自首次授予部分授权完成日起12个月后的首个交易日起至首次授予部分授权完成日起24个月内的最后一个交易日当日止	40%
第二个行权期	自首次授予部分授权完成日起24个月后的首个交易日起至首次授予部分授权完成日起36个月内的最后一个交易日当日止	30%
第三个行权期	自首次授予部分授权完成日起36个月后的首个交易日起至首次授予部分授权完成日起48个月内的最后一个交易日当日止	30%

预留部分的股票期权行权安排如表11-5所示。

表11-5　　预留部分的股票期权具体行权期安排

行权安排	行权期间	行权比例
第一个行权期	自预留授予部分授权完成日起12个月后的首个交易日起至预留授予部分授权完成日起24个月内的最后一个交易日当日止	50%
第二个行权期	自预留授予部分授权完成日起24个月后的首个交易日起至预留授予部分授权完成日起36个月内的最后一个交易日当日止	50%

在上述约定期间因行权条件未成就或激励对象未申请行权的股票期权，不得行权或递延至下期行权，并由公司按本激励计划规定的原则注销激励对象相应的股票期权。在股票期权各行权期结束后，激励对象未行权的当期股票期权应当终止行权，公司将予以注销。

在满足股票期权行权条件后，公司将为激励对象办理满足行权条件的股票期权行权事宜。

五、本激励计划的禁售期

激励对象通过本激励计划所获授公司股票的禁售规定，按照《公司法》《证券法》等相关法律、行政法规、规范性文件和《公司章程》执行，具体内容如下：

（一）激励对象为公司董事和高级管理人员的，其在任职期间每年转让的股份不得超过其所持有本公司股份总数的25%；在离职后半年内，不得转让其所持有的本公司股份。

（二）激励对象为公司董事、高级管理人员及其配偶、父母、子女的，将其持有的本公司股票在买入后6个月内卖出，或者在卖出后6个月内又买入，由此所得收益归本公司所有，本公司董事会将收回其所得收益。

（三）在本激励计划的有效期内，如果《公司法》《证券法》等相关法律、行政法规、规范性文件和《公司章程》中对公司董事和高级管理人员持有股份转让的有关规定发生了变化，则这部分激励对象转让其所持有的公司股票应当在转让时符合修改后的《公司法》《证券法》等相关法律、法规、规范性文件和《公司章程》的规定。

第八章　股票期权的行权价格及确定方法

一、首次授予股票期权的行权价格

本激励计划首次授予股票期权的行权价格为每股21.99元。即满足行权条件后，激励对象获授的每份股票期权可以21.99元的价格购买1股公司股票。

二、首次授予的股票期权的行权价格的确定方法

（一）确定方法

首次授予的股票期权的行权价格大于等于股票票面金额，且大于等于下列价格较高者：

1. 本激励计划草案公告前1个交易日公司股票交易均价的70%，为每股21.39元。

2. 本激励计划草案公告前20个交易日公司股票交易均价的70%，为每股21.99元。

（二）定价方式的合理性说明

本次股票期权行权价格参考了《管理办法》第二十九条："上市公司采用其他方法确定行权价格的，应当在股权激励计划中对定价依据及定价方式作出说明。"公司已聘请了独立财务顾问按照《管理办法》第三十六条的要求发表专业意见。适当的股权激励价格不仅能降低公司管理成本、激发人才动力，同时是公司保持行业领先地位、进一步促进公司持续增长的重要举措。

在行业激烈竞争的环境下，公司认为人才是公司持续发展的关键。为有效留住人才，激励核心骨干人员发挥更大的创造力、保持积极性，推动公司整体经营持续、快速发展。针对公司发展中的核心力量和团队，予以良好有效的激励。本次激励计划在以公司业绩作为核心考核指标的基础上，公司确定了本次股票期权激励对象是公司的董事、高级管理人员及核心骨干人员，该部分人员主要承担着公司重要的管理、研发、营销等工作，对于公司业务的发展具有重要的关键作用。高素质的人才队伍是公司保持竞争力的关键。公司认为，在依法合规的基础上，对该部分人员的激励可以提升激励对象的工作热情和责任感，有效地统一激励对象、公司及公司股东的利益，从而推动激励目标的实现。

给予激励对象股票期权行权价格一定的折扣，可以充分调动激励对象的积极性，让激励效果最大化，有效地将股东利益、公司利益和激励对象利益结合在一起，对公司发展产生正向作用并有利于推动激励目标的实现。实施本次激励计划虽会产生股份支付费用，但不会对公司日常经营产生不利影响。从激励性角度看，定价方式具有合理性和科学性。

基于以上目的，在符合相关法律法规、规范性文件的基础上，公司决定将本次股票期权的行权价格确定为本次激励计划草案公告前20个交易日公司股票交易均价的70%，为每股21.99元。

三、预留部分股票期权的行权价格的确定方法

预留部分股票期权的行权价格与首次授予股票期权的行权价格相同，为21.99元/股。

第九章　股票期权的授予与行权条件

一、股票期权的授予条件

只有在同时满足下列条件时，公司向激励对象授予股票期权；反之，若下列任一授予条件未达成，则不能向激励对象授予股票期权。

（一）公司未发生如下任一情形：

1. 最近一个会计年度财务会计报告被注册会计师出具否定意见或者无法表示意见的审计报告；

2. 最近一个会计年度财务报告内部控制被注册会计师出具否定意见或无法表示意见的审计报告；

3. 上市后最近 36 个月内出现过未按法律法规、《公司章程》、公开承诺进行利润分配的情形；

4. 法律法规规定不得实行股权激励的；

5. 中国证监会认定的其他情形。

（二）激励对象未发生以下任一情形：

1. 最近 12 个月内被证券交易所认定为不适当人选；

2. 最近 12 个月内被中国证监会及其派出机构认定为不适当人选；

3. 最近 12 个月内因重大违法违规行为被中国证监会及其派出机构行政处罚或者采取市场禁入措施；

4. 具有《公司法》规定的不得担任公司董事、高级管理人员情形的；

5. 法律法规规定不得参与上市公司股权激励的；

6. 中国证监会认定的其他情形。

二、股票期权的行权条件

行权期内同时满足下列条件时，激励对象获授的股票期权方可行权：

（一）本公司未发生如下任一情形：

1. 最近一个会计年度财务会计报告被注册会计师出具否定意见或者无法表示意见的审计报告；

2. 最近一个会计年度财务报告内部控制被注册会计师出具否定意见或无法表示意见的审计报告；

3. 上市后最近 36 个月内出现过未按法律法规、《公司章程》、公开承诺进行利润分配的情形；

4. 法律法规规定不得实行股权激励的；

5. 中国证监会认定的其他情形。

公司发生上述第（一）条规定情形之一的，激励对象根据本计划已获授但尚未行权的股票期权应当由公司注销。

（二）激励对象未发生如下任一情形：

1. 最近 12 个月内被证券交易所认定为不适当人选；

2. 最近 12 个月内被中国证监会及其派出机构认定为不适当人选；

3. 最近 12 个月内因重大违法违规行为被中国证监会及其派出机构行政处罚或者采取市场禁入措施；

4. 具有《公司法》规定的不得担任公司董事、高级管理人员的情形；

5. 法律法规规定不得参与上市公司股权激励的；

6. 中国证监会认定的其他情形。

某一激励对象出现上述第（二）条规定情形之一的，公司将终止其参与本激励计划的权利，该激励对象根据本激励计划已获授但尚未行权的股票期权应当由公司注销。

（三）公司层面的业绩考核要求：

本激励计划在2021—2023年会计年度中，分年度对公司的业绩指标进行考核，以达到业绩考核目标作为激励对象当年度的行权条件之一。本激励计划业绩考核目标如表11－6所示。

表11－6 首次授予的股票期权的各年度财务业绩考核具体目标

行权安排		业绩考核目标
首次授予的股票期权	第一个行权期	公司需同时满足下列两个条件： 1. 以2020年主营业务收入为基数，2021年主营业务收入增长率不低于15%； 2. 以2020年净利润为基数，2021年净利润增长率不低于5%
	第二个行权期	公司需同时满足下列两个条件： 1. 以2020年主营业务收入为基数，2022年主营业务收入增长率不低于33%； 2. 以2020年净利润为基数，2022年净利润增长率不低于16%
	第三个行权期	公司需同时满足下列两个条件： 1. 以2020年主营业务收入为基数，2023年主营业务收入增长率不低于56%； 2. 以2020年净利润为基数，2023年净利润增长率不低于33%
预留授予的股票期权	第一个行权期	公司需同时满足下列两个条件： 1. 以2020年主营业务收入为基数，2022年主营业务收入增长率不低于33%； 2. 以2020年净利润为基数，2022年净利润增长率不低于16%
	第二个行权期	公司需同时满足下列两个条件： 1. 以2020年主营业务收入为基数，2023年主营业务收入增长率不低于56%； 2. 以2020年净利润为基数，2023年净利润增长率不低于33%

行权期内，公司为满足行权条件的激励对象办理行权事宜。若各行权期内，公司当期业绩水平未达到业绩考核目标条件的，所有激励对象对应考核当年可行权的股票期权均不得行权，公司注销激励对象股票期权当期可行权份额。

（四）激励对象个人层面的绩效考核要求

激励对象个人层面的考核根据公司绩效考核相关制度组织实施。激励对象的个人绩效考核结果划分为“优秀”“良好”“合格”“不合格”四个等级，对应的可行权情况如表 11－7 所示。

表 11－7　　激励对象的个人绩效考核

个人绩效考核结果	优秀	良好	合格	不合格
行权系数	100%	100%	80%	0

个人当年可行权额度＝个人当年计划行权额度×行权系数

在公司业绩目标达成的前提下，若激励对象上一年度个人绩效考核结果为“优秀”“良好”“合格”三个等级，则激励对象可按照本激励计划规定比例行权其获授的股票期权，激励对象不得行权的股票期权，由公司注销；若激励对象上一年度个人绩效考核结果为“不合格”，则激励对象对应考核当年可行权的股票期权全部不得行权。激励对象未能行权的股票期权由公司注销。

本激励计划具体考核内容依据《公司考核管理办法》执行。

（资料来源：2021 年 4 月 17 日九阳股份有限公司公告）

请仔细阅读以上信息，并结合本章内容，讨论以下问题：

1. 分析该公司推出股权激励计划的目的；

2. 分析该公司董事、高级管理人员以及相关员工的可行权条件是市场条件还是非市场条件，为什么？

3. 分析该股权激励计划对公司业绩的影响。

第十二章

公开发行股份公司的信息披露

一、学习重点与难点

本章的重点和难点主要体现在以下四个方面：

（一）上市公司信息披露的理论基础

上市公司信息披露的理论可以分为假设理论、基本理论、选择的理论等几种类型。其中假设理论主要有信息经济学和有效市场假说，基本理论主要是委托代理理论和信息不对称理论，而选择的理论则主要是成本效益分析。

1. 信息披露假设理论

（1）信息经济学。信息经济学起源于20世纪40年代，在发展的过程中逐渐形成了宏观信息经济学和微观信息经济学两条不同的主线。以弗里兹·马克卢普和马克·尤里·波拉特为创始人的宏观信息经济学认为信息是信息发展产业中的一种特殊产品，研究信息作为产品的价值生产、流通和利用以及其经济效益；以斯蒂格勒和阿罗为最早研究者的微观信息经济学则从微观的角度入手，研究信息本身的成本和价格，尤其是信息对价格、工资等其他生产要素的影响，考察运用信息提高市场经济效率的机制，并提出用不完全信息理论来修正传统的市场模型中信息完全和确知的假设。

根据信息经济学理论的观点，信息披露是建立在披露的信息具有可以满足使用者需求的价值基础上的，且可以通过会计信息披露的各种机制来提高市场经济效率，但是当会计信息无法满足使用者需求时，会计信息披露便失去了意义。

（2）有效市场假说。有效市场假说起源于对证券价格变化规律的研究，表明有用的信息会影响证券价格，即价格应反映信息。美国芝加哥大学教授尤金·法玛（1970）提出了一个被普遍接受的有效市场定义：如果在一个资本市场中，任何时候的价格总是完全反映所有可获得（利用）的相关信息，每一种证券的价格都永远等于其投资价值，并能够根据新的信息进行完全和迅速的调整，那么就称这样的市场为有效市场，或者说我们认为市场达到了有效性，在有效市场上，没有人能够持续获得超额利润。

该假说认为市场中的每个人都是理性经济人，会对证券市场上的每只股票代表的公司的情况进行分析，评价其获利能力，推断其股票价格，权衡风险和收益。股票价格对于这些理性人的供求情况来说是平衡的，因为如果股价被高估的人的数量与被低估的数量相等的话，就会有套利的可能性，理性经济人会采取相应措施买进或卖出股票使两者平衡。同时，股票价格能够充分反映其所有可获取的信息，且这一股票的价格会随着信息变动而变动。股票价格的变动随着某一消息的传出而开始变化，等到这一消息人尽皆知的时候，股票价格已经相应地处于合适的位置。基于以上假说，法玛按照信息的存在形式把有效市场分为三类：

①弱式有效市场。如果市场是弱式有效的市场，那么全部投资者拥有同样的信息，这个信息主要是历史信息，证券价格来源于投资者对历史信息的分析判断。由于投资者拥有的是历史信息，而这种基于已发生的事件的信息只能是对过去价格的说明，并不能用来推测现在以及以后的价格。股票连续的各次变动在数据统计链上是相互独立的。也就是说，历史信息对证券价格变动都不会产生任何影响，过去的证券价格完全无法被用来预测现在和将来股价的变化。在这种市场假设下，股票价格的技术分析失去作用，研究历史股价完全无法给人们带来赢利的机会。所以，针对弱式有效资本市场的特点，信息披露监管的任务就更重大。首先需要保证信息披露的整体完整，使市场能够作出具有内在逻辑的整体化反应；另外，需要考虑信息披露的重大性标准，因为大量的无效信息会使市场消化能力显得更迟钝，所以对重要的信息不得含糊其词必须以显著方式明确披露；同时，还要确保信息披露采用客观的表达方式，避免市场对信息产生过激反应。

②半强式有效市场。半强式有效市场是指证券价格不仅能够体现证券价格的历史信息，而且反映了所有与公司证券有关的公开有效信息，如财务报告、公司收益、股息红利、上市公司的相关新闻、对公司的预期、股票分拆、公司间的购并活动以及报告等。在半强式有效市场中，证券价格反映了所有公开信息所包含的价值，也可以说，证券价格是所有投资者对公开的信息进行判断得出来的。如果半强式有效理论成立，利用这些信息预测未来的证券价格未必会得到超额利润，在市场中利用技术分析和基本分析也会失去作用，内幕消息可能获得超额利润。因此在半强式有效市场上，信息披露监管的重点在于要求上市公司尽可能多地

公开与证券投资价值有关的信息，以使证券的市场价格更贴近于证券的真实价值。

③强式有效市场。强式有效市场是指有关证券的所有相关信息，包括所有公开发布的信息和尚未公开的或者原本算是保密的内部信息对证券价格变动都没有任何影响，即如果所有有关的公开和内部信息都在证券价格中得到充分、及时地反映，则证券市场就达到了强式有效市场。所有的投资者完全拥有一样的信息。在强式有效市场中，证券价格对于信息的反应十分迅速，没有任何方法能够帮助投资者获得非正常回报的买卖，即使基金和有内幕消息者也一样。在这样的一个市场上，政府的信息披露监管制度就是多余的了。

大量的实证研究结果表明，中国证券市场尚未达到半强式有效。因此，建立和完善信息披露制度，加强对上市公司信息披露的监管，有利于提高资本市场的有效性，促进资本市场有效运行，从而使整个社会的资源达到合理配置。

2. 信息披露基本理论

（1）委托代理理论。委托代理关系存在于现代社会的方方面面，委托代理关系中的各方主体之间也存在着信息不对称以及利益冲突的矛盾。上市公司信息披露问题中存在的四大委托代理关系主体包括了上市公司、投资者、审计机构以及监管机构。任何一位投资者都是上市公司的股东及所有者，而所有投资者以及投资者的代理人都是上市公司相关信息的潜在使用者，因使用者人数众多且需求各异，政府部门需要通过各种规定界定了最低信息披露要求以满足广大投资者的基本需求，减少委托代理关系产生的利益冲突，从而在无形中成为了广大投资者的代理人。为了保证最低披露要求得以实现，确保会计信息真实、准确、完整地反映了上市公司的真实情况，上市公司股东又委托审计机构对会计信息及其披露进行审计，审计机构也因此成为上市公司股东的代理人。同时，由于政府监管资源有限，上市公司审计作为强制性信息披露制度的一部分，使得审计机构也在一定程度上代理了部分政府监管职能。

在上市公司信息披露问题中，投资者需求、审计机构审计利益和审计责任与政府部门职能及监管规定之间虽然彼此存在委托代理关系，但各方需求和利益也存在一定的差异，信息在各方之间依然存在不对称，而且往往表现为双向的不对称。

（2）信息不对称理论。所谓信息不对称，是指经济活动中某些参与人拥有其他参与人所不了解的信息。信息不对称造成了市场交易双方的利益失衡，从交易双方看，由于信息弱势方基于错误、不全面的信息所作出的决策也许是在全面、对称信息情况下不会选择的，这会损害信息弱势方的利益，有悖公平、公正的原则，而从社会福利看，信息不对称的存在无法将资源配置给最合适的主体，使资源配置不能实现最优。信息不对称对证券市场的阻碍作用主要表现在逆向选择和道德风险上。

①逆向选择。逆向选择是指由于交易双方信息不对称和市场价格下降导致的劣质品驱逐优质品，进而出现市场交易产品平均质量下降的现象。逆向选择行为使得投资的资金流向质量低劣的公司。在信息不对称的情况下，上市公司与投资者掌握的会计信息存在差别，通常的情况下，上市公司拥有比较完全的会计信息，而投资者则处于相对会计信息的劣势。上市公司管理层比投资者更了解公司的实际经营情况，投资者则只能通过管理层披露的会计信息间接地对公司进行评价。在这种情况下，投资者只愿意根据全体上市公司的平均质量水平来确定股价，这会抵制那些高于平均质量水平的企业发行上市，已经上市的高质量公司也没有动力提高经济效率和管理水平，这种典型的逆向选择行为的后果就是出现阿克尔洛夫所说的“柠檬市场”或“劣币驱逐良币”的现象：高质量的上市公司被挤出市场，投资者逐渐失去信心。信息不对称导致的这种逆向选择问题的存在，极大地削弱了证券市场优化资源配置的功能，甚至影响到证券的存续能力。

②道德风险。道德风险是指从事经济活动的人在最大限度地增进自身效用同时作出不利于他人的行为。在交易过程中，交易双方在订立契约以后，信息的相对优势一方（签约代理方）有隐瞒自己的行动和信息的机会，信息的相对弱势一方（签约委托方）由于掌握的信息与代理方不对称，所以很难有效监督签约代理方的行为，于是代理方的选择是满足自身利益最大化，作出以伤害受托方的利益为代价的自私行为。在现代股份制企业中，由于所有权与经营权的分离，则体现为受雇于股东的经理人员负责管理企业日常的经营活动，投资者与公司管理层之间属于委托代理的关系，他们在目标、风险、利益和动机等方面有着不同的选择。股东作为委托人投入公司物质资本或金融资本，目标是追求利润最大化，而经理人员则作为代理人，投入公司的是自己的人力资本，目标是追求薪酬最大化。双方目标的不一致导致道德风险是不容回避的问题。由于信息不对称，上市公司的投资者及所有者想要掌握和经营者一样充足的企业内部信息需要较高的成本，因此很难有效监管经营者。在没有严格监管的情况下，代理人有可能作出各种损害投资者利益的行为，例如偷懒、机会主义，即所谓的道德风险行为。

信息披露是解决信息不对称的有效方法。按披露方式的不同可分为强制性信息披露和自愿性信息披露。尽管道德风险的存在，使得上市公司有激励进行自愿披露，但由于披露成本的存在，这种信息披露很可能是不完全的、策略性的信息披露，其最优披露的信息量会少于没有标准化披露的信息量。同时，如果每个上市公司都自行决定信息披露的格式、标准等，市场参与者要浪费巨大的成本来鉴别这些信息。因此，需要政府强制立法要求上市公司进行信息披露，并制定上市公司信息披露的标准，从而达到社会最优的制度安排。

3. 信息披露选择的理论

成本—效益分析方法作为一种经济决策方法在19世纪被首次提出。1940年，美国经济学家尼古拉斯·卡尔德和约翰·希克斯对前人的理论加以提炼，形成了“成本—效益”分析的理论基础，也就是卡尔德—希克斯准则，即作出某项决策的判定标准是总成本不超过交易的总收益，或者说从结果中获得的收益完全可以对所受到的损失进行补偿。

根据这一原则，在上市公司信息披露问题的研究中，我们需要界定上市公司信息披露的成本和效益。但成本和效益的界定却是一个复杂的难题，因为信息披露的成本无法对应于直接的收益。上市公司只有在进行融资的时候才能直观地感受到信息披露带来的收益。而对于其他利益相关者来说，信息披露的成本是由上市公司支付的，但其带来的收益却是由广大信息使用者共享的，这种成本和效益的错位使量化比较陷入困境。

针对上述问题，上市公司在考虑成本效益时，可以将未来收益用合理的方法进行摊销，从而划分信息披露成本的范围。根据成本效益相对应的原则，可以将由法律规定的强制性会计信息披露导致的持续性成本视为未来获得收益在当期的摊销，而由自愿性信息披露导致的偶发性披露则需要进行费用化处理计入当期成本。同样地出于成本效益原则，监管部门在制定强制性披露标准时，也应当考虑落实强制性信息披露给企业带来的成本对企业造成的影响。

另外需要强调的是，信息披露的成本不仅局限于表面上的信息收集编制人员工资、相关管理费用，以及上市公司特有的审计费用等，还包括许多其他的隐含经济成本，比如，披露信息所带来的潜在经济责任，以及信息披露可能导致的部分企业商业秘密泄露成本。披露信息所带来的收益也不仅局限于未来融资带来的收益和便利，还有规范的信息披露带来的审计成本的降低，甚至是监管导致的企业其他成本的降低。因此，在进行成本效益分析时应当全面考虑会计信息披露可能带来的各类成本和收益。

（二）上市公司信息披露规范体系

我国上市公司的信息披露体系是以《证券法》和《公司法》为主体，相关行政法规、部门规章、信息披露规范等规范性文件为补充的全方位、多层次的上市公司信息披露规范体系和包括中国证监会及其派出机构、证券交易所和中国注册会计师协会三者各司其责、合理分工、协调监管的信息披露监管体系。

上市公司信息披露规范体系由法律、行政法规、部门规章、信息披露规范和自律性规范五个层次构成。

1. 基本法律

第一层次是基本法律，由全国人民代表大会及其常务委员会制定，以《中华人民共和国证券法》（以下简称《证券法》）和《中华人民共和国公司法》（以下简称《公司法》）的相关规定为主，同时还包括《中华人民共和国刑法》和《最高人民法院关于审理证券市场因虚假陈述引发的民事赔偿案件的若干规定》等法律和司法解释中的相关规定。这些基本法律对上市公司信息披露的法律责任进行了规范。法律责任是指上市公司违反有关信息披露的义务所应承担的法律后果。违反信息披露义务的行为可以概括为未按照规定披露和虚假陈述两种情况，其中，虚假陈述又可分为虚假记载、误导性陈述和重大遗漏。责任类型根据违法的性质，可分为刑事责任、民事责任和行政责任。另外，非常重要的还有《中华人民共和国会计法》和《中华人民共和国注册会计师法》，对公司信息披露链上的企业会计（信息生产环节）与外部审计（信息披露鉴证环节）相关的法律责任进行了相应的规范。

2. 行政法规

第二层次主要是国务院发布的行政法规。其中，《股票发行与交易管理暂行条例》是我国第一部全国性的规范证券业务的行政法规，对上市公司信息披露的原则、内容、程序以及法律责任等做了较为详细的规范。自 2005 年开始国务院还发布了一系列含有提高上市公司信息披露质量要求的行政法规：《国务院批转证监会关于提高上市公司质量意见的通知》《国务院关于进一步提高上市公司质量的意见》，其中以促进、完善市场发展为目标的行政法规有：《国务院办公厅关于当前金融促进经济发展的若干意见》《国务院关于进一步促进资本市场健康发展的若干意见》《中共中央 国务院关于新时代加快完善社会主义市场经济体制的意见》；以促进、优化企业兼并重组为目的的行政法规有：《国务院关于促进企业兼并重组的意见》《国务院关于进一步优化企业兼并重组市场环境的意见》；以加强投资者保护为目的的行政法规为《国务院办公厅关于进一步加强资本市场中小投资者合法权益保护工作的意见》。由于国务院对公司信息披露要求的提高，同时也带动了对会计事务所审计质量要求的提高，因此，国务院还发布了《关于加强会计师事务所执业管理切实提高审计质量的实施意见》。在针对失信主体的惩治方面，国务院联合各部门，分行业出台了一系列行政法规：《关于对涉金融严重失信人实施联合惩戒的合作备忘录》《关于对运输物流行业严重违法失信市场主体及其有关人员实施联合惩戒的合作备忘录》《关于对公共资源交易领域严重失信主体开展联合惩戒的备忘录》《关于对科研领域相关失信责任主体实施联合惩戒的合作备忘录》《关于对政府采购领域严重违法失信主体开展联合惩戒的合作备忘录》《关于对知识产权（专利）领域严重失信主体开展联合惩戒的合作备忘录》《关于对统计领域严重失信企业及其有关人员开展联合惩戒的合作备忘录（修订版）》，针对科创板失信主体的惩戒则发布了：《关于在科创板注册制试点中对相关市场主体加强监管信息共享完善失信联合惩戒机制的意见》。此外，其他与信息披露相关的行政法规还包括《国务院办公厅关于贯彻实施修订后的证券法有关工作的通知》《国务院关于加强和规范事中事后监管的指导意见》《股份有限公司境内上市外资股的规定》《国务院关于股份有限公司境外募集股份及上市的特别规定》等。

3. 部门规章

第三层次主要是中国证监会制定的关于上市公司信息披露行为规制的部门规章。具体的部门规章可按照上市公司所属版块要求进行分类，其中主板的信息披露行为规制的部门规章主要包括《上市公司证券发行管理办法》《首次公开发行股票并上市管理办法》《上市公司信息披露管理办法》《上市公司重大资产重组管理办法》《上市公司收购管理办法》《信息披露违法行为行政责任认定规则》，针对创业板的信息披露行为规制的部门规章包括《创业板上市公司证券发行注册管理办法（试行）》《创业板首次公开发行股票注册管理办法（试行）》《创业板上市公司持续监管办法（试行）》，针对科创板的信息披露行为规制的部门规章包括《科创板上市公司证券发行注册管理办法（试行）》《科创板首次公开发行股票注册管理办法（试行）》《科创板上市公司持续监管办法（试行）》等规章，对上市公司信息披露的责任和义务进行了详细规定。另外，还包括财政部制定的《企业会计准则》及其解释公告中对企业会计信息披露作出的原则性的规定。

4. 信息披露规范

第四层次主要是中国证监会制定的关于上市公司信息披露的内容和格式的具体规范。它是由《公开发行证券的公司信息披露的内容与格式准则》（以下简称《内容与格式准则》）《公开发行证券的公司信息披露编制规则》（以下简称《编报规则》）《公开发行证券的公司信息披露规范问答》（以下简称《规范问答》）《公开发行证券的公司信息披露解释性公告》（以下简称《解释性公告》）构成的四级操作性技术规范。

其中，《内容与格式准则》作为第一级技术规范，根据证券发行与交易过程中的主要信息披露类型，如招股说明书、募集说明书、上市公告书、年度报告、中期报告及申请文件等进行设计和规范；《编报规则》作为第二级技术规范，其主要内容是《内容与格式准则》在一些特殊行业、特殊事项等方面的作用，对商业银行、保险公司、证券公司、房地产公司等特殊主体的招股说明书、财务报表附注等作出特别规定，对法律意见书、补充审计、财务信息的更正等事项作出具体规定；《规范问答》作为第三级技术规范，是证监会在监管工作中对普遍存在的具体信息披露问题所作的结论性解答，经过整理后以正式的法规解释性文件加以公布；《解释性公告》作为第四级技术规范，对非经常性损益和《编报规则第15号——财务报告的一般规定》中关于政府补助相关信息、可供出售金融资产减值、分步实现企业合并相关信息和分步处置对子公司投资至丧失控制权相关信息等内容的披露作出更为针对且具体的解释。这些规范性文件从专业的角度和更为微观的视角细致规定了上市公司信息披露制度中的每一个操作细节，为评价和监督上市公司信息披露制度提供了具有可操作性的客观标准。

5. 自律规范

第五层次的自律规范主要包括上海证券交易所制定的《股票上市规则》《上市公司日常信息披露工作备忘录》《上市公司自律监管规则适用指引》和深圳证券交易所制定的《上市公告书内容与格式指引》《上市公司业务办理指南》《上市公司信息披露指引》《行业信息披露指引》《自律监管措施和纪律处分实施办法》等。此外，针对上交所科创板的上市公司，上交所制定了主要包括《科创板股票上市规则》《科创板上市公司持续监管通用业务规则目录》《科创板上市公司信息披露业务指南》《上海证券交易所科创板上市公司自律监管规则适用指引》等规范，针对深交所创业板的上市公司，深交所主要制定了《创业板股票上市规则》《创业板上市公司规范运作指引》《创业板行业信息披露指引》《深圳证券交易所创业板创新试点红筹企业财务报告信息披露指引》等规范。这些规则对上市公司信息披露的基本原则、内容和方法等方面提出了可操作性的指导意见，从而可以使整个信息披露规范体系落到实处。

（三）上市公司首次信息披露的内容

首次信息披露，也称发行信息披露。根据有关规定，首次信息披露主要包括招股说明书（适用于公开发行股票）、债券募集说明书（适用于公司发行债券）和上市公告书（适用于证券上市交易）。

1. 招股说明书

股份公司发行股票时，按照规定应当编制招股说明书，向社会公开披露有关信息。招股说明书是公开发行股票最基本的法律文件，是由发行人[①]制订，经中国证监会核准，向社会公众公开披露公司主要事项以及招股情况的文件。发行人首次公开发行股票的信息主要是通过招股说明书向外界进行披露。

---

① 本节中的发行人指首次公开发行股票并上市的一般性公司，银行、保险公司、证券公司、房地产公司、创业板上市公司等特殊主体还需同时遵循其他特别规定。

我国对招股说明书的规范十分重视。早在1993年6月3日，中国证监会就制定并发布了《公开发行股票公司信息披露的内容与格式准则第1号——招股说明书的内容与格式（试行）》，并于1997年、2001年、2006年和2015年多次进行修改、补充和完善。从2001年开始，该准则更名为《公开发行证券的公司信息披露内容与格式要求准则第1号——招股说明书的内容与格式》。

招股说明书应按照中国证监会颁布的《公开发行证券的公司信息披露内容与格式准则第1号——招股说明书》（2015年修订）所规定的格式编制，至少应包含以下内容：

（1）封面、书脊、扉页、目录、释义。

（2）概览。概览是对招股说明书全文作的扼要提示。

（3）本次发行概况。主要包括本次发行的基本情况如股票种类、每股面值、发行股数及占发行后总股本的比例、每股发行价、标明计算基础和口径的市盈率和市净率、预测净利润及发行后每股收益（如有）和每股净资产、发行方式与发行对象、承销方式、预计募集资金总额和净额以及发行费用概算等；发行人、保荐人、主承销商及其他承销机构、律师事务所、会计师事务所、资产评估机构、股票登记机构、收款银行等与本次发行有关机构的名称、法定代表人、住所、联系电话、传真，同时应披露有关经办人员的姓名；与本次发行有关的中介机构及其负责人、高级管理人员、经办人员之间存在的直接或间接的股权关系或其他权益关系和预计发行上市的重要日期等。

（4）风险因素。发行人应当遵循重要性原则，按顺序披露可能直接或间接对发行人生产经营状况、财务状况和持续盈利能力产生重大不利影响的所有因素。披露是针对自身的实际情况，充分、准确、具体地描述相关风险因素并对所披露的风险因素作定量分析，无法进行定量分析的，应有针对性地作出定性描述。有关风险因素可能对发行人生产经营状况、财务状况和持续盈利能力有严重不利影响的，应作“重大事项提示”。

（5）发行人基本情况。主要包括注册中、英文名称，注册资本，法定代表人，成立日期，住所和邮政编码，电话、传真号码，互联网网址和电子信箱；改制重组情况；设立以来股本的形成及其变化和重大资产重组情况；设立时发起人或股东出资及设立后历次股本变化的验资情况，披露设立时发起人投入资产的计量属性；发起人、持有发行人5%以上股份的主要股东、实际控制人的基本情况和持有5%以上股份的主要股东以及作为股东的董事、监事、高级管理人员作出的重要承诺及其履行情况；其控股股东、实际控制人所控制的其他企业，发行人的职能部门、分公司、控股子公司、参股子公司以及其他有重要影响的关联方；有关股本的情况和简要披露员工及其社会保障情况等。

（6）业务和技术。发行人应披露其主营业务、主要产品（或服务）及设立以来的变化情况；与其业务相关的主要固定资产及无形资产；拥有的特许经营权的情况；主要产品生产技术所处的阶段；正在从事的研发项目及进展情况、拟达到的目标，最近三年及一期研发费用占营业收入的比例等信息。

（7）同业竞争与关联交易。发行人应披露是否存在与控股股东、实际控制人及其控制的其他企业从事相同、相似业务的情况，对存在同业竞争作出合理解释和避免同业竞争的承诺；应根据《公司法》和《企业会计准则》的相关规定披露关联方、关联关系和关联交易及其对其财务状况和经营成果的影响等事项。

（8）董事、监事、高级管理人员与核心技术人员。包括董事、监事、高级管理人员及核心技术人员的简要情况、相互之间存在的亲属关系和上述人员及其近亲属以任何方式直接或间接持有发行人股份的情况等信息。

（9）公司治理。包括股东大会、董事会、监事会、独立董事、董事会秘书制度的建立健全及运行情况，上述机构和人员履行职责的情况以及战略、审计、提名、薪酬与考核等各专门委员会的设置情况。

（10）财务会计信息。包括资产负债表、利润表、现金流量表和会计师事务所的审计意见类型。发行人编制合并财务报表的，应同时披露合并财务报表和母公司财务报表。发行人应披露财务报表的编制基础、合并财务报表范围及变化情况、报告期内采用的主要会计政策和会计估计等财务信息。

（11）管理层讨论与分析。是指发行人主要依据最近三年及一期的合并财务报表对发行人财务状况、盈利能力及现金流量的报告期内情况及未来趋势的分析，不仅包括财务因素，也包括非财务因素。

（12）业务发展目标。发行人应披露发行当年和未来两年的发展计划，包括提高竞争能力、市场和业务开拓、筹资等方面的计划。

（13）募集资金运用。

（14）股利分配政策。

（15）其他重要事项。

（16）董事、监事、高级管理人员及有关中介机构声明。

（17）备查文件。

根据中国证监会的有关规定，发行人申请首次公开发行股票的，需在中国证监会受理申请文件后、发行审核委员会审核前，将招股说明书申报稿在中国证监会网站上预先披露。预先披露的招股说明书（申报稿）不是发行人发行股票的正式文件，不可以含有价格信息，发行人也不能据此发行股票。证券发行申请经中国证监会核准后至发行结束前发生重要事项的，发行人应当向中国证监会作出书面说明，在经中国证监会同意后，修改招股说明书或者做相应的补充公告。

招股说明书的有效期为6个月，自中国证监会下发核准通知前招股说明书最后一次签署之日起计算。招股说明书中引用的财务报表有效期在特别情况下可以适当延长，但至多不超过三个月。发行人在招股说明书有效期内未能发行股票的，应重新修订招股说明书。发行人应在发行前2—5个工作日内将招股说明书摘要刊登于至少一种中国证监会指定的报刊，告知投资人如何搜索刊登地址和获取文件，同时将招股说明书全文刊登于中国证监会指定的网站。发行人应将招股说明书全文文本及备查文件置备于发行人住所、拟上市证券交易所、主承销商和其他承销机构的住所，以备查阅。

保荐人出具的发行保荐书、证券服务机构出具的有关文件需要作为招股说明书的备查文件，披露于中国证监会指定的网站上，并在发行人住所、拟上市证券交易所、保荐人、主承销商和其他承销商机构的住所予以备置，方便公众查阅。

在申请文件受理后至发行人发行申请获得中国证监会核准、依法刊登招股说明书前，发行人及与本次发行有关的当事人禁止以广告、说明会的形式为公开发行股票进行宣传。

在创业板上市的公司，发行人应当在招股说明书显要的位置增加创业板投资风险提示："本次股票发行后拟在创业板市场上市，该市场具有较高的投资风险。创业板公司具有业绩不稳定、经营风险高、退市风险大等特点，投资者面临较大的市场风险。投资者应充分了解创业板市场的投资风险及本公司所披露的风险因素，谨慎作出投资决定。"创业板招股说明书要求在概览中简要披露其核心竞争优势，列示核心竞争优势的具体表现。其不要求披露发行人股本的演变情况及验资情况，但需披露"最近一年发行人新增股东的持股数量及变化情况、取得股份的时间、价格和定价依据及新进入股东的有关信息。"

创业板招股说明书应披露公司业务模式的独特性、创新性以及持续创新机制，核心技术的来源、水平及所处阶段，需明确是否为原始创新、集成创新或引进消化吸收再创新的情况以及核心技术产品收入占营业收入的比例。创业板招股说明书新增了"核心技术人员、研发人员占员工总数的比例，所取得的专业资质及重要科研成果和获得的奖项，披露最近两年核心技术人员的主要变动情况及对发行人的影响"等披露内容。此外，2020年中国证监会对创业板招股说明书准则进行了修订，进一步强调创业板招股说明书应注重个性化、针对性信息披露。要求发行人在"概览"与"业务与技术"部分，充分披露发行人自身的创新、创造、创意特征，科技创新、模式创新、业态创新和新旧产业融合情况。同时要求发行人特别提示创业板企业创新投入大、新旧产业融合成功与否存在不确定性、尚处于成长期等方面可能存在的风险，精准清晰充分地披露可能对公司经营业绩、核心竞争力、业务稳定性以及未来发展产生重大不利影响的各种风险因素。

创业板招股说明书新增了披露募集资金专户存储安排的规定："募集资金用于提升服务能力、拓展市场营销、改进技术或管理、改造生产或服务流程或设施、扩充人力资源以及其他围绕主营业务而提升核心竞争力的，发行人应披露募集资金的具体投资安排，说明对发行人未来经营成果的影响。"创业板招股说明书要求披露三年规划，强调披露增强成长性、增进自主创新能力、提升核心竞争优势等方面的措施，要求结合募集资金运用披露未来发展情况。

科创板的招股说明书与现行主板和创业板相比，在内容与结构上都进行了调整，并新增了关于科创板属性的分析及制度创新突破点（如特别表决权、协议控制等）的相关披露要求。从结构上看，科创板的招股说明书将"同业竞争与关联交易"和"公司治理"合并为"公司治理与独立性"一节，将"董事、监事、高级管理人员与核心技术人员"合并至"发行人基本情况"一节，此外还新增"投资者保护"一节，纳入"股利分配政策"和发行人5%以上股东及其董监高重要承诺相关内容，并补充了投资者关系主要安排、投票机制、特别表决权、协议控制下的投资者保护安排等相关披露要求。

从主体内容上看，科创板的招股说明书的整体内容与创业板相似，但在"业务与技术"章节中存在较大幅度的调整与改进。科创板招股说明书在该章节中作出的调整可以细分为行业部分与企业部分，在行业部分中科创板招股说明书要求企业披露所属行业的确定依据以及所属行业在新技术、新产业、新业态、新模式等方面的近三年的发展情况与未来发展趋势，同时还要求企业披露自身面临的机遇和挑战以及与行业内可比公司在市场地位、技术实力和经营情况等方面的数据对比。与此同时，科创板招股说明书取消了有关行业上下游及出口业务这两方面的披露要求。在企业部分中，科创板招股说明书要求企业增加以下六部分的披露内容：

（1）结合行业技术水平和对行业的贡献，披露发行人的技术先进性及其具体表征。

（2）披露发行人的核心技术是否取得专利或其他技术保护措施、在主营业务及产品或服务中的应用和贡献情况。

（3）披露核心技术的科研实力和成果情况，包括获得重要奖项，承担的重大科研项目，核心学术期刊论文发表情况等。

（4）披露正在从事的研发项目、所处阶段及进展情况、相应人员、经费投入、拟达到的目标；结合行业技术发展趋势，披露相关科研项目与行业技术水平的比较；披露报告期内研发投入的构成、占营业收入的比例。

（5）披露核心技术人员的学历背景构成，取得的专业资质及重要科研成果和获得奖项情况，对公司研发的具体贡献，发行人对核心技术人员实施的约束激励措施。

（6）披露发行人保持技术不断创新的机制、技术储备及技术创新的安排。

从以上新增的披露内容中可以看出，科创板招股说明书对企业的行业地位、科技水平、科研成果以及技术人员等方面的披露要求更为严格，体现了科创板与主板、创业板在主要关注点上的不同之处。

2. 募集说明书

上市公司在发行股票后，为了满足扩大生产经营以及平衡资本结构的需要，通常会在证券市场发行公司债券。为规范公开发行公司债券的信息披露行为，保护投资者的合法权益，中国证监会于2015年3月2日发布了《公开发行证券的公司信息披露内容与格式准则第23号——公开发行公司债券募集说明书》（2015年修订），要求申请发行公司债券的公司（以下简称发行人）编制公司债券募集说明书（以下简称《募集说明书》）及其摘要，作为向中国证监会申请发行公司债券的必备文件，并按规定披露。

募集说明书至少应包含的内容有：

（1）封面、书脊、扉页、目录、释义。

（2）发行概况。包括发行的核准文件、核准规模和本期债券的名称和发行总额、票面金额、债券期限、还本付息的方式，本期债券的起息日、利息登记日、付息日期、本金支付日、支付方式、支付金额等事项。

（3）风险因素。包括本期债券的投资风险，如利率风险、流动性风险、偿付风险等和发行人的相关风险如财务风险、经营风险、管理风险、政策风险等。

（4）发行人及本期债券的资信状况。包括所聘请的资信评级机构及其对本期债券的信用评级情况、公司获得主要贷款银行的授信情况和近三年的流动比率、速动比率、资产负债率、利息倍数、贷款偿还率、利息偿付率等财务指标。

（5）增信机制、偿债计划及其他保障措施。发行人如存在担保情况或担保授权情况，应披露保证人的基本情况，如最近一年的净资产额、资产负债率、净资产收益率、流动比率、速动比率等主要财务指标，并注明是否经审计等。

（6）发行人基本情况。

（7）财务会计信息。发行人应简要披露财务会计信息，主要包括：①最近三年及一期的资产负债表、利润表及现金流量表，发行人编制合并财务报表的，应同时披露合并财务报表和母公司财务报表。最近三年及一期合并财务报表范围发生重大变化的，还应披露合并财务报表范围的具体变化情况、变化原因及其影响。②最近三年内进行过导致公司主营业务和经营性资产发生实质变更的重大资产购买、出售、置换的发行人，披露最近三年及一期的财务报表应包括：重组完成后各年的资产负债表、利润表、现金流量表以及重组前一年的备考财务报表和备考报表的编制基础。③最近三年及一期的主要财务指标以及公司管理层作出的关于公司最近三年及一期的财务分析的简明结论性意见。④发行人应对最近三年及一期的主要会计数据和财务指标进行比较，发生重大变化的应说明原因。⑤发行人应说明最近一个会计年度期末有息债务的总余额、债务期限结构、信用融资与担保融资的结构等情况，本次发行公司债券后公司资产负债结构的变化。

（8）募集资金运用。

（9）债券持有人会议。发行人应披露债券持有人会议规则的主要内容，包括但不限于债券持有人会议行使权利的范围，债券持有人会议召开的情形，债券持有人会议的召集、通知、决策机制以及决议的生效条件和效力等。

（10）债券受托管理人。包括所聘任的债券受托管理人及其联系人和所订立的债券受托管理协议的情况。

（11）发行人、中介机构及相关人员声明。

（12）备查文件。

3. 上市公告书

上市公告书是指证券交易所规定的上市公司在证券上市前应提交并公布的有关上市公司及其拟上市证券相关情况的报告。为加强对上市公告书披露的管理与规范，维护和保障广大投资者利益，中国证监会于 1997 年 1 月 15 日颁布《公开发行股票公司信息披露的内容与格式准则第 7 号——股票上市公告书的内容与格式（试行）》并于 2001 年 3 月 15 日进行修订并更名为《公开发行证券的公司信息披露内容与格式准则第 7 号——股票上市公告书》。由于创业板与主板的股票上市要求有很大差别，中国证监会于 2007 年 3 月 6 日废止了这一准则，授权上海证券交易所和深圳证券交易所制定有关上市公告书的内容与格式。

考虑到公司一般都在其招股说明书或募集说明书的有效期内将其证券挂牌上市，为了避免重复、减轻公司负担，上市公告书中关于上市公司的相关信息的披露要求规定得较为简化。根据 2013 年 12 月 30 日深圳证券交易所修订的《股票上市公告书内容与格式指引（2013 年 12 月修订）》，上市公告书应载明下列事项：

（1）重要声明与提示。

（2）股票上市情况。

（3）发行人、股东和实际控制人情况。

（4）股票发行情况。

（5）财务会计资料。

（6）其他重要事项。

（7）上市保荐人及其意见等。

发行人应在批准上市前，将上市公告书全文刊登在至少一种由中国证监会指定的报刊及网站上，并将上市公告书文本置于发行人住所、拟上市的证券交易所、有关证券经营机构住所及其网点，以供公告查阅。上市公告书在披露前，任何当事人不得泄露有关的信息或利用这些信息谋取利益。发行人应在披露上市公告书后10日内，将上市公告书文本一式五份分别报送发行人注册地的中国证监会派出机构、上市的证券交易所。

（四）上市公司应披露的定期报告

上市公司应定期披露的报告包括年度报告和中期报告①。

1. 年度报告

年度报告是上市公司在每个营业年度结束后一定时期内必须向证券监管部门报送并向社会公众披露的定期披露文件。年度报告是定期信息披露中最重要的内容，也是上市公司最常见和最重要的信息披露形式，它传递着上市公司在整个会计年度内的全景信息，是投资者、债权人和监督机构等方面进行正确决策的主要依据。

1993年4月22日，国务院证券委员会发布了《股票发行与交易管理暂行条例》，首次对年度报告的披露进行了规范。1993年6月12日颁布施行的《公开发行股票公司信息披露实施细则（试行）》及1999年7月1日起施行的《中华人民共和国证券法》（以下简称《证券法》）也对年度报告的披露进行了类似规定。1994年1月20日，中国证监会发布了《公开发行证券的公司信息披露内容与格式要求准则第2号——年度报告的内容与格式（试行）》，标志着我国股票市场在信息披露规范化方面进入了一个新的阶段。此后，中国证监会又对该项准则进行了多次修订。

年度报告应如实陈述公司现状，全面披露公司一年来的财务状况、经营成果。依据2021年修订的《公开发行证券的公司信息披露内容与格式准则第2号——年度报告的内容与格式》，年度报告正文的内容应包括：

（1）重要提示、目录和释义。

（2）公司简介和主要财务指标。

（3）管理层讨论与分析。

（4）公司治理。

（5）环境和社会责任。

---

① 《证券法》《上市公司信息披露管理办法》和沪深证券交易所制定的《股票上市规则》中所规定的“中期报告”仅指半年度报告，但《公开发行证券的公司信息披露内容与格式准则第3号——半年度报告的内容与格式》（2017年修订）第二条明确指出半年度报告是中期报告的一种类型。

（6）重要事项。

（7）股本变动及股东情况。

（8）优先股相关情况。

（9）债券相关情况。

（10）财务报告。

2. 中期报告

中期报告的概念来自中期财务报告。“中期”是指短于一个完整的会计年度（自公历1月1日起至12月31日止）的报告期间，它可以是一个月、一个季度或者半年，也可以是其他任何短于一个会计年度的期间，如1月1日至9月30日的期间等。因此，上市公司信息披露的中期报告是指报告期短于一个营业周期的定期披露，主要表现为半年度报告、季度报告、月度报告等。发布中期报告的目的在于弥补年度报告披露信息在时效性方面的局限，确保信息公开的最新性。

（1）半年度报告。半年度报告的报告期是指年初至半年度期末。根据中国证监会《公开发行证券的公司信息披露内容与格式准则第3号——半年度报告的内容与格式》（2021年修订）的规定，半年度报告应当包括以下内容：

①重要提示、释义及目录。

②公司简介和主要财务指标。

③管理层讨论与分析。

④公司治理。

⑤环境和社会责任。

⑥重要事项。

⑦股份变动及股东情况。

⑧优先股相关情况。

⑨债券相关情况。

⑩财务报告。

（2）季度报告。季度报告的报告期是指季度初至季度末3个月期间。根据中国证监会发布的《公开发行证券的公司信息披露编报规则第13号——季度报告内容与格式特别规定》（2016年修订）的规定，上市公司的季度报告应载明以下内容：

①重要提示。

②公司基本情况。基本情况包括截至报告期末公司主要会计数据和财务指标等财务资料和股东总数、前10名流通股东或前10名无限售条件股东的持股情况。

③重要事项。

④附录。

公司应当编制季度报告的附录部分，披露截至报告期末的比较式合并资产负债表以及年初至报告期末的比较式合并利润表和比较式现金流量表，并注明是否已经审计。季度报告中的财务报表已经审计的，公司应当披露审计意见类型，若被注册会计师出具非标准审计报告，公司还应当披露审计报告正文。

主板（含中小企业板）公司应当在会计年度前3个月、前9个月结束后的1个月内将季度报告正文刊登于至少一种中国证监会指定的报纸上，并将季度报告全文（包括正文及附录）刊登于中国证监会指定网站上。创业板公司应在会计年度前3个月以及前9个月结束后的1个月内编制季度报告（包括正文及附录）并刊登于中国证监会指定的网站和公司网站上。第一季度报告的披露时间不得早于上一年度报告。公司季度报告中的财务报告可以不经审计，但中国证监会和证券交易所另有规定的除外。

（五）上市公司自愿性信息披露

根据2020年9月25日上海证券交易所修订的《上海证券交易所科创板上市公司自律监管规则适用指引第2号——自愿信息披露》，科创板上市公司在进行自愿信息披露时应遵守以下规则：

1. 科创板自愿信息披露的范围

科创公司自愿披露的信息应当服务于投资者决策需要，基于一定的客观事实，或者具备实施的基础条件。不宜披露与投资者决策关联不大的信息，更不应披露可能误导投资者错误估计公司价值的市场热点相关信息，不能以重大风险提示替代应有的事实基础。一般而言，自愿信息披露包含以下常见类型：

（1）战略信息是指与公司长期发展目标和规划相关的信息，例如三年规划或者向某个领域拓展的发展战略。

（2）财务信息是指能够反映公司财务状况及经营成果的数据及其分析信息，例如非会计准则下的财务信息。

（3）预测信息是指基于现有事实作出的对未来的判断和预测，例如对技术发展趋势或者某个产品市场开拓的前瞻性预测、盈利预测。

（4）研发信息是指反映公司新技术、新产品研究开发进展以及所取得成果的信息，例如生物医药公司新药研发进展。

（5）业务信息是指财务信息之外能够反映公司业务发展、经营情况及其趋势的信息，例如按月度披露的主要经营数据。

（6）行业信息是指公司所处行业发生的对公司经营发展具有影响的行业信息，例如国家对于相关行业的重点支持或者鼓励性政策。

（7）社会责任信息是指公司承担的对消费者、员工、社会环境等方面的责任情况，例如重大突发公共事件中公司发挥的作用。

2. 科创板常见的自愿信息披露事项

（1）战略规划是指科创公司的长期发展目标及实现策略，对战略规划进行披露有助于投资者对企业发展形成合理预期，形成对财务信息的补充。在战略规划中，科创公司可以披露战略规划的具体内容、实施战略的背景、实施战略的计划、方式以及存在的风险等内容。

（2）行业经营性信息是指科创公司所处行业的特征及公司在行业内的运营情况，对行业信息进行披露有助于投资者判断公司的投资价值。科创公司可以利用其对行业的理解与判断，自愿披露能够显示所在行业公司的运营特点、业务趋势或者对公司经营情况可能产生重大影响的政策、行业发展、技术等方面的信息，以便投资者评估公司价值。

（3）业务运营数据，因为科创公司的价值指标与传统企业存在明显差异，因此定期披露自身的业务运营数据，有助于投资者及时了解公司的生产经营情况，判断和估计公司的业务变动趋势和未来发展潜力。

（4）业务前瞻信息是指对企业未来财务状况和经营成果的预测性信息，主要是对业务或者财务指标的定性及定量预测等，例如市场份额、现金流量、销售增长率等。科创公司在披露业务前瞻信息时，应该同时披露相关信息存在的不确定性、作出相关预测所依赖的假设以及其他必要的信息，避免让投资者产生不合理的预期。

（5）盈利预测是指关于未来财务盈亏水平的预测信息，例如对某个重要子公司在下一会计期间的盈亏金额进行的预测等。科创公司披露盈利预测时，应当征询年审会计师的意见，如果最终财务数据与预测数据差异超过20%，公司应披露差异原因。

（6）研发及其进展，研发及其进展公告主要涉及在研产品或项目研发情况及其进展，披露的主要目的是为了方便投资者评估项目价值及公司研发实力。在研发及其进展公告中，科创公司可以披露研发的基本情况、研发的可行性、存在的风险及对公司产生的影响等信息。

（7）新产品或者服务，新产品或者服务公告中，披露的重点在于科创公司主营业务中新开发的产品或者服务的商业化情况。科创公司可以在该部分内容中披露新产品或服务的基本情况、市场前景、生产与商业化准备及对公司的影响等内容。

（8）业务合作，业务合作公告的披露重点是说明重要合作事项的具体内容以及对公司业务拓展、研发能力、财务状况的积极影响。科创公司可以在业务合作公告中披露合作目的、合作模式、合作方的履约能力、对公司的影响以及存在的不确定性等方面的内容。

（9）获得资质，获得资质公告是指科创公司披露其业务或者产品获得市场准入性质的许可、认证、注册、备案等资质的公告。科创公司可以在获得资质公告中披露获得相关资质的产品或者业务及其基本情况、对公司的影响以及业务拓展存在的不确定性等内容。

（10）科研实力证明，科研实力证明公告是指科创公司披露获得科技类奖项、主导或参与行业重要标准编制等信息。常见的科研实力证明包括获得奖项、承担专项任务、参与行业标准编制等。在披露相关公告内容时，科创公司同时应考虑事项对科研实力的证明能力、公司的参与程度等因素。

（11）非会计准则下的财务数据，传统的会计信息可能难以衡量科创公司的真实经营业绩。因此，科创公司可以在会计准则之外自行编制并披露非会计信息，为投资者提供增量信息。科创公司可以在定期报告中结合业务特点和生产经营情况，自愿披露企业会计准则规定范围外的管理层业绩指标。

（12）重大突发事件，当发生自然灾害、事故灾难、公共卫生、社会安全等重大突发公共事件时，科创公司可以向投资者披露重大突发公共事件对公司造成的影响以及公司已经采取和将要采取的应对措施。

（13）沟通信函，是科创公司董事长在年度报告中，以公开信的方式，向投资者介绍年度经营业绩、文化价值取向、公司技术优势和未来发展战略的信息披露方式。沟通信函的主要内容应该与公司经营活动相关，其包含的财务及非财务数据应与年报中披露的数据一致，如果信函中涉及对未来经营状况的展望、预测或承诺，应当具有可靠信息支撑。

（14）环境、社会责任和公司治理，科创公司可以根据所在行业、业务特点、治理结构，进一步披露环境、社会责任和公司治理方面的个性化信息。

二、思维导图

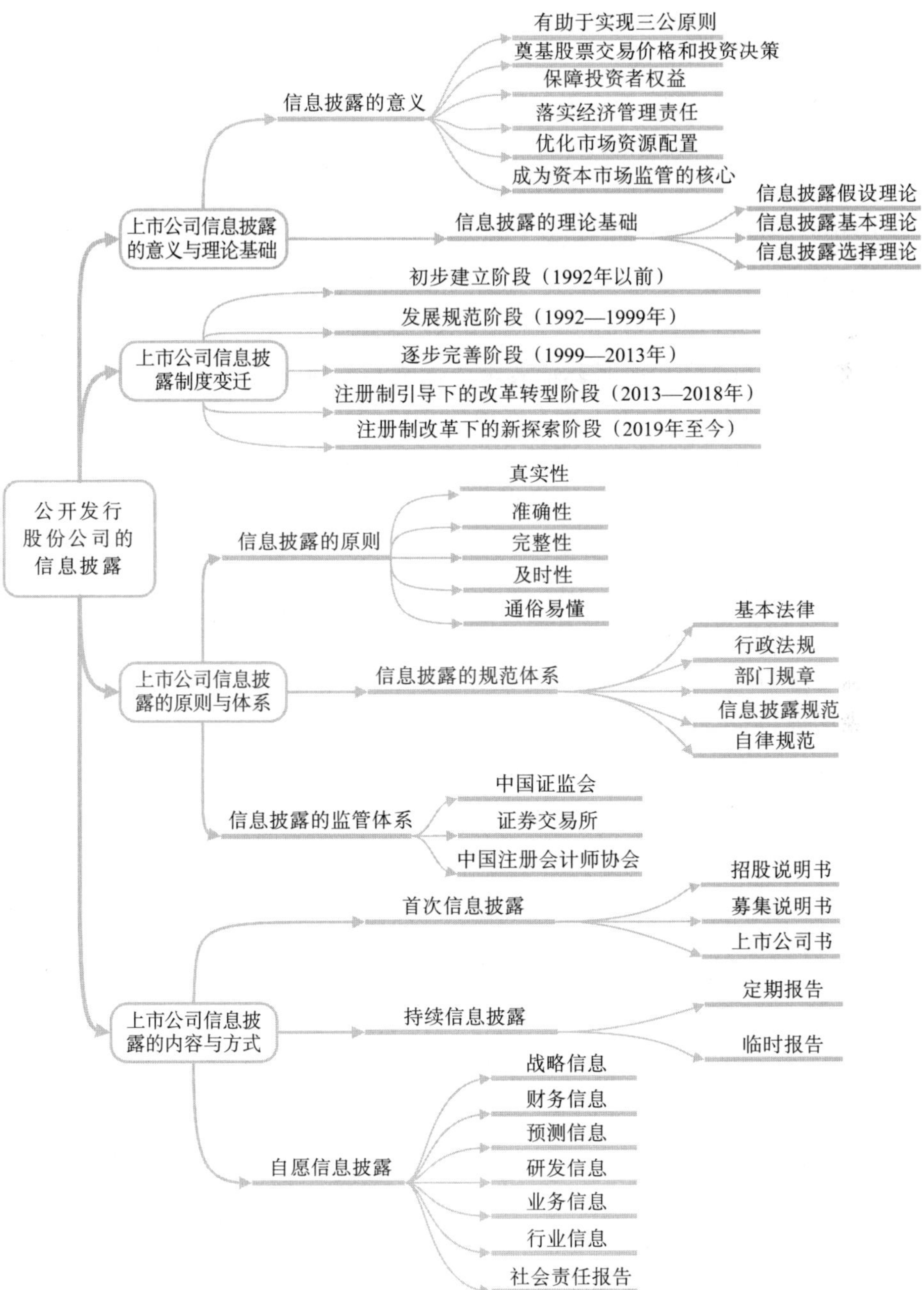
公开发行股份公司的信息披露
上市公司信息披露的意义与理论基础
信息披露的意义
有助于实现三公原则
奠基股票交易价格和投资决策
保障投资者权益
落实经济管理责任
优化市场资源配置
成为资本市场监管的核心
信息披露的理论基础
信息披露假设理论
信息披露基本理论
信息披露选择理论
上市公司信息披露制度变迁
初步建立阶段（1992年以前）
发展规范阶段（1992—1999年）
逐步完善阶段（1999—2013年）
注册制引导下的改革转型阶段（2013—2018年）
注册制改革下的新探索阶段（2019年至今）
上市公司信息披露的原则与体系
信息披露的原则
真实性
准确性
完整性
及时性
通俗易懂
信息披露的规范体系
基本法律
行政法规
部门规章
信息披露规范
自律规范
信息披露的监管体系
中国证监会
证券交易所
中国注册会计师协会
上市公司信息披露的内容与方式
首次信息披露
招股说明书
募集说明书
上市公司书
持续信息披露
定期报告
临时报告
自愿信息披露
战略信息
财务信息
预测信息
研发信息
业务信息
行业信息
社会责任报告

三、练习题

（一）单项选择题

1. 我国《证券法》的基础原则中，最重要的原则是（　　）。

A. 公平　　B. 公正

C. 公开　　D. 真实

2. 中国上市公司信息披露不包括（　　）。

A. 上市披露　　B. 例外披露

C. 定期披露　　D. 临时披露

3. 以下对上市公司信息披露的要求，描述不正确的是（　　）。

A. 准确披露信息，要求不得有误导性陈述

B. 允许向部分投资者选择性披露信息

C. 对公告中使用的专业词汇须给出明确定义

D. 使用通俗易懂的语言来表达，不能有歧义

4. 下列上市公司定期报告中，应当经具有证券、期货相关业务资格的会计师事务所审计的是（　　）。

A. 月度报告　　B. 季度报告

C. 中期报告　　D. 年度报告

5. 上市公司持续信息披露中临时报告的内容可以不包括（　　）。

A. 公司重大信息　　B. 股东信息

C. 应披露的交易和关联交易　　D. 季度报告

6. 按照《证券交易所股票上市规则》的规定，上市公司暂缓信息披露的期限一般不超过（　　）。

A. 一个月　　B. 两个月

C. 三个月　　D. 两周

7. 上市公司（不包括创业板）与关联法人发生的交易金额在（　　）万元以上，且占公司最近一期经审计净资产值5%以上，应当按照发生关联交易的不同类型分别披露。

A. 200　　B. 300

C. 2 000　　D. 3 000

8. 上市公司对于其发生的重大事件，应当根据《证券法》的规定向有关部

门报告并予公告。下列各项中，不属于上市公司重大事件的是（　　）。

A. 公司的经营方针和经营范围的重大变化

B. 公司的董事发生变动

C. 会计政策、会计估计重大自主变更

D. 持有公司 1% 以上股份的股东或者实际控制人，其持有股份或者控制公司的情况发生较大变化

9. 由于商业秘密等特殊原因导致法律规定的某些信息不便披露，公司可向（　　）申请豁免，经批准后，可以不予披露。

A. 证券交易所　　B. 中国证监会

C. 财政部门　　D. 审计部门

10. 甲公司为上市公司，下列企业中与甲公司构成关联方关系的是（　　）。

A. 给甲公司提供大量贷款的银行

B. 与甲公司发生日常往来的政府部门

C. 甲公司的供应商

D. 对甲公司实施共同控制的投资方

11. 以下不是对上市公司信息披露进行监管的部门是（　　）。

A. 中国证监会及其派出机构　　B. 证券交易所

C. 中国注册会计师协会　　D. 中国银监会

12. 上市公司首次信息披露不包括以下哪个文件（　　）。

A. 招股说明书　　B. 募集说明书

C. 临时报告　　D. 上市公告书的披露

13. 若对于主板公司某一关联方，以下说法正确的是（　　）。

A. 报告期内累计关联交易总额高于 1 000 万元且占公司最近一期经审计净资产值 5% 以上，应当按照发生关联交易的不同类型分别披露

B. 报告期内累计关联交易总额高于 3 000 万元且占公司最近一期经审计净资产值 5% 以上，应当按照发生关联交易的不同类型分别披露

C. 报告期内累计关联交易总额高于 2 000 万元且占公司最近一期经审计净资产值 10% 以上，应当按照发生关联交易的不同类型分别披露

D. 报告期内累计关联交易总额高于 3 000 万元且占公司最近一期经审计净资产值 10% 以上，应当按照发生关联交易的不同类型分别披露

14. 通过证券交易所的证券交易，收购人持有一个上市公司的股份达到该公司已发行股份的（　　）时，继续增持股份的，应当采取要约方式进行，发出全面要约或者部分要约。

A. 10%　　B. 20%

C. 30%　　D. 5%

15. 科创公司披露盈利预测时，应当征询年审会计师的意见，如果最终财务数据与预测数据差异超过（　　），公司应披露差异原因。

A. 5%　　B. 10%

C. 20%　　D. 30%

（二）多项选择题

1. 我国《证券法》规定：发行人、上市公司依法披露信息，必须（　　）。

A. 真实

B. 准确

C. 及时

D. 不得有虚假记载、误导性陈述或者重大遗漏

2. 上市公司定期报告应当披露的内容包括（　　）。

A. 公司治理情况　　B. 公司股东信息

C. 公司基础信息　　D. 报告期财务信息与重大事项

3. 上市公司首次信息披露的内容包括（　　）。

A. 招股说明书　　B. 募集说明书

C. 上市公告书　　D. 定期报告

4. 我国上市公司监管的法律责任形式包括（　　）。

A. 刑事责任　　B. 民事责任

C. 行政责任　　D. 监管措施和自律处分

5. 我国约束上市公司信息披露的法规体系层次包括（　　）。

A. 基本法律　　B. 部门规章

C. 行政法规　　D. 信息披露规范和自律性规范

6. 下列属于上市公司信息披露义务人的有（　　）。

A. 董事会　　B. 控股股东

C. 转让上市公司 6% 股份的股东　　D. 购买上市公司 3% 股份的股东

7. 上市公司自愿信息披露的特点有（　　）。

A. 企业自主性　　B. 形式灵活性

C. 内容多样性　　D. 内容真实性

8. 上市公司的关联交易，是指上市公司或者其控股子公司与上市公司关联人之间发生的转移资源或者义务的事项，包括以下交易（　　）。

A. 提供财务资助　　B. 购买或出售资产

C. 提供担保　　D. 对外投资

9. 下列属于上市公司应当披露的会计信息的有（　　）。

A. 营业收入　　B. 利润总额

C. 净资产收益率　　D. 每股收益

10. 根据法律规定，上市公司发生的下列事件中，应当立即公告的有（　　）。

A. 公司经理发生变化　　B. 公司20%的监事发生变化

C. 公司财务负责人发生变化　　D. 人民法院依法撤销董事会决议

11. 上市公司招股说明书应当披露的内容包括（　　）。

A. 本次发行概况　　B. 发行人基本情况

C. 业务发展目标　　D. 同业竞争与交易关联

12. 上市公司持续信息披露主要包括（　　）。

A. 招股说明书　　B. 定期报告

C. 临时报告　　D. 募集说明书

13. 上市公司中期报告包括（　　）。

A. 年度报告　　B. 半年度报告

C. 季度报告　　D. 月度报告

14. 科创板公司常见的自愿信息披露事项包括有（　　）。

A. 战略规划　　B. 行业经营性信息

C. 业务前瞻信息　　D. 研发及其进展

15. 在企业部分中，科创板招股说明书要求企业增加以下几个部分的披露内容（　　）。

A. 结合行业技术水平和对行业的贡献，披露发行人的技术先进性及其具体表征

B. 披露发行人的核心技术是否取得专利或其他技术保护措施、在主营业务及产品或服务中的应用和贡献情况

C. 披露核心技术的科研实力和成果情况，包括获得重要奖项，承担的重大科研项目，核心学术期刊论文发表情况等

D. 披露发行人保持技术不断创新的机制、技术储备及技术创新的安排

（三）判断题

1. 上市公司信息披露制度是我国对上市公司进行规范和管理的最主要制度之一。（　　）

2. 半强式有效市场是指证券价格不仅能够体现证券价格的历史信息，而且反映了所有与公司证券有关的公开有效信息。（　　）

3. 我国证券市场目前的信息披露制度与国际信息披露标准有很大差距。（　　）

4. 在法制健全的证券市场上，上市公司披露的信息是上市公司与投资者、市场监管者的主要交流渠道。（　　）

5.《股票发行与交易管理暂行条例》是我国第一部全国性的规范证券业务的行政法规。（　　）

6. 中国注册会计师协会拥有对上市公司的监督管理权。（　　）

7. 信息披露义务人公开的信息必须尽可能详尽、具体、准确，这是信息披露的准确性原则。（　　）

8. 上市公司股东大会作出解聘、更换会计师事务所决议的，上市公司应当在披露时说明更换的具体原因和会计师事务所的陈述意见。（　　）

9. 公司应当在每个会计年度结束之日起 6 个月内将年度报告刊登在中国证监会指定的网站上，将年度报告摘要刊登在至少一种中国证监会指定的报纸上。（　　）

10. 季度报告应当在每个会计年度第 3 个月、第 9 个月结束之后的 1 个月内编制完成并披露。（　　）

11. 新修订的《公开发行证券的公司信息披露内容与格式准则第 2 号——年度报告的内容与格式》，为协同做好“碳达峰、碳中和”、乡村振兴等工作，鼓励公司在定期报告中披露为减少其碳排放所采取的措施及效果，以及巩固拓展脱贫攻坚成果、乡村振兴等工作情况。（　　）

12. 中国注册会计师协会对上市公司信息披露的监管较为间接，其主要监管方式是考核和惩戒，通过对违规违纪会计师事务所和注册会计师的惩戒来约束注册会计师及其行为。（　　）

13. 招股说明书的有效期为 12 个月，自中国证监会下发核准通知前招股说明书最后一次签署之日起计算。（　　）

14. 公司报告期内合并财务报表范围亏损超过上年末净资产 20% 的，应当披露亏损情况、亏损原因以及对公司生产经营和偿债能力的影响。（　　）

15. 投资者及其一致行动人拥有权益的股份达到一个上市公司已发行股份的 5% 后，其拥有权益的股份占该上市公司已发行股份的比例每增加或者减少 1%，应当在该事实发生的次日通知该上市公司，并予公告。（　　）

（四）简述题

1. 科创板的招股说明书与现行的主板和创业板相比，在内容与结构上都进行了调整，主要体现在哪些方面？

2. 2019 年 12 月 28 日新修订的《证券法》对第四章“上市公司的收购”进行了完善，中国证监会本次对《收购办法》进行了配套调整，进一步完善对持股 5% 以上股东持股变动的监管要求，细化对持股变动信息的披露要求，明确对免除要约收购义务的监管安排，强化事中事后监管机制。本次修订的主要变化体现在哪些方面?

3. 公开发行公司债券的公司披露年度报告时有关发债情况的信息披露主要需要报告哪些事项?

4. 科创板公司自愿性信息披露的类型主要有哪些方面?

5. 科创板公司在自愿性信息披露时可以从哪两个方面进行审慎判断和决策?

（五）案例

正义从不会缺席。2019 年 6 月 24 日晚，中国证监会广东监管局对海印股份下发了《行政监管措施决定书》：海印股份《关于签署〈合作合同〉的公告》（公告编号：2019－54 号，以下简称 54 号公告）披露的相关信息存在虚假记载、误导性陈述或者重大遗漏，违反了《证券法》第六十三条、《上市公司信息披露管理办法》第二条等规定，责成公司切实整改，并对相关责任人进行内部问责。

海印股份引起轩然大波要追溯到 6 月 12 日，公司发布 54 号公告表示，拟与许启太及海南今珠农业发展有限公司（简称“今珠公司”）合作开展用于防治非洲猪瘟的今珠多糖注射液产业化运营的相关事项。该粗陋有误的公告引起了业界和市场的高度关注。《上海证券报》记者在第一时间通过采访专家和深度调查，很快发现海印股份宣称的“今珠多糖注射液”专利尚未在国家知识产权局登记在案，更未有官网公示相关信息或证明已取得批准。彼时，已有律师向《上海证券报》记者确认，海印的行为涉嫌虚假性陈述和误导性陈述。

经中国证监会广东证监局审慎调查认为，海印股份 6 月 12 日公告中披露的“许启太教授及其研究团队对非洲猪瘟的预防取得一定的研究成果，并拥有相关专利技术”与实际情况不符，海印股份此举属于违法违规行为。

然而，当海印股份的“谎言”逐渐被市场拆穿时，公司反而选择错上加错，妄想以“笔误”为由蒙混过关。6 月 17 日一早，股价连续大跌的海印股份在一份进展公告中承认“今珠多糖注射液”不是疫苗，声称这是一次笔误，且重申信息披露真实准确，不存在虚假陈述或误导性陈述。

事实上，权威部门第一时间已就此事发声。农业农村部直言海印股份所称“今珠多糖可有效防治非洲猪瘟”缺乏科学依据，且截至 6 月 13 日晚，该部尚未受理过任何针对非洲猪瘟病毒的预防治疗药物或疫苗，所谓“可以防治非洲猪瘟的今珠多糖注射液”，没有申请兽药注册。海印股份在此后的关注函回复中回应，此前公告中92%有效性的数据来源，事实上是参照西班牙兽医健康监测中心研究员何塞－安赫尔－巴拉索纳博士报告的利用野猪进行首个口服疫苗试验的新闻，并非许启太团队的研究。如今，监管部门明确认定，海印股份公告所述，今珠多糖注射液“可以实现对非洲猪瘟不低于92%有效率的预防”缺乏相关依据，不能保证其真实性和准确性。

同样缺乏依据的还有今珠公司未来业绩预测和生产基地建设等情况。海印股份曾在此前公告中大胆预测今珠公司“2019—2021年营业收入5亿元、50亿元、100亿元，净利润2亿元、10亿元、20亿元”，并夸下“启动年产10亿支今珠多糖注射液的GMP生产基地的建设”的海口。

监管部门认为，海印股份在公告披露前未对上述情况开展充分有效的可行性论证和尽职调查，未对相关事项的合理性和可实现性等进行研究分析，不能保证相关信息披露的准确性。

在监管层这份长达五页的《决定书》中，海印股份的违法违规行为远不止上述几项。如海印股份对今珠公司股权结构的披露前后矛盾。海印股份6月12日披露，今珠公司股东为自然人许可和陈玉鸾，各持有该公司50%股权，许可为今珠公司实际控制人，而海印股份2019年6月22日回复深交所关注函中披露，今珠公司股权为许启太及研发团队所实际持有；今珠公司股东已变更为许可和郦福妹，均为代持人，公司前后的公告内容存在矛盾。再如海印股份支付履约保证金情况。海印股份于2019年6月11日签署了《合作合同》，而海印股份于2019年6月6日向今珠公司支付了2 000万元履约保证金，即支付履约保证金的时间早于《合作合同》签订。公告此前称“在合同签订后，公司拟根据合同约定为许启太教授及其研究团队提供10 000万元人民币作为履约保证金”，与实际情况不符。

监管层在《决定书》中明确表示，海印股份的上述行为既违反了《中华人民共和国证券法》第六十三条关于发行人、上市公司依法披露的信息，必须真实、准确、完整，不得有虚假记载、误导性陈述或者重大遗漏的规定，又违反了《上市公司信息披露管理办法》第二条明确指出的信息披露义务人应当真实、准确、完整、及时地披露信息，不得有虚假记载、误导性陈述或者重大遗漏的规定。

根据《上市公司信息披露管理办法》第五十九条的规定，中国证监会广东监管局最终决定对海印股份采取出具警示函的行政监管措施，并要求公司高度重视上述问题，采取有效措施切实整改，并对相关责任人进行内部问责，于收到本决定书之日起30日内向其报送整改报告、内部问责情况，并抄报深圳证券交易所。

记者了解到，海印股份除受到行政处罚外，8 月 20 日深交所亦对其下发纪律处分。在纪律处分中，深交所明确指出公司在产品、产量估值、合同条款等方面存在 6 处违规事实，认定海印股份违规事实清楚、情节严重，给予公开谴责。而其 7 名董事未能恪尽职守、履行诚信勤勉义务，分别给予公开谴责和通报批评的处分。上述处分将记入上市公司诚信档案对社会公开。

值得玩味的是，海印股份宣称研发成功非洲猪瘟疫苗的第二天，其股票开盘即封涨停。但随着监管部门的介入直至行政处罚靴子落地，股价随即大跌。6 月 12 日海印股份开盘报 3.13 元，截至 8 月 30 日，股价收于 2.67 元/股，总市值蒸发了约 10 亿元。

资深律师虞伍在接受《华夏时报》记者采访时表示，海印股份本次信息披露违法行为，除直接体现在经济方面外，后续对公司进一步发展或将产生影响。根据中国证监会相关规定，被公开谴责的上市公司在一年内不得进行资产重组；被公开谴责的人士 3 年内不得担任上市公司董秘；大股东、董监高被公开谴责后的 3 个月内不得减持股份等。

请仔细阅读以上海印股份信息披露违规案中的信息，并结合本章内容，讨论以下问题：

1. “海印股份”在信息披露中存在哪些问题？

2. 如何加强对信息披露的监管？

3. 在此案例中，上市公司、相关信息中介机构以及相关责任人员应该负什么法律责任？

第十三章

中期报告与分部报告

一、学习重点与难点

（一）中期财务报告在编制时应遵循的原则

1. 与年度财务报告会计政策相一致的原则

企业在编制中期财务报告时，应当将中期视同为一个独立的会计期间，所采用的会计政策应当与年度财务报表所采用的会计政策相一致，包括会计要素确认和计量原则相一致。企业在编制中期财务报告时不得随意变更会计政策。

2. 重要性原则

重要性原则是指企业对于某项重要的会计信息，必须在中期财务报告中予以报告，否则就会影响或误导投资者等会计信息使用者对这段时间企业财务状况、经营成果和现金流量情况的正确判断。企业在遵循重要性原则时应注意以下几点：

（1）重要性程度的判断应当以中期财务数据为基础，而不得以预计的年度财务数据为基础。这里所指的“中期财务数据”，既包括本中期的财务数据，也包括年初至本中期末的财务数据。这主要是考虑有些对于预计的年度财务数据显得不重要的信息对于中期财务数据而言可能是重要的。

（2）重要性原则的运用应当保证中期财务报告包括与理解企业中期末财务状况和中期经营成果及其现金流量相关的信息。企业在运用重要性原则时，应当避免在中期财务报告中由于不确认、不披露或者忽略某些信息而对信息使用者的决策产生误导。

（3）重要性程度的判断需要根据具体情况做具体分析和职业判断。通常，在判断某一项目的重要性程度时，应当将项目的金额和性质结合在一起予以考虑，而且在判断项目金额的重要性时，应当以资产、负债、净资产、营业收入、净利润等直接相关项目数字作为比较基础，并综合考虑其他相关因素。在一些特殊情况下，单独依据项目的金额或者性质就可以判断其重要性。

3. 及时性原则

中期财务报告所涵盖的会计期间短于一个会计年度，其编报的时间通常也短于年度财务报告，所以，中期财务报告应当能够提供比年度财务报告更加及时的信息。为了体现企业编制中期财务报告的及时性原则，中期财务报告计量相对于年度财务数据的计量而言，在很大程度上依赖于估计。需要强调的是，中期财务报告编制的重要性和及时性原则，是企业编制中期财务报告时需要特殊考虑的两个原则。同时，对于其他会计原则，比如可比性原则、谨慎性原则、实质重于形式原则等，企业在编制中期财务报告时也应当像编制年度财务报告一样予以遵循。

（二）比较财务报表的编制要求

为了提高财务报告信息的可比性和有用性，企业在中期财务报告中除了需要编制中期末资产负债表、中期利润表和中期末现金流量表之外，还应当提供前期比较财务报表，具体主要包括以下报表：

1. 本中期末的资产负债表和上年度末的资产负债表。

2. 本中期的利润表、年初至本中期末的利润表以及上年度可比期间的利润表（上年度可比期间的利润表包括上年度可比中期的利润表和上年度年初至可比本中期末的利润表）。

3. 年初至本中期末的现金流量表和上年度年初至可比本中期末的现金流量表。

企业在中期财务报告中提供比较财务报表时，应当注意以下几个方面：

（1）企业在中期内如果由于新的会计准则或有关法规的要求，对财务报表项目的列报或分类进行了调整或者修订的，那么上年度的比较财务报表项目有关金额应当按照本年度中期财务报表的要求重新分类，并在附注中说明重新分类的原因及其内容；因原始数据采集、整理或记录等原因无法重新分类的，应当在附注中说明原因。

（2）企业在中期内如果发生了会计政策变更或者前期差错更正事项，则应当追溯调整相关比较财务报表期间的净损益和其他有关项目，视同该项会计政策在比较财务报表期间一贯采用或者该前期差错在产生的当期得到了更正。对于比较财务报表可比期间以前的会计政策变更的累积影响数或者前期差错能够合理确定的，应当按规定调整比较财务报表最早期间的期初留存收益和其他相关项目，同时还应在财务报表附注中说明会计政策变更的性质、内容、原因及其影响数，若无法追溯调整的，也应当说明原因。

（3）对于在本年度中期内发生的调整以前年度损益事项，企业应当调整本年度财务报表相关项目的年初数，同时，比较财务报表中的相关项目及金额也应作相应调整。

（三）中期财务报告附注的披露原则

中期财务报告附注是对中期资产负债表、利润表、现金流量表等报表中项目的文字描述或明细阐述以及对未能在这些报表中列示项目的说明等，其目的是增强中期财务报告信息的决策有用性。中期财务报告附注的披露应该坚持以下原则：

1. 以会计年度年初至本中期末为基础的披露原则

编制中期财务报告的主要目的是为了向报告使用者提供自上年度资产负债表日后所发生的重要交易或者事项。因此，中期财务报告附注的编制应当以“年初至本中期末”为基础，而不应当只披露本中期所发生的重要事项或者交易。

2. 披露重要交易或者事项的原则

企业在以“年初至本中期末”为基础编制中期财务报告附注的同时，对于理解本中期财务状况、经营成果和现金流量有关的重要事项或者交易，也应当在中期财务报告附注中予以披露。即企业除了披露自上年度资产负债表日以后发生的，对于理解年初至本中期末会计信息的重要交易或事项外，对于有助于理解本中期财务状况、经营成果和现金流量而言重要的交易或者事项，也应在附注中予以披露。

企业在披露中期财务报告附注信息时，还应注意：在同一会计年度内，如果以前中期财务报告中所披露的会计估计在最后一个中期发生了重大变更，而企业又不单独披露该最后中期的财务报告，则企业应当在其年度财务报告的附注中披露该项会计估计变更的内容、理由及其影响金额。

（四）报告分部的确定标准与方法

企业应当以经营分部为基础确定报告分部，经营分部的大部分收入应是对外交易收入。在此基础上，根据满足报告分部10%重要性标准之一进行判断。

报告分部的确定应当以经营分部为基础，而经营分部的划分通常是以不同的风险和报酬为基础，而不论其是否重要。存在多种产品经营或者跨多个地区经营的企业可能会拥有大量、规模较小、不是很重要的经营分部，而单独披露数量如此之多的但规模较小的经营分部信息不仅会给财务报表使用者带来困惑，给财务报表编制者也带来不必要的披露成本。因此，报告分部的确定应当考虑重要性原则，通常情况下，符合重要性标准的经营分部才能确定为报告分部。

1. 报告分部 10% 重要性标准的判断

（1）该经营分部的分部收入占所有分部收入合计的 10% 或者以上。

分部收入，是指可归属于分部的对外交易收入和对其他分部交易收入。经营分部主要由可归属于经营分部的对外交易收入构成，通常为营业收入，可归属经营分部的收入来源于两个渠道：一是可以直接归属经营分部的收入，即直接由经营分部的业务交易而产生；二是可以间接归属于经营分部的收入，即将企业交易产生的收入在相关经营分部之间进行分配，按属于某经营分部的收入金额确认为分部收入。

（2）该分部的分部利润（亏损）的绝对额，占所有盈利分部利润合计额或者所有亏损分部亏损合计额的绝对额两者中较大者的 10% 或者以上。

分部利润（亏损），是指分部收入减去分部费用后的余额。不属于分部收入和分部费用的项目，在计算分部利润（亏损）时不得作为考虑的因素。

分部费用，是指可归属于经营分部的对外交易费用和对其他分部交易费用。分部费用主要由可归属经营分部的对外交易费用构成，通常包括营业成本、税金及附加、销售费用等。与分部收入的确认相同，归属于经营分部的费用也来源于两个渠道：一是可以直接归属于经营分部的费用，即直接由经营分部的业务交易而发生；二是可以间接归属经营分部的费用，即将企业交易发生的费用在相关分部之间进行分配，按属于某经营分部的费用金额确认为分部费用。

（3）该分部的分部资产占所有分部资产合计额的 10% 或者以上。

分部资产，是指分部经营活动使用的可以归属于该经营分部的资产，不包括递延所得税资产。如果与两个或多个经营分部共用资产相关的收入和费用也分配给这些经营分部，该共用资产应分配给这些经营分部。共用资产的折旧费或摊销费在计量分部经营成果是被扣减的，该资产应包括在分部资产中。企业在计量分部资产时，应当按照分部资产的账面价值进行计量，即按扣除相关累计折旧或摊销额以及累计减值准备后的金额计量。

由两个或两个以上经营分部共同享有的资产，其归属权取决于该资产相关收入和费用的分配，与共享资产相关的收入和费用归属哪个经营分部，共享资产就应该分配给哪个经营分部。共享资产的折旧费或摊销费应该在其所归属的分部经营成果中扣减。

2. 低于 10% 重要性标准的选择

经营分部未满足上述10%重要性标准的，可以按照下列规定确定报告分部：

（1）企业管理层如果认为披露该经营分部信息对会计信息使用者有用，那么可以将其确定为报告分部。在这种情况下，无论该经营分部是否满足10%的重要性标准，企业都可以直接将其制定为报告分部。

（2）将该经营分部与一个或一个以上具有相似经济特征、满足经营分部合并条件的其他经营分部合并，作为一个报告分部。对经营分部10%的重要性测试可能会导致企业拥有大量未满足10%数量临界线的经营分部，在这种情况下，如果企业没有直接将这些经营分部指定为报告分部，可以将一个或一个以上具有相似经济特征、满足经营分部合并条件的一个以上的经营分部合并成一个报告分部。

（3）不将该经营分部直接指定为报告分部，也不将该经营分部与其他未作为报告分部的经营分部合并为一个报告分部的，企业在披露分部信息时，应当将该经营分部的信息与其他组成部分的信息合并，作为"其他项目"单独披露。

3. 报告分部75%的收入约束条件

企业的经营分部达到规定的10%重要性标准确认为报告分部后，确定为报告分部的经营分部的对外交易收入合计额占合并总收入或企业总收入的比重应当达到75%的比例。如果未达到75%的标准，企业必须增加报告分部的数量，将其他未作为报告分部的经营分部纳入报告分部的范围，直到该比重达到75%。此时，其他未作为报告分部的经营分部很可能未满足前述规定的10%的重要性标准，但为了使报告分部的对外交易收入合计额占合并总收入或企业总收入的总体比重能够达到75%的比例要求，也应当将其确定为报告分部。

4. 报告分部的数量标准

根据前述确定报告分部原则，企业确定的报告分部数量可能超过10个，此时，过多的分部信息不利于会计信息使用者理解和使用。因此，报告分部的数量通常不应当超过10个。如果报告分部的数量超过10个，企业应当考虑将具有相似经济特征、满足经营分部合并条件的报告分部进行合并，以使合并后的报告分部数量不超过10个。

5. 分部报告中的可比性原则

企业在确定报告分部时，除应当遵循相应的确定标准以外，还应当考虑不同会计期间分部信息的可比性和一致性。对于某一经营分部，在上期可能满足报告分部的确定条件从而确定为报告分部，但本期可能并不满足报告分部的确定条件。此时，如果企业认为该分部仍然重要，单独披露该分部的信息能够更有助于报表使用者了解企业的整体情况，则不需考虑经营分部确定为报告分部的条件，仍应当将该经营分部确定为本期的报告分部。

（五）在财务报表附注中披露的分部信息

企业应当在财务报表附注中充分披露分部信息，其披露的分部信息应当有助于会计信息使用者评价企业所从事经营活动的性质和财务影响以及经营所处的经济环境。企业应当以对外提供的财务报表为基础披露分部信息；对外提供合并财务报表的企业，应当以合并财务报表为基础披露分部信息。主要包括以下方面：

1. 描述性信息

（1）确定报告分部考虑的因素。确定报告分部考虑的因素，通常包括企业管理层是否按照产品或服务、地理区域、监管环境差异或综合各种因素进行组织管理。

（2）报告分部的产品和劳务的类型。

2. 每一报告分部的利润（亏损）总额、资产总额、负债总额信息

每一报告分部的利润（亏损）总额信息，包括利润（亏损）总额组成项目的信息。

企业管理层在计量报告分部利润（亏损）时运用了下列数据，或者未运用下列数据但定期提供给企业管理层的，应当在附注中披露每一报告分部的下列信息：

① 对外交易收入和分部间交易收入。

② 利息收入和利息费用。但是，报告分部的日常活动是金融性质的除外。报告分部的日常活动是金融性质的，可以仅披露利息收入减去利息费用后的净额，同时披露这一处理方法。

③ 折旧费用和摊销费用以及其他重大的非现金项目。

④ 采用权益法核算的长期股权投资确认的投资收益。

⑤ 所得税费用。

⑥ 其他重大的收益或费用项目。

3. 每一报告分部的资产总额、负债总额信息

每一报告分部的资产总额、负债总额信息包括资产总额组成项目的信息。

企业管理层在计量报告分部资产时运用了下列数据，或者未运用下列数据但定期提供给企业管理层的，应当在附注中披露每一报告分部的下列信息：

① 采用权益法核算的长期股权投资金额。

② 非流动资产（不包括金融资产、独立账户资产、递延所得税资产）金额。

对于两个或多个经营分部共同承担的负债，其分配取决于共同负债相关费用的分配，与共同负债相关的费用分配给哪个经营分部，则该共同负债也应当分配给哪个经营分部。

4. 分部会计政策及其变更的披露

（1）分部会计政策及其变更。分部会计政策，是指编制合并财务报表或企业财务报表时采用的会计政策以及与分部报告特别相关的会计政策。由于分部信息是企业整体会计信息的一个分解，企业提供分部信息所采用的会计政策，应当与编制企业集团合并财务报表或企业财务报表时所采用的会计政策一致。同时，由于分部信息不同于企业整体会计信息，某些分部信息对于外部会计信息使用者来说是有用的和相关的，因此，企业提供分部信息时除采用以编制企业集团合并财务报表或企业财务报表时相一致的会计政策以外，还会采用一些与分部特别相关的会计政策。与分部报告特别相关的会计政策包括分部的基础等。

企业应当在附注中披露计量每一报告分部利润（亏损）的下列会计政策：①分部间转移价格的确定基础；②相关收入和费用分配给报告分部的基础；③确定报告分部例如（亏损）使用的计量方法发生变化的性质，以及这些变化产生的影响。

企业应当在附注中披露计量每一报告分部资产、负债的下列会计政策：①分部间转移价格的确定基础；②相关资产或负债分配给报告分部的基础。

当企业改变了其分部信息采用的会计政策，并且这种变更对分部信息产生了实质性影响时，企业应当披露这一变更情况以及这些变更产生的影响，具体按照《企业会计准则 28 号——会计政策、会计估计变更和差错更正》的规定披露，并按规定提供相关比较数据。如果提供比较数据不切实可行，应当说明原因。若企业因管理战略改变对经营业务范围作出变更或对经营地区作出调整，使企业原已确定的报告分部所面临的风险和报酬产生较大差异，从而使企业必须改变原对分部所作的分类。在这种情况下，企业就应当对此项分部会计政策变更予以披露。此外，企业改变分部的分类且提供比较数据不切实可行的，应当在改变分部分类的年度，分别披露改变前和改变后的报告分部信息。

（2）分部间转移价格的确定及其变更。企业在计量分部之间发生的交易收入时，需要确定分部间转移交易价格。一般情况下，分部之间的交易定价不同于市场公允交易价格，为准确计量分部间转移交易，企业在确定分部间转移交易收入时，应当以实际交易价格为基础计量。转移价格的确定基础应当在附注中予以披露。同时，因企业不同期间生产的产品的成本等不同，可能会导致不同期间分部间转移价格的确定产生差异，对于转移交易价格的变更情况，也应当在附注中进行披露。

（六）报告分部信息与企业总额信息的衔接

企业披露的分部信息，应当与合并财务报表或企业财务报表中的总额信息相衔接。具体内容如下：

1. 报告分部收入总额应当与企业收入总额相衔接

报告分部收入包括可归属于报告分部的对外交易收入和对其他分部交易收入。报告分部收入总额在与企业收入总额进行衔接时，需要将报告分部之间的内部交易进行抵销。各个报告分部的收入总额，加上未包含在任何报告分部中的对外交易收入金额之和，扣除报告分部之间交易形成的收入总额，应当与企业收入总额一致。

2. 报告分部利润（亏损）总额应当与企业利润（亏损）总额相衔接

报告分部利润（亏损）是报告分部收入总额，扣除报告分部费用总额之后的差额。报告分部利润（亏损）总额与企业利润（亏损）总额进行衔接时，需要将报告分部之间的内部交易产生的利润（亏损）进行抵销。各个报告分部的利润（亏损）总额，加上未包含在任何报告分部中的利润（亏损）金额之和，扣除报告分部之间交易形成的利润（亏损）金额之和，应当与企业利润（亏损）总额一致。

3. 分部资产总额应当与企业资产总额相衔接

企业资产总额由归属于报告分部的资产总额和未分配给各个报告分部的资产总额组成。报告分部资产总额加上未分配给各个报告分部的资产总额合计，与企业资产总额相一致。

4. 报告分部负债总额应当与企业负债总额相衔接

企业负债总额由归属于报告分部的负债总额和未分配给各个报告分部的负债总额组成。分部负债总额加上未分配给各个报告分部的负债总额的合计额，与企业负债总额相一致。

二、思维导图

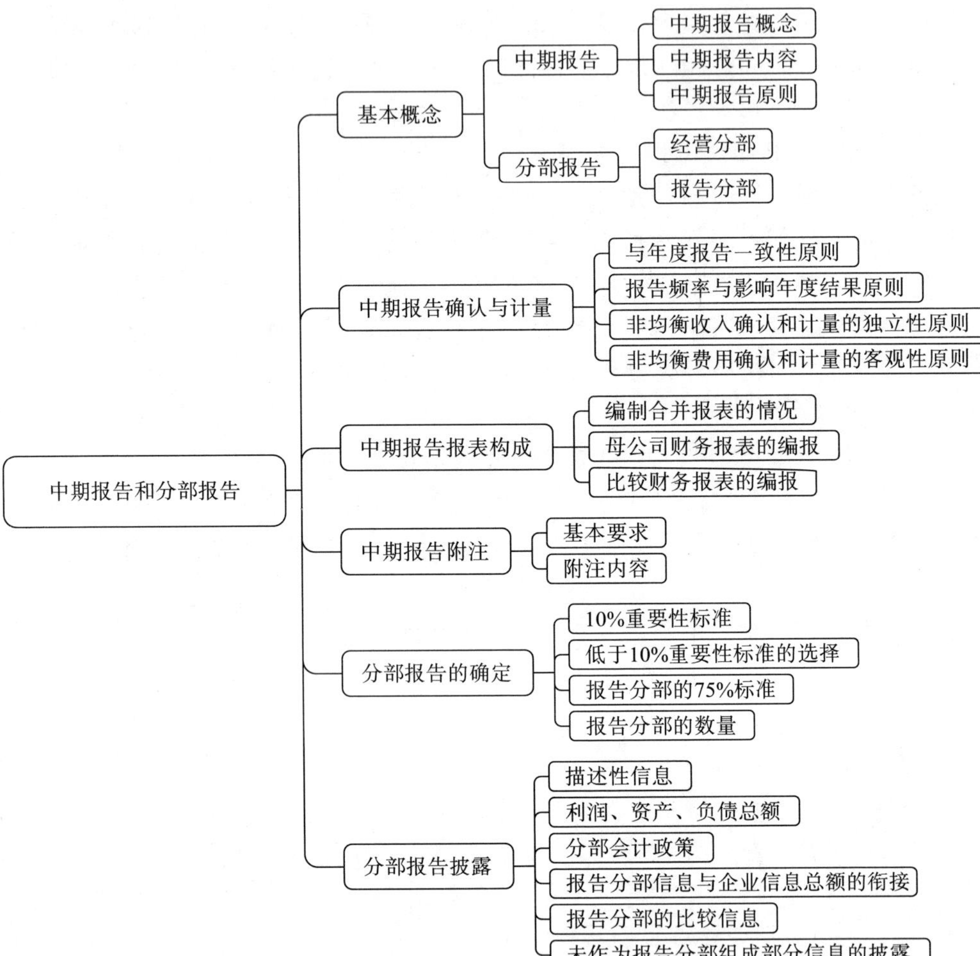
中期报告和分部报告
基本概念
中期报告
中期报告概念
中期报告内容
中期报告原则
分部报告
经营分部
报告分部
中期报告确认与计量
与年度报告一致性原则
报告频率与影响年度结果原则
非均衡收入确认和计量的独立性原则
非均衡费用确认和计量的客观性原则
中期报告报表构成
编制合并报表的情况
母公司财务报表的编报
比较财务报表的编报
中期报告附注
基本要求
附注内容
分部报告的确定
10%重要性标准
低于10%重要性标准的选择
报告分部的75%标准
报告分部的数量
分部报告披露
描述性信息
利润、资产、负债总额
分部会计政策
报告分部信息与企业信息总额的衔接
报告分部的比较信息
未作为报告分部组成部分信息的披露

三、练习题

（一）单项选择题

1. 有关中期财务报告的表述中，符合会计准则的是（ ）。

A. 中期会计报表的附注应当以本中期期间为基础编制

B. 中期会计计量应当以年初至本中期末为基础进行

C. 编制中期会计报表时应当以年度数据为基础进行重要性的判断

D. 对于年度不均匀发生的费用，在中期会计报表中应当采用预提或返销的方法处理

2. 中期财务报告中应披露的会计政策变更的影响数，不包括（ ）。

A. 对以前年度的累积影响数

B. 对变更中期至本期末的估计影响数

C. 对当年度会计政策变更前各中期损益的影响数

D. 对变更中期、年初至变更中期末损益的影响数

3. 对于会计年度中不均匀发生的费用，下列方法错误的是（ ）。

A. 在会计年度末可以预提或待摊　　B. 在中期财务报表中预提或待摊

C. 在费用发生时予以确认　　D. 费用发生时予以计量

4. 上市公司 2019 年第三季度现金流量表反映的现金流量是（ ）。

A. 7—9 月的现金流量　　B. 1—6 月的现金流量

C. 1—9 月的现金流量　　D. 上年 1—9 月的现金流量

5. 丁公司为一家需要编制季度财务报告的企业，但无须单独披露第四季度财务报告，假设企业在第四季度对固定资产折旧年限的估计做了重大变更，则应当在其（ ）中披露变更的内容、理由及其影响金额。

A. 年度会计报表附注　　B. 年度财务情况说明书

C. 第三季度会计报表附注　　D. 中期会计报表附注

6. 下列事项中，中期会计报表附注中可以不包括的内容是（ ）。

A. 存在共同控制关系的关联企业发生变化的情况

B. 向所有者分配的每股股利

C. 存在重大影响关系的长期股权投资的购买

D. 债务性证券的发行情况

7. 对报告分部进行测试时，要求全部报告分部对外披露的营业收入达到合

并总收入的（　　）以上。

A. 10%　　B. 70%

C. 90%　　D. 75%

8. 分部报告准则规定，在分部报告中，报告分部的数量不应超过（　　）。

A. 10　　B. 7

C. 15　　D. 12

9. 下列收入中，应作为分部收入的是（　　）。

A. 对外营业收入

B. 从企业外部取得的利息收入

C. 非金融机构对其他分部预付款或贷款所发生的利息收入

D. 分部内部发生的应收款项取得的利息收入

10. 以下有关分部报告的描述中，不正确的是（　　）。

A. 分部报告通常是作为财务报告的组成部分予以披露的

B. 在企业财务报告仅披露个别报表的情况下，其分部报告的披露以个别财务报表为基础列报

C. 在企业财务报告披露合并财务报表的情况下，其分部报告的披露仍以个别财务报表为基础列报

D. 分部报告应当以经营分部为基础确定

11. 我国上市公司最早的中期报告出现于（　　）年。

A. 1990　　B. 1991

C. 1993　　D. 1993

12. 适用范围更广的中期报告的会计规范来自（　　）。

A. 财政部　　B. 上海证券交易所

C. 中国证监会　　D. 深圳证券交易所

13. 中期财务报告编制的理论观点不包括（　　）。

A. 独立观　　B. 一体观

C. 合并观　　D. 效益观

14. 我国分部报告的强制性披露，最早开始于（　　）年。

A. 1984　　B. 1994

C. 1998　　D. 2006

15. 分部报告费用项目不包括（　　）。

A. 营业成本　　B. 税金及附加

C. 利息费用　　D. 销售费用

（二）多项选择题

1. 下列关于上市公司中期报告的表述中，正确的有（　　）。

A. 对中期报表项目进行重要性判断应以预计的年度数据为基础

B. 中期报表中各会计要素的确认与计量标准应当与年度报表相一致

C. 中期会计计量应以本中期末为基础

D. 中期报表仅是年度报表项目的节选，不是完整的报表

2. 对企业会计政策、会计估计变更和会计差错，企业中期财务报表附注应当包括的信息有（　　）。

A. 中期财务报表所采用的会计政策与上年度财务报表相一致的说明

B. 会计估计变更的内容、理由及其影响数

C. 会计估计变更的累积影响数

D. 如果发生了会计政策的变更，应当说明会计政策变更的内容、理由及影响数；如果会计政策变更的累积影响数不能合理确定，应当说明理由

3. 下列有关中期财务报表的表述中，符合现行会计制度规定的有（　　）。

A. 中期会计报表项目重要性程度的判断应当以预计的年度财务数据为基础

B. 中期会计报表应当采用与年度会计报表相一致的会计政策

C. 对于会计年度内不均匀取得的收入，在中期会计报表中能采用预计方法处理

D. 中期会计报表附注应当以会计年度年初至本中期末为基础编制

4. 中期财务报告至少应当包括（　　）。

A. 利润表　　B. 会计报表附注

C. 资产负债表　　D. 现金流量表

5. 中期财务报告附注中应当包括的内容有（　　）。

A. 向企业所有者分配利润的情况，包括在中期内实施的利润分配和已提出或者已批准但尚未实施的利润分配情况

B. 存在控制关系的关联方发生变化的情况；关联方之间发生交易的，应当披露关联方关系的性质、交易的类型和交易要素

C. 合并范围发生变化的情况

D. 中期财务报表所采用的会计政策与上年度财务报表相一致的说明

6. 中期财务报告中应披露的会计政策变更的影响数包括（　　）。

A. 对当年度会计政策变更前各中期损益的影响数

B. 对以前年度的累积影响数

C. 对变更中期至本期末的估计影响数

D. 对变更中期、年初至变更中期末损益的影响数

7. 下列各项中，属于分部费用的有（　　）。

A. 利息费用　　B. 营业成本

C. 税金及附加　　D. 营业外支出

8. 下列有关分部报告的表述中，符合现行会计准则规定的有（　　）。

A. 分部报告应当披露每个报告分部的净利润

B. 分部收入应当分别就对外交易收入和对其他分部收入予以披露

C. 在分部报告中应将递延所得税资产作为分部资产单独予以披露

D. 应根据“管理法”确定分部报告形式

9. 分部报告中的可比原则是指，企业在确定报告分部时，除应遵循相应的确定标准及约束条件外，还应当考虑不同会计期间分部信息的（　　）。

A. 相关性　　B. 可比性

C. 及时性　　D. 一致性

10. 关于报告分部的确定，下列说法正确的有（　　）。

A. 企业应以经营分部确定报告分部

B. 企业应以业务分部或地区分部确定报告分部

C. 分部收入占所有分部收入合计的10%或者以上的经营分部，应将其确定为报告分部

D. 分部利润（亏损）的绝对额占所有盈利分部利润合计额或者所有亏损分部亏损合计额的绝对额两者中较大者的10%或者以上的经营分部，应将其确定为报告分部

11. 可能属于中期报告的会计期末有（　　）。

A. 1月1日　　B. 2月1日

C. 3月1日　　D. 4月1日

12. 编制中期财务报告的意义包括（　　）。

A. 提高会计信息质量　　B. 完善上市公司信息披露制度

C. 规范企业行为　　D. 降低编报成本

13. 各国中期财务报告差异原因在于（　　）。

A. 经济原因　　B. 法律原因

C. 文化原因　　D. 语言原因

14. 与分部报告有关的概念有（　　）。

A. 报告分部　　B. 经营分部

C. 区域分部　　D. 产品分部

15. 影响经营分部确定的因素有（　　）。

A. 产品性质　　B. 生产过程
C. 客户类型　　D. 销售方式

（三）判断题

1. 中期会计报表的中期并不是指半年度的期间。（　）
2. 中期财务报告中对不均匀发生的费用，可以按照收益期进行预提或摊销。（　）
3. 如果企业因原始数据收集、整理或者记录等方面的原因，无法对比较财务报表中的有关项目进行重分类，应当在附注中说明不能进行重新分类的原因。（　）
4. 中期会计报表附注并不要求企业像年度财务报告那样提供完整的附注信息，它相对于年度会计报表附注而言可以适当简化，但应当遵循重要性原则。（　）
5. 企业仅在全部满足下列条件时，才能在中期进行会计政策变更：法律、行政法规和国家统一的会计制度等要求；会计政策变更能提供更可靠、更相关的会计信息。（　）
6. 上年度财务报告除了包括合并财务报表，还包括母公司财务报表，中期财务报告可以不包括母公司财务报表。（　）
7. 分部资产的披露按照分部资产的账面价值来确定，即应当扣除相关累计折旧或摊销额以及减值准备后的金额确定。（　）
8. 若某一分部在生产经营上有特定风险，则不能与其他分部合并。（　）
9. 采用权益法核算的长期股权投资在被投资单位实现的净利润中应享有的份额属于分部收入。（　）
10. 分部费用包括与企业整体相关的管理费用和其他费用。（　）
11. 中期报告是指年度中间期间为期末的会计报告。（　）
12. 我国对中期报告的要求，最早源自上海证券交易所。（　）
13. 中期财务报告是对及时性会计信息质量要求的落实。（　）
14. 分部报告基于地区分部而编制。（　）
15. 我国对企业分部报告的要求，最初源自中国证监会对分行业资料的要求。（　）

（四）计算与账务处理题

1. 假设甲公司是一家上市母公司，按照企业会计准则的要求每年末编制母公司单独财务报表和集团财务报表，并于每年 6 月 30 日提供中期财务报告，且自愿提供中期所有者权益变动表。

要求：2021 年 6 月 30 日甲公司应该编制的比较中期财务报表有哪些？

2. 乙公司为一家水产养殖企业，该公司水产养殖产品销售主要集中在每年第三季度。2021 年，乙公司前三季度累计实现净利润 500 万元，其中前两季度共亏损 2 000 万元，第三季度盈利 2 500 万元。在第三季度末，乙公司尚有存货 180 万元，由于已经错过了销售旺季，故计提了存货跌价损失 120 万元。

要求：试问乙公司是否应当在 2021 年三季度财务报告中披露该项存货跌价准备？为什么？

3. 甲上市公司在 2021 年 6 月底编制中期财务报告，2021 年 6 月该公司的存货计价方法由先进先出法改为加权平均法。

要求：说明该会计政策变更对该公司中期财务报告中的财务报表及比较财务报表的影响以及该会计政策变更应如何在财务报表附注中进行披露。

4. 甲汽车公司有三个经营分部，各经营分部在 2021 年的资料如表 13 - 1 所示。

表 13 - 1　　各经营分部有关资料　　单位：万元

项　　目	轿车	货车	零配件
销售收入——对外收入	20 000	400	1 200
销售收入——其他部分收入	500	100	800
营业利润	6 000	- 200	100
可辨认资产	15 200	2 000	800

其他资料如下：

利润总额	5 900
减：总公司费用	100
利息费用	150
少数股东损益	50
所得税费用	1 200
净利润	4 400

要求：请按资产、收入、利润的 10% 标准，列式计算并判断哪些分部是报告分部。

5. 甲上市公司为一控股公司，其分部单位及相关数据见表 13 - 2。

表 13－2　甲公司各分部资料　单位：万元

项　目	A 分部	B 分部	C 分部	D 分部	E 分部	合计金额
营业收入	315 000	75 000	375 000	30 000	15 000	472 500
对外交易收入	300 000	70 000	30 000	22 500	15 000	437 500
分部间交易收入	15 000	5 000	7 500	7 500	—	35 000
营业利润	37 500	9 000	4 500	2 250	1 200	54 450
资产总额	375 000	180 000	120 000	45 000	60 000	780 000

要求：根据该公司有关分部的资料，确定该公司的报告分部。

（五）案例

新疆西部牧业股份有限公司 2021 年半年度报告（摘编）

第一节　重要提示、目录和释义

公司董事会、监事会及其董事、监事、高级管理人员保证半年度报告内容的真实、准确、完整，不存在虚假记载、误导性陈述或重大遗漏，并承担个别和连带的法律责任。

公司负责人李昌胜、主管会计工作负责人周桂红及会计机构负责人（会计主管人员）张孝义声明：保证本半年度报告中财务报告的真实、准确、完整。

所有董事均已出席了审议本报告的董事会会议。

公司计划不派发现金红利，不送红股，不以公积金转增股本。

本报告中如有涉及未来的计划、业绩预测等方面的内容，均不构成本公司对任何投资者及相关人士的承诺，投资者及相关人士均应对此保持足够的风险认识，并且应当理解计划、预测与承诺之间的差异。

第二节　公司简介和主要财务指标

四、主要会计数据和财务指标（见表 13－3）

公司是否因会计政策变更及会计差错更正等追溯调整或重述以前年度会计数据。

□是 √否

表 13－3　主要会计数据和财务指标

	本报告期	上年同期	本报告期比上年同期增减
营业收入（元）	523 130 816. 25	352 033 181. 99	48. 60%
归属于上市公司股东的净利润（元）	12 805 888. 51	2 060 916. 36	521. 37%
归属于上市公司股东的扣除非经常性损益的净利润（元）	13 791 880. 52	2 164 144. 79	537. 29%

续表

	本报告期	上年同期	本报告期比上年同期增减
经营活动产生的现金流量净额（元）	13 698 045.60	-23 219 459.40	158.99%
基本每股收益（元/股）	0.0606	0.0098	518.37%
稀释每股收益（元/股）	0.0606	0.0098	518.37%
加权平均净资产收益率（%）	2.19	0.36	1.83
	本报告期末	上年度末	本报告期末比上年度末增减
总资产（元）	1 156 034 221.77	1 071 526 903.21	7.89%
归属于上市公司股东的净资产（元）	590 940 985.72	578 135 097.21	2.22%

六、非经常性损益项目及金额（见表 13－4）

√适用 □不适用

表 13－4　非经常性损益项目及金额　　单位：元

项　　目	金　　额
非流动资产处置损益（包括已计提资产减值准备的冲销部分）	42 271.01
除上述各项之外的其他营业外收入和支出	-1 000 946.01
减：所得税影响额	8 362.35
少数股东权益影响额（税后）	18 954.66
合计	-985 992.01

对公司根据《公开发行证券的公司信息披露解释性公告第 1 号——非经常性损益》定义界定的非经常性损益项目以及把《公开发行证券的公司信息披露揭示性公告第 1 号——非经常性损益》中列举的非经常性损益项目界定为经常性损益的项目，应说明原因。

□适用 √ 不适用

公司报告期不存在将根据《公开发行证券的公司信息披露解释性公告第 1 号——非经常性损益》定义、列举的非经常性损益项目界定为经常性损益的项目的情形。

公司报告期不存在非经常性损益项目。

第六节　重要事项

四、聘任、解聘会计师事务所情况

半年度财务报告是否已经审计。

□　是　√否

公司半年度报告未经审计。

八、诉讼事项（见表 13 - 5）

√适用 □ 不适用

表 13 - 5　　重大诉讼事项

诉讼（仲裁）基本情况	涉案金额（万元）	是否形成预计负债	诉讼（仲裁）进展	诉讼（仲裁）审理结果及影响	诉讼（仲裁）判决执行情况
公司全资子公司天山云牧乳业与湖南西牧生物科技有限公司发生著作权纠纷	301.85	否	重审开庭未判决	经法院一审判决天山云牧乳业胜诉，目前二审法院经审理裁定一审法院重新审理本案，我公司将积极应对本案重审，保护公司合法权益	重审开庭未判决
公司全资子公司天源食品科技与初新平买卖合同纠纷	251.86	否	已判决	经法院一审判决天源食品科技承担货款，因天源食品科技对付款金额有争议向法院提请再审，再审裁定一审法院重新审理本案	案件经重审开庭审理，已下达判决，判决天源食品科技在判决生效起十日内支付货款、利息、案件受理费、审计费用共计 152 万元，公司正在与初新平沟通还款事项
因刘军欠付公司款项 305.55 万元，为保护公司合法权益，公司于报告期内起诉刘军，向法院申请判决刘军向公司偿还欠款 305.55 万元	305.55	否	未判决	经二审法院开庭审理后判决发回一审法院重新审理，目前本案处于重审未开庭阶段	重审未开庭
因马尚新欠付公司款项 381.44 万元，为保护公司合法权益，公司于报告期内起诉马尚新，向法院申请判决马尚新向公司偿还欠款 381.44 万元	381.44	否	未判决	经二审开庭判决发回一审法院重新审理，目前本案处于重审未开庭阶段	重审未开庭

十三、其他重大事项的说明

√适用 □ 不适用

公司于2021年5月17日向深圳证券交易所（以下简称“深交所”）提交了发行股份购买资产并募集配套资金暨关联交易的申请文件，2021年5月28日收到深交所出具的《关于受理新疆西部牧业股份有限公司发行股份购买资产并募集配套资金申请文件的通知》（深证上审〔2021〕178号），2021年6月11日收到深交所出具的《关于新疆西部牧业股份有限公司申请发行股份购买资产并募集配套资金的审核问询函》（审核函〔2021〕030013号）（以下简称“审核问询函”）。公司收到审核问询函后，立即组织相关中介机构按照审核问询函的要求，对相关问题逐项予以落实。因公司向深交所提交的《发行股份购买资产并募集配套资金暨关联交易报告书（草案）》经审计的最近一期财务报表截止日为2020年12月31日，该财务数据将于2021年6月30日过有效期，2021年6月29日，经公司及公司聘请的独立财务顾问华龙证券股份有限公司向深交所申请中止审核本次发行股份购买资产，本次申请中止审核时间不超过2个月。公司及各家中介机构正在尽快推进财务数据更新工作，后续将根据进展情况及深交所的相关规定，及时向深交所申请恢复审核并及时履行信息披露义务。

请根据以上内容，并结合本章内容，讨论以下问题：

1. 案例中哪些体现了“中期财务报告”相关内容的实际应用？

2. 中期财务报告是否需要经过会计师事务所的审计？

第十四章

清算与破产会计

一、学习重点与难点

（一）相关基本概念

本章主要介绍企业清算与破产会计处理，其中涉及债务重组、公司重整、清算与破产四个概念。其中，前两个较为相关。起因均在于债务支付困难而导致，均涉及债务重组。两者主要区别在于，债务重组有可能涉及债务人的资本结构变化，而公司重组则一定会涉及资本结构的。后两个概念也较为相关，其结果均会导致法人资格的注销。主要区别在于，清算中债权人利益均会得到保障，而破产中债权人利益损失或多或少，但一定会存在。

（二）企业清算的会计特点、会计处理与报表编制

1. 过程的两段期间

清算会计的会计期间一般是自清算开始至其结束为止的全过程，该过程可分为两阶段：一是对清算企业的会计处理而言的，自清算年度的年初日起至开始清算日止的期间为第一段期间；二是清算组的会计处理，即从清算组成立接手企业会计事务至法人注销为止的期间，是第二段会计期间。

在广义会计观下，这两段会计期间均属于清算会计的会计期间。有了两段会计期间的区分，才使破产企业的会计处理和清算组的会计处理成为可行，从而各自在特定的时空范围内完成各自的会计目标。狭义概念下，仅仅第二阶段的会计期间属于清算会计期间。

2. 会计报告的两套报表

一是清算企业需要在财产清查并结转损益等相关账务处理基础上，编制清算日的资产负债表和自年初起至清算日的利润表，上述会计报表构成企业向清算组办理会计档案移交手续的基础。此阶段的会计报表，主要是清算日资产负债表。二是清算期间的会计报表，属于清算组接管企业后，清算过程中及终结时编制有关会计报表，清算组编制的会计报表为企业会计的第二套报表，主要报送债权人会议、政府有关部门。此套报表，包括清算偿债期间的清算资产负债表、清算财产表、清算损益表，也包括清算结束时的清算损益表、债务清偿表。

（三）企业破产的会计特点、会计处理、偿还率的计算以及财务报表的编制

基于破产与清算对股东与债权人清偿的不同，破产结束后，还应当编制一张"未清偿债务免责表"，以反映会计主体尚未清偿、但根据股东有限责任原则而免除的债务。因此，其会计处理中存在着一个清偿率的计算，这是破产会计所特有的。

清偿率（亦称破产债务受偿率）是指债权人债权获得偿还的比率，即实际偿还除以应当偿还金额的比率。

破产债务的清偿率，取决于破产财产的数额、破产费用及债权的构成。破产费用是指在破产程序中所发生的从破产财产中优先拨付的必要费用，具体包括破产财产管理、变卖和分配的费用、管理人报酬、诉讼费以及为了债权人的共同利益而支出的费用。

在破产程序中，除享有优先受偿权的有财产担保的债权外，债权按清偿程序仍可分为两类：

（1）具有优先受偿权的债权，如破产企业所欠职工工资和劳动保险、破产企业所欠税款；

（2）没有优先受偿权的一般债权或普通债权。即在第一类债权受偿后，方可按清偿率对第二类债权进行清偿。

根据破产财产的多少、破产费用支出及债权的构成情况，在破产程序中，会出现三种情况：一是破产财产不足以支付破产费用或刚好支付破产费用；二是破产财产除支付破产费用外尚不足以偿付优先债权或刚好偿付优先债权；三是破产财产除上述两种情况外，尚能提供给一般债权进行分配。前述一、二种情况，一般债权的清偿率即为零。

二、思维导图

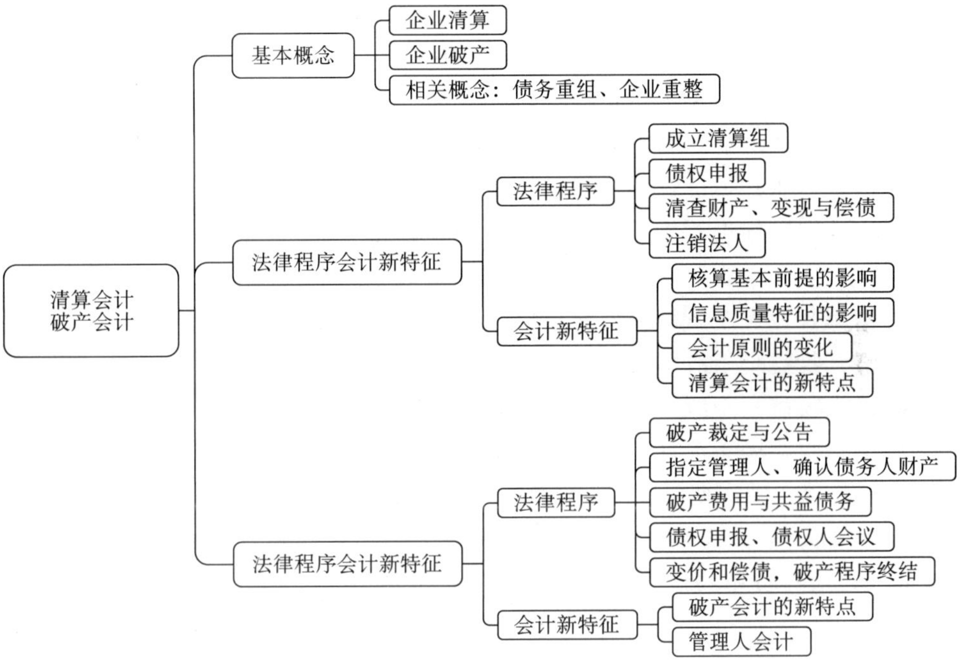

三、练习题

（一）单项选择题

1. 清算会计中，收入和费用处理的会计原则是（　　）。

A. 收付实现制原则　　B. 权责发生制原则

C. 历史成本原则　　D. 收益性支出原则

2. 根据清算的原因不同，公司清算可以分为（　　）。

A. 自愿清算和强制清算　　B. 非破产清算和特别清算

C. 破产清算与非破产清算　　D. 特别清算和破产清算

3. 清算会计的计量基础是（　　）。

A. 历史成本　　B. 清算价格

C. 预计净残值　　D. 重置成本

4. 清算会计的目标与常规财务会计目标不同，因此，清算会计的主要内容是反映企业（　　）。

A. 清算过程前的财务状况　　B. 清算过程中的财务状况

C. 清算过程后的财务状况　　D. ABC

5. 下列关于清算会计的说法中，不正确的是（　　）。

A. 清算净收益要缴纳所得税

B. 普通清算的清算净收益可以弥补前期亏损

C. 清算企业必须设置“土地转让收益”科目

D. 土地转让损失不能计入“清算费用”科目

6. 清算净收益是（　　）。

A. 清算收益大于清算损失的差额

B. 清算收益小于清算损失的差额

C. 清算收益大于清算损失与清算费用的差额

D. 清算收益大于清算费用的差额

7. A公司在破产期间发生职工生活费2 000元、诉讼费200元、设备设施维护费1 000元、审计评估费1 200元，期间发生火灾，遭受经济损失8 000元。发生的破产清算费用共计（　　）元。

A. 4 400　　B. 12 400

C. 4 700　　D. 8 400

8. 清算会计处理的原则是（　　）。

A. 权责发生制原则　　B. 收付实现制原则

C. 尽快处理原则　　D. 保护性原则

9. 下列不属于破产财产的是（　　）。

A. 宣告破产时破产企业经营管理的全部财产

B. 已作为担保物的财产

C. 应当由破产企业行使的其他财产权利

D. 破产企业在破产宣告后至破产程序终结前取得的财产

10. 在破产日，期初科目余额结转时，（　　）应转至“清算损益”。

A. 应收账款　　B. 待处理财产损益

C. 资本公积　　D. 待摊费用

11. 清算会计处理中，最后清偿的债务是（　　）。

A. 清算费用　　B. 职工的工资

C. 税款　　D. 企业普通债务

12. 清算会计原则不包括（　　）。

A. 成本效益原则　　B. 现金制原则

C. 清算价格原则　　D. 全面性原则

13. 企业清算程序中，第一步是（　　）。

A. 成立清算组　　B. 债权申报

C. 财产变价　　D. 持续经营

14. 企业破产程序中，第一步是（　　）。

A. 成立清算组　　B. 债权申报

C. 破产宣告　　D. 持续经营

15. 自人民法院发布受理破产申请公告之日起计算，债权申报的最短期限为（　　）。

A. 不少于 15 日　　B. 少于 30 日

C. 不少于 45 日　　D. 不得超过 3 个月

（二）多项选择题

1. 下列各项目中，符合我国有关法律规定的企业终止原因有（　　）。

A. 企业宣告破产　　B. 企业合并或分立

C. 营业期限届满，自行终止　　D. 设立目的达到，不需继续经营

2. 向法院提出破产申请，一般可以由（　　）提出。

A. 债务人的上级主管部门　　B. 债权人的主管部门

C. 债务人　　D. 债权人

3. 为反映清算业务，应新增的账户有（　　）。

A. 清算费用　　B. 清算损益

C. 待处理财产损益　　D. 土地转让收益

4. 进行破产、清算会计工作的实际执行者有（　　）。

A. 人民法院　　B. 清算组

C. 管理人　　D. 破产、清算的企业

5. 企业破产的会计标准有（　　）。

A. 资产负债表标准　　B. 支付不能标准

C. 利润表标准　　D. 现金流量表标准

6. 清算会计中清算收益主要包括（　　）。

A. 经营收益　　B. 无法回收的债权

C. 财产估价收益　　D. 不需要偿付的债务

7. 企业进入清算程序后，清算组职责有（　　）。

A. 公告债权人　　B. 清理企业债权债务

C. 清理企业财产，编制财产清单　　D. 代表企业参与民事诉讼活动

8. 属于清算财务报表的有（　　）。

A. 清算前资产负债表　　B. 清算后资产负债表

C. 清算费用表　　D. 现金流量表

9. 能够增加清算收益金额的事项有（　　）。

A. 土地转让收益　　B. 财产变卖收益

C. 财产变卖损失　　D. 负债金额的减少

10. 清算期间发生的下列各项费用，计入清算费用的有（　　）。

A. 清算人员酬金　　B. 公告费用

C. 诉讼费用　　D. 咨询费用

11. 我国“清算准则”的征求意见稿中，将企业清算划分为（　　）。

A. 破产清算　　B. 解散清算

C. 撤销清算　　D. 重整清算

12. 破产会计的比较研究，可能涉及的类型有（　　）。

A. 政策性破产会计　　B. 不同行业的破产会计

C. 不同所有制的破产会计　　D. 不同企业组织形式的破产会计

13. 企业清算程序包括（　　）。

A. 成立清算组　　B. 债权申报

C. 财产变价　　D. 持续经营

14. 企业清算影响的会计核算前提包括（　　）。

A. 会计主体　　B. 持续经营

C. 会计分期　　D. 货币计量

15. 清算会计原则包括（　　）。

A. 债权人保护原则　　B. 现金制原则

C. 清算价格原则　　D. 全面性原则

（三）判断题

1. 清算与破产均适用于《破产法》。（　　）

2. 公司重整而减少资本后的注册资本，不得低于法定的最低限额。（　　）

3. 清算会计所采用的会计基础为收付实现制。（　　）

4. 企业清算过程中的职工安置费应当计入清算费用中。（　　）

5. 清算收益、清算费用均影响清算净收益。（　　）

6. 企业清算包括强制清算和非强制清算。（　　）

7. 清算费用包括公告费用、审计费用、诉讼费用。 ( )
8. 清算会计目标与常规财务会计目标相同。 ( )
9. 清算会计处理应当遵循企业会计具体准则的要求。 ( )
10. 清算会计属于破产会计的一部分。 ( )
11. 我国企业会计准则中，尚未发布清算会计准则。 ( )
12. 清算是破产的前置程序。 ( )
13. 只有资不抵债才能够被宣告破产。 ( )
14. 清算中，债务偿还顺序可以由清算组决定。 ( )
15. 广义的清算会计包括破产会计。 ( )

（四）计算与账务处理题

1. A 公司 2021 年 7 月 1 日决定解散，当日资产负债表如表 14－1 所示。

表 14－1　　资产负债表　　单位：元

资产	金额	权益	金额
货币资金	100 000	短期借款	850 000
应收账款	630 000	应付账款	100 000
存货	340 000	应付职工薪酬	280 000
其中：原材料	210 000	应缴税费	350 000
在产品	130 000	其他应付款	100 000
		负债合计	1 680 000
固定资产	820 000		
房屋	200 000	实收资本	200 000
机器设备	620 000	留存收益	23 000
长期待摊费用	13 000	所有者权益合计	223 000
资产总计	1 903 000	权益总计	1 903 000

有关资料如下：

（1）应收账款的回收数额为 600 000 元，其余为坏账损失。

（2）在产品进一步加工费用为 90 000 元，用银行存款支付，变现收入为 400 000 元。

（3）账面价值 210 000 元的原材料，变现收入为 280 000 元。

（4）房屋变现收入为 300 000 元。

（5）机器设备变现收入为 520 000 元。

（6）清算过程中，发生清算费用 21 000 元。

（7）假定清算过程中不涉及流转税，公司所得税税率25%。

要求：完成上述业务的会计处理。

2. 接续业务题1资料，并A公司在决议日已经没有货币资金，其余资料相同。

要求：（1）说明资产出售顺序与可供用于偿债的货币资金金额；（2）说明偿债的相关顺序与金额；（3）若公司实质性破产，请计算债务清偿率。

3. 某清算企业清算期间发生以下经济业务：

（1）将企业对外投资800 000元转让，收进价款600 000元存入银行；

（2）计算处置固定资产和无形资产应交税金为87 200元，予以转账。

要求：编制上述经济业务的会计分录。

4. B公司已被法院宣告破产，所有资产均转化为货币资金486 850元（已包含抵押物变卖金额）。之后，发生如下事项：

（1）管理人为接管企业和清算资产发生管理费16 250元。

（2）未付应付账款128 700元。

（3）未支付的应缴税款9 100元。

（4）无担保银行贷款44 850元，其中本金3 900元、利息5 850元。

（5）未付职工工资和解散费用62 400元。

（6）预收货款1 950元。

（7）抵押借款297 050元，其中本金286 000元、利息11 050元；抵押物变卖获得3 120 000元。

要求：（1）确定偿债先后顺序；

（2）B公司针对普通债权，有多少现金可用于分配？偿债比例是多少？

5. 甲公司是A、B、C、D四家企业等额投资的联营企业，因经营期满决定终止经营，进行清算。清算前资产负债表见表14-2，清算过程中发生事项如表14-3所示。

表14-2　资产负债表

编制单位：甲公司　　2019年9月30日　　单位：万元

资产	期末余额	负债与所有者权益	期末余额
货币资金	200	短期借款	1 200
应收账款	300	应付账款	210
库存商品	1 500	应交税费	-170
固定资产原价	3 700	其他应付款	60
累计折旧	2 500	长期借款	800

续表

资产	期末余额	负债与所有者权益	期末余额
		实收资本	700
		资本公积	100
		盈余公积	180
		未分配利润	120
资产总计	3 200	负债与所有者权益总计	3 200

表 14－3　　清算期间发生的业务

序号	业务内容
1	收回应收账款 250 万元，其余核销
2	全部库存商品售价为 1 600 万元，增值税税率为 17%
3	固定资产以 1 300 万元变现，营业税为 10 万元
4	用银行存款偿还外部债务
5	支付清算费用 20 万元
6	归还股东权益

要求：根据上述资料，计算甲公司歇业期间的清算收益、清算损失、清算费用、清算损益以及各个投资方分得的金额。

（五）案例

1. 公司基本情况

广东国际信托投资公司深圳公司（下称“广信深圳公司”）是经广东省经济特区委员会批准于 1980 年 6 月 19 日注册成立的有限责任公司，是广东国际信托投资公司（下称“广国投”）的全资子公司，1985 年经中国人民银行批准获得金融机构法人许可证、金融机构营业许可证，并经国家外汇管理局批准，获得经营外汇业务许可证，经营相应的外汇业务。“广信深圳公司”注册资本为人民币 2 亿元，经营范围包括：主营：信托存贷款、投资业务；委托存贷款、投资业务；有价证券业务；金融租赁业务；经济担保和信用鉴证业务；经济咨询业务；兼营：技术咨询服务。

“广信深圳公司”从 1992 年开始将大部分资金投放到房地产业务，导致大量资金沉淀，据广州会计师事务所清产核资报告反映，截至 1998 年 10 月 6 日，“广信深圳公司”资产总额折合人民币 14.8 亿元，负债总额折合人民币 27.2 亿元，相抵后亏损折合人民币 12.4 亿元。由于“广国投”不能支付到期债务，为了维护债权人的合法权益，中国人民银行依法决定：于 1998 年 10 月 6 日关闭

“广国投”，收缴其总公司及分支机构的《金融机构法人许可证》《金融机构营业许可证》和《经营外汇业务许可证》，停止其一切业务经营活动，由中国人民银行依法组织成立清算组进行关闭清算。“广信深圳公司”亦在关闭清算之列。

1999 年 1 月 11 日，“广信深圳公司”以“我公司严重资不抵债，到期巨额债务无法偿付，而且经营管理十分混乱”为由，向深圳市中级人民法院（以下称深圳中院）提出破产申请。深圳中院经审理，查明“广信深圳公司”符合破产条件，于 1999 年 1 月 16 日裁定宣告“广信深圳公司”破产还债，并指定成立管理人接管破产企业。

2. 破产清理程序

“广信深圳公司”破产案作为“广国投”及其系列子公司破产案的一部分，其审理清算工作主要特点是：（1）统一部署。在省委、省政府、省法院的统一部署和领导下，深圳中院指导破产管理人紧张、高效、有序地开展清算工作。省法院为规范破产清算工作，依照有关法律、法规制定并颁发了《广东国投破产案财产确认有关法律问题的意见（试行）》《广东国投破产案债权确认有关法律问题的意见（试行）》，作为指导破产债权确认、破产财产界定和处理的具体依据。（2）聘用专业清算中介机构，严格遵循依法、按规、参照国际惯例的原则。管理人聘请中介机构负责具体的清算工作。其中，由毕马威华振会计师事务所统筹其他中介机构进行具体破产清算工作，由广东君信律师事务所及香港某律师行分别负责处理境内、境外法律事务，并由管理人根据工作需要委托其他中介机构如评估行、拍卖行等参与有关工作。中介机构向管理人负责，管理人向法院负责。“广信深圳公司”是中国企业法人，其破产清算是由中国法院主持进行的，故法院和管理人的清算工作必须严格按照中国有关法律、法规进行。同时，由于“广信深圳公司”有许多境外债权人，为体现公开、公平、公正，对中国法律无明文规定的事宜，可参照国际惯例。（3）在行政关闭清算基础上进行破产还债。“广信深圳公司”作为“广国投”属下有独立《金融机构法人许可证》《金融机构营业许可证》和《经营外汇业务许可证》的分支机构，与“广国投”同时被中国人民银行关闭，由人民银行成立管理人进行关闭清算。人民银行对“广信深圳公司”的关闭清算属业务主管部门依行政职权进行的行政关闭，在此期间较为突出的特点是被关闭企业的权利能力和行为能力尚未消灭，也正是如此，由“广信深圳公司”向法院提出破产申请。人民银行的行政关闭清算为破产奠定了基础。

根据相关法律规定，针对“广信深圳公司”破产案的审理与清算包括以下步骤：（1）接管破产企业。“广信深圳公司”自 1999 年 1 月 16 日被深圳中院裁定宣告破产之日起，该公司就丧失管理和处分其资产的权利，管理人对其进行全面接管，包括：接收企业法人营业执照、证券业务经营许可证（金融机构法人许可证等已于 1998 年 10 月 6 日被中国人民银行收缴）；接收企业章程、董事会决议、合同等重要文件；接收财产，包括固定资产及流动资金；接收财务账册、财务凭证、银行开户账户资料；对深圳公司下属的非破产企业进行监管。由于破产清算是在人民银行行政关闭清算的基础上进行的，故对“广信深圳公司”的接管不是直接从原“广信深圳公司”各经营部门及经营人员手中接管，而是从人民银行手中接管的。

接管破产企业的主要内容是接管破产财产。破产财产范围包括：1999 年 1 月 16 日深圳中院宣告“广信深圳公司”破产时广信深圳公司经营管理的全部财产，其中主要包括贷款、其他应收款及长期投资；“广信深圳公司”破产宣告后至破产终结前所取得的财产，不包括已作为担保物的财产和破产企业内属于他人的不能列为破产财产的财产。

（2）接受破产债权申报，进行破产债权的确认。①破产债权申报。“广信深圳公司”债权人申报债权的期限为“广信深圳公司”被裁定宣告破产之日起三个月内。鉴于“广信深圳公司”是先进入行政关闭清算程序后进入破产清算程序，曾于关闭期间申报的债权应视为已申报债权。至法定债权申报期届满，“广信深圳公司”申报债权为 211 笔，申报金额为人民币（下同）459 899万元。②破产债权确认。确认程序：第一，管理人要求申报债权人提供、补充申报凭证原件，足够的证据。第二，管理人发出确认、拒绝申报债权通知书，并告知申报债权人在规定期限内若有异议可向管理人提出；若拒绝，在通知书中说明拒绝的依据和理由。第三，管理人对申报债权人的异议进行审查，再次发出确认、拒绝申报债权通知书，并附相应的依据和理由，且告知申报债权人若对管理人再次确认、拒绝申报债权通知书有异议的仍可在规定的期限内申请深圳中院裁定。第四，深圳中院就申报债权人的异议，根据不同情况，采取开庭审理或者书面审理方式进行公开审理，并作出裁定。根据破产法的规定，除驳回申请破产的裁定可以上诉外，破产程序的裁定均为终局裁定。

3. 破产财产回收及处置

（1）对外债权追收。在债权清理过程中，管理人发现“广信深圳公司”债务人共 67 家，涉及金额约 20 亿元。管理人分批申请深圳中院向债务人发出《偿还财物通知书》，并由深圳中院查封了该等债务人的有关财产；债务人在接到法院依法送达的《偿还财物通知书》后七日内若有异议，可提出异议申请法院裁定，否则《偿还财物通知书》发生法律效力，可成为法院强制执行的法律依据。对债务人在法定期限内提出的异议，深圳中院根据具体情况，分别采取开庭审理或者书面审理的方式进行公开审理，并作出裁定。该裁定是终审裁定，是法院强制执行债务人财产的法律依据。

（2）固定资产和长期投资变现。破产财产的变现原则：严格依照中国法律、参照国际惯例，公开、公平、公正地处理破产财产；最大限度保护债权人的合法权益；破产财产处理以公开变卖为主，不适合公开变卖的，可以协商转让；对具体破产财产的处置、变现，由管理人委托中介机构实施；管理人处理重大破产财产定期向债权人主席委员会通报。

管理人严格按照上述原则，公平、公开、公正地处理破产财产。具体操作：管理人通过刊登广告、委托中介代理放盘、委托拍卖等方式公开出售固定资产和长期投资项目。若有多个竞买人，且竞买人收购价格接近，管理人采取委托拍卖方式出售投资项目；若竞买人不多，或竞买人提出的收购价格相差太大，为避免在拍卖会上无人出价竞投的情况，管理人采取协商转让的方式出售投资项目。

4. 破产企业员工的遣散

由于"广国投"等四家破产企业不属于国家计划调整范围，不适用《国务院关于在若干城市试行国有企业破产有关问题的通知》（国发〔1994〕59号）、《国务院关于在若干城市试行国有企业兼并破产和职工再就业有关问题的补充通知》（国发〔1997〕10号），而只能按照破产法的规定，破产企业财产处置所得，必须用于按比例清偿债务，安置破产企业职工的费用只能从当地政府补贴、民政救济和社会保障等渠道解决。

为指导"广国投"等四家破产企业员工遣散工作，广东省人民政府办公厅颁发粤府办〔1999〕50号《关于广东国际信托投资公司破产企业员工遣散若干问题处理办法》，广东省劳动厅就员工遣散若干细节向广东国投管理人回复了《关于广东国际信托投资公司破产企业员工遣散若干问题的复函》（粤劳关函〔1999〕202号）。管理人根据上述法律、政策规定开展破产企业员工遣散工作，并暂垫付破产企业员工的安置费用，安置费用最终由广东省人民政府承担。

5. 破产财产分配

破产财产的分配原则：从破产财产变现之金额中优先拨付破产清算费用后，按下列顺序清偿：（1）破产企业所欠职工工资和劳动保险费用；（2）破产企业所欠税款；（3）其他债权。破产财产不足清偿同一顺序要求的，按照比例分配。

鉴于申报债权确认工作已基本完成，追收及处理破产财产已获得一定数额的现金，除广发证券申报债权及尚待处理的一笔借款债权需获确认外，管理人在2000年8月31日召开的广信深圳公司第三次债权人会议上提出了第一次破产财产分配方案。会议一致通过管理人提出的第一次破产财产分配方案，即扣除获优先清偿的款项，每个债权人可获得已确认债权金额5.48%的分配款项。对于尚待确认的两笔债权，管理人按申报的金额，预留足额款项，待完成确认程序后按最终结果分配。

请仔细阅读以上信息，并结合本章内容，讨论以下问题：

1. 广国投被破产，宣告标准是什么？

2. 破产债权的范围是如何界定的？

3. 什么是破产财产？破产财产的确认标准是什么？破产财产的实际范围应如何确定？

4. 此案例中，采用了哪些破产会计的计量方法？破产财产的变现价格是如何确定的？

5. 破产债务受偿率是如何计算的？

6. 管理人由哪些人员组成？会计师事务所、律师事务所等清算中介机构在此案中发挥了什么作用？

7. 你认为公司破产结束后，管理人还应做好哪些善后工作？

第二部分

各章练习题参考答案

第一章

习题答案

（一）单项选择题

1. B　2. A　3. B　4. B　5. A　6. B　7. C　8. C
9. D　10. B　11. D　12. C　13. D　14. B　15. C

（二）多项选择题

1. ABC　2. AB　3. ABD　4. AD　5. ABC　6. BCD
7. AC　8. AB　9. ABCD　10. ABCD　11. ABD　12. ABCD
13. ABCD　14. BD　15. AB

（三）判断题

1. ×　2. ×　3. √　4. √　5. ×　6. ×　7. √　8. ×
9. √　10. ×　11. ×　12. ×　13. ×　14. √　15. ×

（四）计算与账务处理题

1. （1）假定该合并属于同一控制下的企业合并，编制 A 公司相关会计处理分录。

借：流动资产　1 000 000
　　固定资产　2 000 000
　　管理费用　28 000
　　贷：负债　400 000
　　　　股本　1 000 000
　　　　资本公积　1 585 000

银行存款 43 000

（2）假定该合并属于非同一控制下的企业合并，编制 A 公司相关会计处理分录。

借：流动资产 1 500 000
固定资产 1 800 000
管理费用 28 000
商誉 100 000
贷：负债 400 000
股本 1 000 000
资本公积 1 985 000
银行存款 43 000

2. （1）编制 P 公司对 S 公司控股合并的会计分录。

借：长期股权投资 11 000
贷：股本 1 000
资本公积 10 000

（2）编制 P 公司对 S 公司吸收合并的会计分录。

借：银行存款 200
应收账款 800
库存商品 4 000
长期股权投资 1 000
固定资产 8 000
无形资产 1 000
贷：短期借款 2 000
应付账款 1 000
其他应付款 1 000
股本 1 000
资本公积 10 000

3. （1）编制合并日 A 公司对 B 公司进行控股合并的会计分录。

借：长期股权投资 10 000
贷：股本 1 000
资本公积 9 000

（2）若 A 公司发行 1 600 万股普通股（每股面值为 1 元，每股市价 10 元）对 B 公司进行吸收合并，并于当日取得 B 公司净资产。编制 A 公司对 B 公司吸收合并的会计分录。

借：银行存款　　200
　　应收账款　　800
　　库存商品　　5 000
　　长期股权投资　　1 500
　　固定资产　　9 500
　　无形资产　　2 000
　　商誉　　1 000
　　贷：短期借款　　2 000
　　　　应付账款　　1 000
　　　　其他应付款　　1 000
　　　　股本　　1 600
　　　　资本公积　　14 400

4. 作购买日 A 公司取得股权的会计分录（没有考虑销项税金）。

借：长期股权投资　　9 800
　　贷：营业收入　　5 000
　　　　无形资产　　2 000
　　　　资产处置收益　　2 800
借：营业成本　　3 000
　　贷：库存商品　　3 000

（五）案例

1. 该项合并应当作为非同一控制下企业合并的处理

本案例中合并方甲公司与被合并方乙公司在合并前为独立的市场主体，其特殊性在于甲公司在合并前直接被当地国资委控制，乙公司是当地国资委通过下属投资公司间接控制。判断本项交易的合并类型关键在于找到是否存在于合并交易发生前后对参与合并各方均能够实施控制的一个最终控制方，本案例中，即当地国资委。虽然该项交易是国资委出于整合同类业务的需要，安排甲公司、乙公司的原控股股东丙投资公司进行的，但交易中作价是本案例中合并方甲公司与被合并方乙公司在合并前为独立的市场主体，其特殊性完全按照市场价格确定的，同时企业合并准则中明确，同受国家控制的两个企业进行合并，不能仅因为其为国有企业即作为企业合并处理。

2. 分析

2019 年甲公司自公开市场取得乙公司 2% 股份，因未以任何方式参与乙公司生产经营决策，不能施加重大影响，该项股权投资作为交易性金融资产核算。

2020年，甲公司通过先向乙公司捐赠，乙公司再以等量资本公积金转增股本的方式向甲公司定向发行本公司股份，该次发行完成后，甲公司持有乙公司36.43%的股份。通过分析乙公司股权结构、甲公司对乙公司董事会的影响可知，该项股份发行后，甲公司能够控制乙公司，从而构成企业合并。在本次交易发生前，甲公司虽然持有乙公司2%的股份，但不构成控制，交易完成后，甲公司控制乙公司，乙公司持有甲公司原三家子公司100%股权，并能够对这三家公司实施控制。该项交易前后，找不到一个最终控制方能够控制所有参与合并的企业（乙公司、甲公司及原持有的三家全资子公司），不属于同一控制下企业合并，应当按照非同一控制下企业合并处理。

第二章

习题答案

（一）单项选择题

1. C　2. C　3. D　4. D　5. B　6. C　7. A　8. C
9. D　10. D　11. D　12. B　13. D　14. C　15. A

（二）多项选择题

1. ABC　2. ABD　3. ABD　4. ABC　5. AC　6. ABD
7. AC　8. AD　9. BD　10. AB　11. ABC　12. ACD
13. AC　14. AD　15. CD

（三）判断题

1. √　2. ×　3. ×　4. ×　5. ×　6. ×　7. √　8. ×
9. ×　10. ×　11. √　12. ×　13. √　14. √　15. ×

（四）计算与账务处理题

1. （1）假设合并属于同一控制下的合并，且S公司净资产账面价值与其在最终控制方合并财务报表中的价值一致，自制工作底稿完成合并日合并资产负债表工作底稿。

单位：万元

项目	P公司	S公司	抵销与调整		合并数
			借	贷	
现金	2 000	300			2 300
存货	—	1 200			1 200

续表

项　目	P 公司	S 公司	抵销与调整		合并数
			借	贷	
长期股权投资	1 040			1 040	
无形资产	3 000	—			3 000
资产总计	6 040	1 500			6 500
短期借款	1 500	200			1 700
股本	2 000	1 000	1 000		2 000
资本公积	1 040	200	(1)200 (2)80		960
未分配利润	1 500	100	100	80	1 580
归母公司权益合计					4 540
少数股权				260	260
负债和所有者权益合计	6 040	1 500			6 500

（2）假设合并属于非同一控制下的合并，自制工作底稿完成合并资产负债表工作底稿。

单位：万元

项　目	P 公司	S 公司	抵销与调整		合并数
			借	贷	
现金	2 000	300			2 300
存货	—	1 200	200		1 400
长期股权投资	1 100			1 100	
无形资产	3 000	—			3 000
资产总计	6 100	1 500			6 700
短期借款	1 500	200			1 700
股本	2 000	1 000	1 000		2 000
资本公积	1 000	200	200		1 000
未分配利润	1 600	100	100	100	1 700
归母公司权益合计					4 700
少数股权				300	300
负债和所有者权益合计	6 100	1 500			6 700

2. 合并日抵销调整分录如下：

借：实收资本（股本）　　6 000

　　资本公积　　2 000

　　盈余公积　　　　　　　　　　　　　　　　　300
　　未分配利润　　　　　　　　　　　　　　　2 700
　　贷：长期股权投资　　　　　　　　　　　　　　11 000
借：资本公积　　　　　　　　　　　　　　　　3 000
　　贷：盈余公积　　　　　　　　　　　　　　　　　300
　　　　未分配利润　　　　　　　　　　　　　　　2 700

合并资产负债表底稿（简表）

2019 年 6 月 30 日　　　　　　　　单位：万元

项　　目	单独报表		抵销调整		合并数
	P 公司	S 公司	借	贷	
资产：					
货币资金	2 000	200			2 200
应收账款	8 000	800			8 800
存货	10 000	4 000			14 000
长期股权投资	17 000	1 000		（1）11 000	7 000
固定资产	15 000	8 000			23 000
无形资产	4 000	1 000			5 000
商誉					0
资产总计	56 000	15 000		11 000	60 000
负债和所有者权益：					
短期借款	5 000	2 000			7 000
应付账款	3 000	1 000			4 000
其他负债	2 000	1 000			3 000
负债合计	10 000	4 000			14 000
实收资本（股本）	21 000	6 000	（1）6 000		21 000
资本公积	15 000	2 000	（1）2 000 （2）3 000		12 000
盈余公积	1 000	300	（1）300	（2）300	1 300
未分配利润	9 000	2 700	（1）2 700	（2）2 700	11 700
所有者权益合计	46 000	11 000			46 000
负债和所有者权益总计	56 000	15 000	14 000	3 000	60 000

3.（1）合并日 A 公司对 B 公司进行控股合并的会计分录：

借：长期股权投资　　　　　　　　　　　　　　4 800
　　资本公积　　　　　　　　　　　　　　　　1 200

贷：股本　　6 000

（2）A 公司对 B 公司合并日的合并资产负债表抵销分录：

①借：股本　　3 000
　　资本公积　　2 000
　　盈余公积　　500
　　未分配利润　　2 500
　　贷：长期股权投资　　4 800
　　　　少数股东权益　　3 200

②借：资本公积　　1 800
　　贷：盈余公积　　300
　　　　未分配利润　　1 500

合并资产负债表底稿（简表）

2019 年 12 月 31 日　　单位：万元

项　目	单独报表		抵销调整		合并数
	P 公司	S 公司	借	贷	
资产：					
货币资金	2 000	200			2 200
应收账款	8 000	800			8 800
存货	10 000	4 000			14 000
长期股权投资	10 800	1 000		（1）4 800	7 000
固定资产	15 000	8 000			23 000
无形资产	4 000	1 000			5 000
商誉					0
资产总计	49 800	15 000		4 800	60 000
负债和所有者权益：					
短期借款	5 000	5 000			10 000
应付账款	3 000	1 000			4 000
其他负债	2 000	1 000			3 000
负债合计	10 000	7 000			17 000
实收资本（股本）	26 000	3 000	（1）3 000		26 000
资本公积	3 800	2 000	（1）2 000 （2）1 800		2 000
盈余公积	1 000	500	（1）500	（2）300	13 00

续表

项　　目	单独报表		抵销调整		合并数
	P公司	S公司	借	贷	
未分配利润	9 000	2 500	（1）2 500	（2）1 500	10 500
归属于母公司的股权					39 800
少数股权				（1）3 200	3 200
所有者权益合计	39 800	8 000			43 000
负债和所有者权益总计	49 800	15 000	7 800	3 000	60 000

4. 合并日抵销调整分录如下：

借：实收资本（股本）　6 000
　　资本公积　2 000
　　盈余公积　300
　　未分配利润　2 700
　　存货　1 000
　　长期股权投资　500
　　固定资产　1 500
　　无形资产　1 000
　　贷：长期股权投资　12 000
　　　　盈余公积　300
　　　　未分配利润　2 700

合并资产负债表底稿（简表）

2019年6月30日　　单位：万元

项　　目	单独报表		抵销调整		合并数
	P公司	S公司	借	贷	
资产：					
货币资金	2 000	200			2 200
应收账款	8 000	800			8 800
存货	10 000	4 000	（1）1 000		15 000
长期股权投资	18 000	1 000	（1）500	（1）12 000	7 500
固定资产	15 000	8 000	（1）1 500		24 500
无形资产	4 000	1 000	（1）1 000		6 000
商誉					0
资产总计	57 000	15 000	4 000	12 000	64 000

续表

项　目	单独报表		抵销调整		合并数
	P公司	S公司	借	贷	
负债和所有者权益：					
短期借款	5 000	2 000			7 000
应付账款	3 000	1 000			4 000
其他负债	2 000	1 000			3 000
负债合计	10 000	4 000			14 000
实收资本（股本）	21 000	6 000	（1）6 000		21 000
资本公积	16 000	2 000	（1）2 000		16 000
盈余公积	1 000	300	（1）300	（1）300	1 300
未分配利润	9 000	2 700	（1）2 700	（1）2 700	11 700
所有者权益合计	47 000	11 000	11 000	3 000	50 000
负债和所有者权益总计	57 000	15 000	14 000	3 000	64 000

5. 计算确定合并日S公司个别报表流动资产总额。

合并日S公司个别报表流动资产总额 = 7 000 - 5 000 + 400 = 2 400（万元）

（1）分别按实体理论和母公司理论计算合并日少数股东权益。

实体理论合并日少数股东权益 = 475 + 300 ÷ 0.8 × 0.2 = 550（万元）

母公司理论合并日少数股东权益 = 475 + 400 × 0.2 = 555（万元）

（2）按现行准则要求编制合并日抵销与调整分录（S公司净资产项目以“净资产”替代）。

设长期股权投资为x，则

$x - (475 \div 0.2) \times 0.8 = 300$

$x = 2\ 200$（万元）

借：净资产　　2 775

　　商誉　　300

　　贷：长期股权投资　　2 200

　　　　流动资产　　400

　　　　少数股东权益　　475

（五）案例

本次合并应当采用权益结合法。中国南车与中国北车在合并前不存在关联关系，但均由国资委最终控制。一般情况下，若两个国有企业不存在除国家之外的其他共同控制方，产生的合并不属于标准意义上的同一控制下的企业合并。但是，此次中国南车与中国北车的合并由于是国资委引导与安排的合并，目的是提高我国动车产业的竞争力，发挥两家企业的协同效应，避免恶意竞争。根据合并报告书中“合并后新公司同时承接中国南车与中国北车的全部资产、负债、业务、人员、合同、资质及其他一切权利与义务”。由此可以看出，这一合并不符合购买法的定义，因此不能使用购买法，而应当采用类似权益结合法的方式进行合并处理。

第三章

习题答案

（一）单项选择题

1. A　2. B　3. C　4. C　5. C　6. B　7. D　8. D
9. D　10. B　11. C　12. C　13. C　14. C　15. C

（二）多项选择题

1. ABCD　2. ABD　3. BCD　4. CD　5. ABC　6. ABC
7. CD　8. AB　9. AC　10. AB　11. AB　12. BCD
13. AB　14. ABCD　15. ACD

（三）判断题

1. √　2. ×　3. ×　4. ×　5. ×　6. √　7. ×　8. √
9. ×　10. √　11. √　12. √　13. √　14. ×　15. √

（四）计算与账务处理题

1. （1）合并资产负债表和利润表抵销调整会计分录：

①确认 A 公司在 2020 年 B 公司实现净利润 2 000 万元，所享有的份额 1 200 万元（2 000 ×60%）：

借：长期股权投资——B 公司　　1 200

　　贷：投资收益——B 公司　　1 200

②确认 A 公司收到 B 公司 2020 年分派的现金股利，同时抵销原按成本法确认的投资收益 600 万元：

借：投资收益——B 公司　　600

贷：长期股权投资——B 公司　　600

③抵销 B 公司股东权益和 A 公司长期股权投资，并确认少数股东权益：

借：实收资本（股本）　　3 000

资本公积　　2 000

盈余公积　　700

未分配利润　　3 300

贷：长期股权投资　　5 400

少数股东权益　　3 600

④抵销 A 公司投资收益和 B 公司利润分配项目，抵销 B 公司期初未分配利润，确认少数股东损益：

借：投资收益　　1 200

少数股东损益　　800

未分配利润——年初　　2 500

贷：提取盈余公积　　200

对所有者（或股东）的分配　　1 000

未分配利润——年末　　3 300

⑤将 B 公司在合并日前实现的留存收益中归属于合并方的部分，自资本公积中转入留存收益：

借：资本公积　　1 800

贷：盈余公积　　300

未分配利润　　1 500

（2）编制合并所有者权益变动表。

合并所有者权益变动表（简表）

编制单位：A 公司　　2020 年度　　单位：万元

	本年金额							
	归属于母公司股东权益						少数股东权益	所有者权益合计
	实收资本（或股本）	资本公积	其他综合收益	盈余公积	未分配利润	小计		
一、上年年末余额	26 000	2 000	0	1 300	10 500	39 800	3 200	43 000
加：会计政策变更								
前期差错更正								
二、本年年初余额	26 000	2 000	0	1 300	10 500	39 800	3 200	43 000

续表

	本年金额							
	归属于母公司股东权益						少数股东权益	所有者权益合计
	实收资本（或股本）	资本公积	其他综合收益	盈余公积	未分配利润	小计		
三、本年增减变动金额（减少以“-”号填列）	0	0	0					
（一）综合收益总额					3 600	3 600	800	4 400
（二）所有者投入与减少资本								
1. 所有者投入资本								
2. 股份支付计入所有者权益金额								
3. 其他								
（三）利润分配								
1. 提取盈余公积				300	-300			0
2. 提取一般风险准备								
3. 对所有者（或股东）的分配					-1 500	-1 500	-400	-1 900
4. 其他								
（四）所有者权益内部结转								
1. 资本公积转增资本								
2. 盈余公积转增资本								
3. 盈余公积弥补亏损								
4. 其他								
四、本年年末余额	26 000	2 000		1 600	12 300	41 900	3 600	45 500

2. （1）编制2020年末合并资产负债表、合并利润表的抵销调整会计分录。

按公允价值基础调整后的B公司净利润 = 2 000 - 550 = 1 450（万元）

①确认A公司在2020年B公司实现净利润1 450万元（按调整后公允价值基础净利润）中所享有的份额870万元（1 450 × 60%）：

借：长期股权投资——B公司　　870

贷：投资收益——B 公司　　870

②确认 A 公司收到 B 公司 2020 年分派的现金股利，同时抵销原按成本法确认的投资收益 600 万元：

借：投资收益——B 公司　　600

贷：长期股权投资——B 公司　　600

③抵销 B 公司股东权益和 A 公司长期股权投资，并确认少数股东权益：

借：实收资本（股本）　　3 000

资本公积　　2 000

盈余公积　　700

未分配利润　　3 300

无形资产　　1 000

长期股权投资　　1 000

固定资产　　1 450

商誉　　4 800

贷：长期股权投资　　12 270

少数股东权益　　4 980

④抵销 A 公司投资收益和 B 公司利润分配项目，抵销 B 公司期初未分配利润，确认少数股东损益：

借：投资收益　　870

营业成本　　500

管理费用　　50

少数股东损益　　580

未分配利润——年初　　2 500

贷：提取盈余公积　　200

对所有者（或股东）的分配　　1 000

未分配利润——年末　　3 300

（2）编制合并所有者权益变动表。

合并所有者权益变动表（简表）

编制单位：A公司　　2020年度　　单位：万元

	本年金额							
	归属于母公司股东权益						少数股东权益	所有者权益合计
	实收资本（或股本）	资本公积	其他综合收益	盈余公积	未分配利润	小计		
一、上年年末余额	26 000	11 000	0	1 000	9 000	47 000	4 800	51 800
加：会计政策变更								
前期差错更正								
二、本年年初余额	26 000	11 000	0	1 000	9 000	47 000	4 800	51 800
三、本年增减变动金额（减少以"-"号填列）	0	0	0					
（一）综合收益总额					3 270	3 270	580	3 850
（二）所有者投入与减少资本								
1. 所有者投入资本								
2. 股份支付计入所有者权益金额								
3. 其他								
（三）利润分配								
1. 提取盈余公积				300	-300			0
2. 提取一般风险准备								
3. 对所有者（或股东）的分配					-1 500	-1 500	-400	-1 900
4. 其他								
（四）所有者权益内部结转								
1. 资本公积转增资本								
2. 盈余公积转增资本								
3. 盈余公积弥补亏损								
4. 其他								
四、本年年末余额	26 000	11 000		1 300	10 470	48 770	4 980	53 750

3.（1）计算2019年12月31日P公司以多少成本（全部用现金支付）取得了S公司多少比例的股权？并编制取得股权的会计分录。

2020年度S公司账面净利润＝9 400＋5 000－3 000＝11 400（元）

公允价值基础调整后净利润＝11 400－1 000－400＝10 000（元）

少数股权比例＝2 000÷10 000＝20%

购买日合并成本＝38 600－8 000＋4 000＝34 600（元）

验算：商誉＝34 600－（20 000＋4 600＋6 000＋3 000＋1 000＋2 400）×80%＝5 000（元）

所以，P公司在购买日以34 600取得了S公司80%的股权，会计分录如下：

借：长期股权投资　34 600
　贷：银行存款　34 600

（2）编制2019年12月31日合并抵销调整会计分录：

借：股本　20 000
　资本公积　4 600
　盈余公积　6 000
　未分配利润——年末　3 000
　存货　1 000
　固定资产　2 400
　商誉　5 000
　贷：长期股权投资　34 600
　　少数股东权益　7 400

4.（1）在表3－2中完成购买日合并工作底稿。

表3－2　合并资产负债表工作底稿（简表）

2020年1月1日　单位：万元

项　目	单独报表			抵销与调整分录		合并金额
	P公司	S公司	G公司	借方	贷方	
其他资产	600	520	400			1 520
长期股权投资——S公司	420				（2）420	0
长期股权投资——G公司		240			（1）240	0
资产总计	1 020	760	400			1 520
负债	120	160	100			380
股本	400	300	200	（1）200（2）300		400
资本公积	200	100	50	（1）50（2）100		200

续表

项　目	单独报表			抵销与调整分录		合并金额
	P公司	S公司	G公司	借方	贷方	
盈余公积	100	60	30	（1）30（2）60		100
未分配利润	200	140	20	（1）20（2）140		200
归属于母公司股东权益合计						900
少数股东权益					（1）60（2）180	240
所有者权益合计	900	600	300	900	240	1 140
负债和所有者权益总计	1 020	760	400	900	240	1 520

（2）在G公司的权益中，对S公司来说是控制性权益而对P公司来说是少数股东权益的比例为30%×80%=24%，金额为24%×300=72（万元）。

5.（1）在表3-3中完成2020年末合并工作底稿。

表3-3　　合并工作底稿（简表）

2020年12月31日　　单位：万元

项　目	单独报表			抵销与调整分录		合并金额
	P公司	S公司	G公司	借方	贷方	
营业收入	600	560	400			1 560
营业成本	350	220	150			720
投资收益——S公司	90			（5）288	（2）198	0
投资收益——G公司	40	20		（3）40（3）80	（1）20（1）40	0
所得税费用	70	60	50			180
净利润	310	300	200			660
少数股东损益				（3）80（5）32		112
归属于母公司股东的净利润						548
未分配利润——年初	200	140	20	（3）20（5）140		200
提取盈余公积	30	30	20		（3）20（5）30	30
向投资者（股东）分配利润	180	100	100		（3）100（5）100	180
未分配利润——年末	300	310	100	（4）100（6）330	（3）100（5）330	538
其他资产	740	840	500			2 080
长期股权投资——S公司	540			（2）198	（6）738	0
长期股权投资——G公司	120	60		（1）20（1）40	（4）80（4）160	0
资产总计	1 400	900	500	141	831	2 080
负债	370	100	100			570

续表

项　　目	单独报表			抵销与调整分录		合并金额
	P公司	S公司	G公司	借方	贷方	
股本	400	300	200	（4）200（6）300		400
资本公积	200	100	50	（4）50（6）100		200
盈余公积	130	90	50	（4）50（6）90		130
未分配利润	300	310	100			538
归属于母公司股东权益合计						1 268
少数股东权益					（4）160（6）82	242
所有者权益合计	1 030	800	400			1 510
负债和所有者权益总计	1 400	900	600			2 080

（2）计算确定2020年初（购买日）少数股东权益。

G公司少数股权 $=300\times40\%=120$（万元）

S公司少数股权 $=600\times10\%=60$（万元）

合计180万元。

（五）案例

1. 不合理，基本是同类型的资产，只分配给未开发地块就不尽合理。与实际情况不符合。其目的与其业绩承诺有关，通过低估开发地盘的价值，可以提高已开发地盘的利润，从而保证承诺的利润。

2. 该合并采用的是非同一控制下的合并方法。因为将合并成本与所取得资产公允价值差记入了当期损益。如果采用同一控制下合并方法，则合并当年的利润大大减少。

第四章

习题答案

（一）单项选择题

1. A　2. C　3. C　4. B　5. D　6. C　7. D　8. A
9. B　10. C　11. A　12. A　13. D　14. A　15. A

（二）多项选择题

1. ABC　2. BC　3. ABC　4. ABCD　5. AB　6. AC
7. ABCD　8. ABCD　9. ABD　10. ABD　11. AB　12. ABCD
13. ABCD　14. ABCD　15. ABD

（三）判断题

1. ×　2. √　3. √　4. ×　5. √　6. ×　7. ×　8. ×
9. ×　10. ×　11. ×　12. √　13. ×　14. ×　15. ×

（四）计算与账务处理题

1. 2018 年：

	借方	贷方
借：营业收入	50 000	
贷：营业成本		47 000
存货		3 000

2019 年：

先假设所有内部交易存货均对外出售：

	借方	贷方
借：营业收入	40 000	
未分配利润——年初	3 000	

贷：营业成本　　　　43 000

再根据未售存货调整：

借：营业成本　　　　6 000

贷：存货　　　　6 000

2. （1）2019 年内部固定资产交易当期编制合并财务报表时编制抵销分录：

借：营业收入　　　　310 000

贷：营业成本　　　　210 000

固定资产——原价　　　　100 000

（2）内部固定资产交易后使用期间连续编制合并财务报表时，各年应编制抵销分录：

①2020 年应编制的抵销分录：

应将内部交易固定资产原价中包含的内部销售毛利抵销，并调整期初未分配利润。

借：未分配利润——年初　　　　100 000

贷：固定资产——原价　　　　100 000

将本会计期间内部交易固定资产多计提折旧抵销，并调整销售费用：

子公司每年计提折旧 = （310 000 - 10 000） ÷5 =60 000（元）

集团公司每年计提折旧 = （210 000 - 10 000） ÷5 =40 000（元）

每年多计提折旧 =60 000 - 40 000 =20 000（元）

借：固定资产——累计折旧　　　　20 000

贷：销售费用　　　　20 000

②2021 年应编制的抵销分录：

应将内部交易固定资产原价中包含的内部销售毛利抵销，并调整期初未分配利润。

借：未分配利润——年初　　　　100 000

贷：固定资产——原价　　　　100 000

将以前会计期间内部交易固定资产多计提的累计折旧抵销，并调整期初未分配利润：

借：固定资产——累计折旧　　　　20 000

贷：未分配利润——年初　　　　20 000

将本会计期间内部交易固定资产多计提折旧抵销，并调整销售费用：

借：固定资产——累计折旧　　　　20 000

贷：销售费用　　　　20 000

③2022 年应编制的抵销分录：

应将内部交易固定资产原价中包含的内部销售毛利抵销，并调整期初未分配利润。

借：未分配利润——年初　　100 000
　　贷：固定资产——原价　　100 000

将以前会计期间内部交易固定资产多计提的累计折旧抵销，并调整期初未分配利润：

借：固定资产——累计折旧　　40 000
　　贷：未分配利润——年初　　40 000

将本会计期间内部交易固定资产多计提折旧抵销，并调整销售费用：

借：固定资产——累计折旧　　20 000
　　贷：销售费用　　20 000

④2023 年应编制的抵销分录：

应将内部交易固定资产原价中包含的内部销售毛利抵销，并调整期初未分配利润。

借：未分配利润——年初　　100 000
　　贷：固定资产——原价　　100 000

将以前会计期间内部交易固定资产多计提的累计折旧抵销，并调整期初未分配利润：

借：固定资产——累计折旧　　60 000
　　贷：未分配利润——年初　　60 000

将本会计期间内部交易固定资产多计提折旧抵销，并调整销售费用：

借：固定资产——累计折旧　　20 000
　　贷：销售费用　　20 000

⑤2024 年，内部固定资产交易购进的固定资产报废时编制合并财务报表应编制抵销分录：

借：未分配利润——年初　　20 000
　　贷：销售费用　　20 000

3. （1）编制上述内部交易事项的抵销分录。

①借：应付债券　　600 000
　　贷：债权投资　　600 000

借：应付利息　　24 000
　　贷：应收利息　　24 000

借：投资收益　　24 000
　　贷：财务费用　　24 000

②借：营业收入　　4 500 000

　　贷：营业成本　　3 200 000

　　　　固定资产　　1 300 000

　借：固定资产　　65 000

　　贷：管理费用　　65 000

　借：应付账款　　4 500 000

　　贷：应收账款　　4 500 000（没有考虑销项税费）

③借：应收账款　　450 000

　　贷：信用减值损失　　450 000

（2）如按实体理论，指出上述业务对少数股东损益和少数股东权益的影响如何？

如按实体理论，在计算少数股东权益和少数股东收益时，需要将逆销业务引起的未实现损益在少数股权和多数股权之间分摊。

4. 计算确定2019年合并利润表各项目，包括少数股东损益及归属于母公司股东的利润（假定不存在公允价值差异及其他内部交易影响）。

合并营业收入＝1 460 000元

合并资产处置损益＝0

合并投资收益＝0

合并营业成本＝760 000元

合并折旧费用＝160 000－2 000＝158 000（元）

合并其他费用＝240 000元

合并净利润＝302 000元

少数股东损益＝25 000元

归属于母公司股东的利润＝277 000元

5. （1）编制2017年合并底稿中关于该固定资产的抵销调整分录。

借：未分配利润——年初　　11 250

　　少数股东权益　　3 750

　　贷：资产处置损益　　10 000

　　　　折旧费用　　5 000

借：少数股东损益　　3 750

　　贷：少数股东权益　　3 750

（2）计算确定2017年合并利润表各项目，包括少数股东损益及归属于母公司股东的利润（假定不存在公允价值差异及其他内部交易影响）。

合并营业收入＝800 000元

合并资产处置损益 = 20 000 元

合并投资收益 = 0

合并营业成本 = 330 000 元

合并折旧费用 = 750 00 元

合并其他费用 = 120 000 元

少数股东损益 = （100 000 + 15 000） × 0. 25 = 28 750（元）

归属于母公司的净利润 = 266 250 元

（五）案例

1. 2019 年度调整减少营业收入 200 万元，调整减少营业成本 100 万元，调整减少存货 100 万元，调整减少应收账款和应付账款各 200 万元。因此，对 2016 年度合并净利润的影响是调整减少了 100 万元。因年末逆销未实现利润 100 万元，需要调整减少少数股东损益 40 万元。

2. 虽然购入方 P 公司计提减值，使得购入存货账面价值所剩无几，将原内部毛利 100 万元和 80 万元的原成本都从资产账户转入了当期损益。但不能据此认为原来的内部利润已经实现，存货内部利润的实现方式一般是指通过最终的对外出售或者是生产过程中的耗用，比较极端的实现方式可以是存货的毁损或报废。但是存货减值，是对资产计价的调整，资产本身并未耗用或出售，准则也允许减值再次转回的。因此，不能认为通过减值实现了内部利润。

3. 2020 年度调整减少归母公司期初未分配利润 60 万元，调整减少期初少数股东权益 40 万元，调整减少资产减值损失（存货跌价损失）100 万元，调整减少信用减值损失（坏账损失）70 万元。调整增加未实现信用损失（逆向）的少数股东权益和损益分摊数各为 28 万元。据此，对当年合并净利润影响是增加合并净利润 170 万元。增加少数股东应享损益 28 万元。合并底稿分录如下：

（1）借：未分配利润——年初	600 000	
少数股东权益	400 000	
贷：资产减值损失		1 000 000
（2）借：应付账款	2 000 000	
贷：应收账款		2 000 000
（3）借：应收账款	700 000	
贷：信用减值损失		700 000
（4）借：少数股东损益	280 000	
贷：少数股东权益		280 000

第五章

习题答案

（一）单项选择题

1. A　2. C　3. B　4. A　5. B　6. B　7. B　8. C
9. B　10. A　11. B　12. D　13. A　14. A　15. D

（二）多项选择题

1. AC　2. BCD　3. BCD　4. ABD　5. BC　6. ABCD
7. ABCD　8. AD　9. ABCD　10. ABCD　11. BD　12. ABC
13. AC　14. AC　15. ACD

（三）判断题

1. ×　2. √　3. ×　4. ×　5. ×　6. √　7. ×　8. ×
9. √　10. ×　11. ×　12. ×　13. ×　14. ×　15. ×

（四）计算与账务处理题

1.（1）分别全额合并法和部分合并法计算完成各项目合并金额，在答题纸中以表格形式完成，不需要抵销调整分录。

表 5－1　　**2019 年度合并底稿**　　单位：万元

项　目	单独报表		合并金额	
	P 公司	S 公司	全额合并法	部分合并法
营业收入	1 000	800	1 800	1 400
营业成本	550	400	950	750

续表

项　目	单独报表		合并金额	
	P公司	S公司	全额合并法	部分合并法
投资收益——S公司	90	—	0	0
净利润	540	400	850	650
S公司合并前利润	—	—	180	0
少数股东损益	—	—	40	20
归属于母公司股东的净利润	—	—	630	630

（2）结合计算结果说明两种方法的各自优缺点是什么？

全部合并法有利于比较各期损益，少数股东损益更符合实际情况，但不符合非同一控制下合并主体损益自合并日后才开始的含义。部分合并法符合非同一控制下对子公司合并当年损益只包括合并日后的合理性，但少数股东损益的计量存在低估，也不利于各期比较。

2. 合并净利润 = 520 + 340 + 250 − 200 − 100 − 100 = 710（万元）

说明：减去投资收益为重复项，减去未实现内部交易损益100万元。

少数股东损益 = 250 × 20% +（340 + 100 − 100）× 10% = 50 + 34 = 84（万元）

说明：G公司少数股东损益按250 × 20%计算，而S公司的当年已实现损益需要先按对G公司权益法调整，并对未实现损益调整后的基数计算。

归母公司损益 = 710 − 84 = 626（万元）

验证：520 − 200 +（340 + 100 − 100）× 90% = 626（万元）

3.（1）按表5－3中完成2×20年末合并工作底稿。

表5－3　　合并工作底稿（简表）

2020年12月31日　　单位：万元

项　目	单独报表			抵销与调整分录		合并金额
	P公司	S公司	G公司	借方	贷方	
营业收入	600	560	400			1 560
营业成本	350	220	150			720
投资收益——S公司	90			（5）288	（2）198	0
投资收益——G公司	40	20		（3）40（3）80	（1）20（1）40	0
所得税费用	70	60	50			180
净利润	310	300	200			660
少数股东损益				（3）80（5）32		112
归属于母公司股东的净利润						548

续表

项目	单独报表			抵销与调整分录		合并金额
	P公司	S公司	G公司	借方	贷方	
未分配利润——年初	200	140	20	(3) 20 (5) 140		200
提取盈余公积	30	30	20		(3) 20 (5) 30	30
向投资者（股东）分配利润	180	100	100		(3) 100 (5) 100	180
未分配利润——年末	300	310	100	(4) 100 (6) 330	(3) 100 (5) 330	538
其他资产	740	840	500			2 080
长期股权投资——S公司	540			(2) 198	(6) 738	0
长期股权投资——G公司	120	60		(1) 20 (1) 40	(4) 80 (4) 160	0
资产总计	1 400	900	500	141	831	2 080
负债	370	100	100			570
股本	400	300	200	(4) 200 (6) 300		400
资本公积	200	100	50	(4) 50 (6) 100		200
盈余公积	130	90	50	(4) 50 (6) 90		130
未分配利润	300	310	100			538
归属于母公司股东权益合计						1 268
少数股东权益					(4) 160 (6) 82	242
所有者权益合计	1 030	800	400			1 510
负债和所有者权益总计	1 400	900	600			2 080

（2）计算确定2020年初（购买日）少数股东权益。

G公司少数股权 = 300 × 40% = 120（万元）

S公司少数股权 = 600 × 10% = 60（万元）

合计180万元。

4.（1）甲公司追加投资完成的会计分录：

借：长期股权投资　530 000

　贷：银行存款　450 000

　　其他权益工具投资　80 000

借：其他综合收益　20 000

　贷：盈余公积　2 000

　　未分配利润　18 000

（2）企业合并时底稿抵销与调整分录：

借：股本　200 000

　资本公积　100 000

盈余公积　　110 000
未分配利润　　130 000
固定资产　　60 000
商誉　　200 000
贷：长期股权投资　　530 000
少数股东权益　　270 000

5. (1) 计算 P 公司个别报表确认的处置股权投资收益。

92 400 - 588 000 ÷ 8 = 18 900（元）

(2) 计算 P 公司当年合并财务报表层面需要调整为资本公积的处置股权收益；

合并财务报表层面的处置成本 = (700 000 + 105 000 ÷ 4) × 80% ÷ 8
= 72 625（元）

处置收益 = 92 400 - 72 625 = 19 775（元）

(3) 编制 2019 年末合并资产负债表有关的抵销与调整分录。

将处置部分商誉转回：
借：长期股权投资　　(28 000 ÷ 8) 3 500
贷：投资收益　　3 500

将合并层面处置收益转入资本公积：
借：投资收益　　19 775
贷：资本公积　　19 775

调整当年 70% 部分的投资收益：
借：长期股权投资　　(105 000 × 70%) 735 000
贷：投资收益　　735 000

抵销长期股权投资、确认少数股东权益和子公司净资产项目：
借：年末 S 公司净资产　　805 000
合并商誉　　28 000
贷：长期股权投资　　591 500
少数股东权益　　241 500

（五）案例

1. 合并属于反向购买，购买方为法律上子公司，即未名医药，被购买方为法律上母公司，即万昌科技。

2. 万昌科技个别报表层面，长期股权投资按 293 520 万元计算。

3. 在合并财务报表层面，合并成本案例公司采取了评估确定的方式，即评估法律上母公司的原有业务的价值，即 9.49 亿元，并采用收益法，因为收益法能考虑到商誉的因素。

从理论上讲，也可以采用模拟未来医药发行股份的公允价值作为合并成本，但本案例中，由于未来医药的股份缺少公开报价，但也可以采用被购买方万昌科技原股份的公允价值作为合并成本的次优选择，但又由于万昌股份原有股份的公开报价中包含了上市平台资源的价值，即壳资源价值，该壳资源并非万昌科技的原有业务，按照准则确认商誉的基本前提，只有业务合并中方产生商誉，因此，合并成本也不宜采用万昌科技原股份公允价值。在本例中，如果按照万昌科技原股份公允价值计算合并成本为 140 764 000 × 15.51 = 21.83（亿元）。如果按此合并成本计算，合并商誉高达 14 亿元之多，比收益法评估确定合并成本的情况下的商誉多了 12 亿元左右，该差额实际上是我国借壳上市中的壳资源价值。

第六章

习题答案

（一）单项选择题

1. A　2. D　3. D　4. A　5. A　6. C　7. D　8. D
9. C　10. B　11. D　12. A　13. A　14. A　15. B

（二）多项选择题

1. AB　2. ABC　3. AB　4. ABCD　5. AD　6. ABCD
7. ABC　8. ABC　9. BCD　10. ACD　11. AB　12. ABD
13. BCD　14. AD　15. BCD

（三）判断题

1. ×　2. √　3. √　4. ×　5. ×　6. √　7. ×　8. √
9. √　10. ×　11. ×　12. √　13. √　14. √　15. √

（四）计算与账务处理题

1. （1）购买日：

借：材料采购　　US $ 1 240 000
　　贷：应付账款——英镑户　　US $ 1 240 000（UK£ 1 000 000）

月末：

借：应付账款——英镑户　　US $ 10 000
　　贷：材料采购　　US $ 10 000

实际支付日：

借：应付账款——英镑户　　US $ 20 000

贷：材料采购　　US $ 20 000

借：应付账款——英镑户　　US $ 1 210 000（UK£ 1 000 000）

贷：银行存款——英镑户　　US $ 1 210 000（UK£ 1 000 000）

（2）购买日：

借：材料采购　　US $ 1 240 000

贷：应付账款——英镑户　　US $ 1 240 000（UK£ 1 000 000）

月末：

借：应付账款——英镑户　　US $ 10 000

贷：财务费用——汇兑损益　　US $ 10 000

实际支付日：

借：应付账款——英镑户　　US $ 20 000

贷：财务费用——汇兑损益　　US $ 20 000

借：应付账款——英镑户　　US $ 1 210 000（UK£ 1 000 000）

贷：银行存款——英镑户　　US $ 1 210 000（UK£ 1 000 000）

2.（1）①借：银行存款——美元户　　423 720（US $ 60 000）

贷：应收账款——美元户　　423 720（US $ 60 000）

②借：银行存款——人民币户　　141 240

财务费用——汇兑损益　　80

贷：银行存款——美元户　　141 320（US $ 20 000）

③借：应付账款——美元户　　140 080（US $ 20 000）

贷：银行存款——美元户　　140 080（US $ 20 000）

④借：长期借款——美元户　　139 440（US $ 20 000）

贷：银行存款——美元户　　139 440（US $ 20 000）

（2）　**7 月 31 日外币科目余额调整计算表**　单位：元

科目名称	美元余额	月末汇率	调整后人民币余额	调整前人民币余额	差额（借或贷）
银行存款	20 000	6.988	139 760	144 480	贷 4 720
应收账款	40 000	6.988	279 520	284 280	贷 4 760
应付账款	20 000	6.988	139 760	143 120	借 3 360
长期借款	0	6.988	0	2 160	借 2 160

期末调整分录：

①借：应付账款——美元户　　3 360

财务费用——汇兑差额　　6 120

贷：银行存款——美元户 4 720

应收账款——美元户 4 760

②借：长期借款——美元户 2 160

贷：在建工程 2 160

（3）2020 年 7 月份的汇兑损益 = 3 360 + 2 160 − 4 720 − 4 760 − 80 = −4 040（元）

计入 7 月份损益的汇兑损益 = 3 360 − 4 720 − 4 760 − 80 = −6 200（元）

3.（1）①借：交易性金融资产 32 960 500

贷：银行存款——美元户 32 960 500（US $ 500）

②借：应收账款——美元户 1 964 280（US $ 30）

贷：主营业务收入 1 964 280

③借：银行存款——美元户 32 677 500（US $ 500）

贷：实收资本——外方投资 32 677 500（US $ 500）

④借：原材料 3 275 350

贷：应付账款——美元户 3 275 350（US $ 50）

⑤借：银行存款——美元户 1 311 160（US $ 20）

贷：应收账款——美元户 1 311 160（US $ 20）

⑥借：在建工程 326 245

贷：长期借款——应计利息 326 245（US $ 5）

⑦交易性金融资产公允价值变动金额 = 100 × 4.6 × 6.5249 − 100 × 5 × 6.5921

= −294.596（万元）

借：公允价值变动损益 2 945 960

贷：交易性金融资产——公允价值变动 2 945 960

（2）银行存款期末汇兑损益 = (500 − 500 + 500 + 20) × 6.5249 − (500 × 6.5782 − 500 × 6.5921 + 500 × 6.5355 + 20 × 6.5558) = 1.032（万元）

应收账款期末汇兑损益 = (200 + 30 − 20) × 6.5249 − (200 × 6.5782 + 30 × 6.5476 − 20 × 6.5558) = −10.723（万元）

应付账款期末汇兑损益 = (100 + 50) × 6.5249 − (100 × 6.5782 + 50 × 6.5507) = −6.62（万元）

长期借款期末汇兑损益 = (50 + 5) × 6.5249 − (50 × 6.5782 + 5 × 6.5249)

= −2.665（万元）

编制会计分录如下：

借：长期借款——美元户 26 650

贷：在建工程 26 650

借：财务费用 30 710

银行存款——美元户　　10 320

应付账款——美元户　　66 200

贷：应收账款——美元户　　107 230

4.（1）编制2020年第二季度外币交易的会计分录。

①4月1日

借：在建工程　　7 810 000

贷：银行存款——欧元户　　7 810 000（EUR€100）

②4月20日

借：银行存款——人民币户　　3 835 000（EUR€50）

财务费用——汇兑损益　　5 000

贷：银行存款——欧元户　　3 840 000（EUR€50）

③5月1日

借：在建工程　　9 204 000

贷：银行存款——欧元户　　9 204 000（EUR€120）

④5月15日

借：银行存款——欧元户　　7 690 000（EUR€100）

贷：应收账款——欧元户　　7 609 000（EUR€100）

⑤6月30日

专门借款利息收入＝(1 000－600)×0.5%×3＝6（万欧元）

专门借款予以资本化金额＝15－6＝9（万欧元）

借：财务费用　　477 600

在建工程　　(9/15×1 194 000) 716 400

贷：应付利息——欧元户　　1 194 000（EUR€15）

⑥第二季度末

借：银行存款——欧元户　　477 600（EUR€6）

贷：应收利息——欧元户　　477 600（EUR€6）

（2）计算2020年第二季度计入在建工程和当期损益的汇兑损益

①长期借款账户汇兑差额＝600×(7.96－7.81)＝90（万元）

应付利息账户汇兑差额＝9×（7.96－7.81）＝1.35（万元）

计入在建工程汇兑差额＝90＋1.35＝91.35（万元）

②银行存款汇兑差额＝(400－100－50－120＋100＋6)×7.96－(3 124－781－384－920.4＋769＋47.76)＝23.2（万元）

应收账款汇兑差额＝(300－100)×7.96－(2 343－769)＝18（万元）

未使用长期借款汇兑差额 = 400 × (7.96 − 7.81) = 60（万元）

应付利息汇兑差额 = 6 × (7.96 − 7.81) = 0.9（万元）

计入当期损益的汇兑差额 = 23.2 + 18 − 60 − 0.9 + 0.5 = 19.2（万元）

（3）编制与期末汇兑差额相关的会计分录。

借：在建工程　　913 500

　　贷：长期借款　　900 000

　　　　应付利息　　13 500

借：银行存款　　232 000

　　应收账款　　180 000

　　财务费用——汇兑损益　　197 000

　　贷：长期借款　　600 000

　　　　应付利息　　9 000

5.（1）采用时态法折算为以美元为单位的报表如下：

资产负债表

2020 年 12 月 31 日

项　目	LC	汇率	US
现金	50 000	0.24	12 000
应收账款	100 000	0.24	24 000
存货	150 000	0.22	33 000
固定资产（净值）	800 000	0.23	184 000
资产合计	1 100 000		253 000
应付账款	240 000	0.24	57 600
长期债券	100 000	0.24	24 000
实收资本	500 000	0.23	115 000
留存收益	260 000		56 400
负债及所有者权益合计	1 100 000		253 000

利润表

2020 年 12 月 31 日

项　目	LC	汇率	US
主营业务收入	1 000 000	0.20	200 000
主营业务成本	595 000	0.20	119 000
折旧费	100 000	0.23	23 000
管理费用	149 300	0.20	29 860

续表

项　　目	LC	汇率	US
税前收益	155 700		28 140
所得税费用	46 700	0. 20	9 340
折算损失			8 710
净利润	109 000		10 090
未分配利润（2019 年底）	220 000		60 800
合计	329 000		70 890
现金股利	69 000	0. 21	14 490
未分配利润（2020 年底）	260 000		56 400

（2）采用货币与非货币项目法折算为以美元为单位的报表如下：

资产负债表

2020 年 12 月 31 日

项　　目	LC	汇率	US
现金	50 000	0. 24	12 000
应收账款	100 000	0. 24	24 000
存货	150 000	0. 20	30 000
固定资产（净值）	800 000	0. 23	184 000
资产合计	1 100 000		250 000
应付账款	240 000	0. 24	57 600
长期债券	100 000	0. 24	24 000
实收资本	500 000	0. 23	115 000
留存收益	260 000		53 400
负债及所有者权益合计	1 100 000		250 000

利润表

2020 年 12 月 31 日

项　　目	LC	汇率	US
主营业务收入	1 000 000	0. 20	200 000
主营业务成本	595 000	0. 20	119 000
折旧费	100 000	0. 23	23 000
管理费用	149 300	0. 20	29 860
税前收益	155 700		28 140

续表

项目	LC	汇率	US
所得税费用	46 700	0.20	9 340
折算损失			11 710
净利润	109 000		7 090
未分配利润（2019 年底）	220 000		60 800
合计	329 000		67 890
现金股利	69 000	0.21	14 490
未分配利润（2020 年底）	260 000		53 400

该报表折算结果与时态法有所不同。采用货币与非货币项目法折算时，存货项目的折算以取得时的汇率作为折算汇率，而时态法下由于存货以市价计价，所以应按现行汇率折算。

6.（1）编制甲公司购入、售出时的相关会计分录。

①购入时：

借：交易性金融资产　　（10 000 × 1.5 × 7.05）105 750

　　贷：银行存款——美元户　　105 750（US $ 15 000）

上述交易性金融资产在 2019 年末资产负债表日的人民币金额为 139 600 元（2 × 10 000 × 6.98），与原账面价值 105 750 元（1.5 × 10 000 × 7.05）的差额为 33 850 元人民币，应计入公允价值变动损益。相应的会计分录为：

借：交易性金融资产　　33 850

　　贷：公允价值变动损益　　33 850

②出售时：

借：银行存款——美元户　　154 440（US $ 22 000）

　　贷：交易性金融资产　　（2 × 10 000 × 6.98）139 600

　　　　投资收益　　14 840

同时将原确认的公允价值变动损益转入投资收益：

借：公允价值变动损益　　33 850

　　贷：投资收益　　33 850

（2）影响甲公司 2020 年的损益合计数 = 14 840 + 33 850 − 33 850

= 14 840（元）

7. 该子公司的会计报表折算为以人民币为报告货币的会计报表如下：

资产负债表

2020 年 12 月 31 日　　　　单位：万货币单位

资　　产	期末数（万欧元）	折算汇率	折算为人民币金额（万元人民币）	负债及所有者权益	期末数（万欧元）	折算汇率	折算为人民币金额（万元人民币）
货币资金	100	8.03	803	短期借款	45	8.03	361.35
应收账款	90	8.03	722.7	应付账款	285	8.03	2 288.55
存货	190	8.03	1 525.7	其他流动负债	110	8.03	883.3
其他流动资产	240	8.03	1 927.2	长期借款	140	8.03	1 124.2
长期投资	150	8.03	1 204.5	应付债券	170	8.03	1 365.1
固定资产原值	750	8.03	6 022.5	所有者权益	—		
减：累计折旧	650	8.03	5 219.5	实收资本	500	8	4 000
固定资产净值	100	8.03	803	资本公积	0	8	0
在建工程	550	8.03	4 416.5	盈余公积	120		900.9
无形资产及其他资产	80	8.03	642.4	未分配利润	130		1 038.7
				外币报表折算差额			82.9
资产合计	1 500		12 045	合　　计	1 500		12 045

利润及利润分配表

2020 年　　　　单位：万货币单位

项　　目	期末数（欧元）	折算汇率	折算为人民币金额（人民币）
一、主营业务收入	2 000	7.87	15 740
减：主营业务成本	1 500	7.87	11 805
主营业务税金及附加	40	7.87	314.8
二、主营业务利润	460		3 620.2
减：管理费用	100	7.87	787
财务费用	10	7.87	78.7
三、营业利润	350		2 754.5
加：投资收益	30	7.87	236.1
营业外收入	40	7.87	314.8
减：营业外支出	20	7.87	157.4
四、利润总额	400		3 148
减：所得税	120	7.87	944.4
五、净利润	280		2 203.6

续表

项　　目	期末数（欧元）	折算汇率	折算为人民币金额（人民币）
加：年初未分配利润	120		960
六、可分配利润	400		3 163.6
减：提取盈余公积	70	7.87	550.9
应付利润	200	7.87	1 574
七、未可分配利润	130		1 038.7

所有者权益变动表

2020 年　　　　单位：万货币单位

	实收资本			盈余公积			未分配利润		外币报表折算差额	所有者权益合计
	欧元	折算汇率	人民币	欧元	折算汇率	人民币	欧元	人民币		人民币
一、本年年初余额	500	8	4 000	50	7	350	120	960		5 310
二、本年增减变动金额										
（一）净利润							280	2 203.6		2 203.6
（二）直接计入所有者权益的利得和损失										82.9
其中：外币报表折算差额									82.9	82.9
（二）利润分配										
1. 提取盈余公积				70	7.87	550.9	-70	-550.9		0
2. 应付利润							-200	-1 574		-1 574
三、本年年末余额	500	8	4 000	120		900.9	130	1 038.7	82.9	6 022.5

8.（1）母公司的账务处理

①2020 年 7 月 1 日母公司出借款项：

借：长期应收款——美元　　　　14 140 000（US $ 2 000 000）

　　贷：银行存款——美元　　　　14 140 000（US $ 2 000 000）

②2020 年 12 月 31 日按母公司期末汇率调整：

调整额 = 2 000 000 × 6.52 - 14 140 000 = -1 100 000（元）

借：财务费用——汇兑损益　　　　1 100 000

贷：长期应收款——美元　　1 100 000

（2）子公司的账务处理

①2020 年 7 月 1 日子公司收到款项

借：银行存款　　2 000 000

贷：长期应付款　　2 000 000

②2020 年 12 月 31 日子公司无须进行汇率调整。

（3）合并财务报表抵销分录：

借：长期应付款　　13 040 000

贷：长期应收款　　13 040 000

借：其他综合收益——外币报表折算差额　　1 100 000

贷：财务费用——汇兑损益　　1 100 000

（五）案例

1. 中国交建在外币交易会计的处理中，采用的是“两项交易”观点。该观点的基本内容为企业购、销业务的发生与外币的实际支付应被视为两项对等的交易，在购、销业务发生时应以当日的现行汇率确认取得的收入或支付的成本，期末编表及结算的汇率变动与确认的收入和成本不再有直接的关系。中国交建在对外币交易进行初始确认时，采用交易发生日的即期汇率作为折算汇率，折算为人民币进行记账；只有在资产负债表日，才会根据一定标准进行有关汇兑损益的处理，符合“两项交易”观点的内容。另外，在“单一交易”观点下，汇率的变动虽然也是账项调整的条件，但最终确认购、销依据的还是外币结算日的汇率；由于确认的依据为结算日的现行汇率，也就不会出现汇兑损益。

这两种方法的联系主要体现在账务处理的第一步，按“两项交易”即期确认汇兑损益法进行账务处理的第一笔分录的记录形式上与“单一观点”下的处理完全一致。而对于两者的区别，简单来说，单一交易观下，将交易日和结算日之间的汇率变化差额直接调整销售收入、购货成本等非货币性项目，两项交易观下，该汇率变化差额被计入“汇兑损益”这一账户中，对按交易日确定的销售收入、购货成本等不再作调整。

2. 从财务角度看，公司可分短期措施和中长期措施。（1）短期措施：①减少持有的外币头寸，缩短外币收支的时限；②加大本币结算。（2）中长期措施：采用金融衍生工具规避汇率风险，常见的金融衍生工具包括外汇远期、外汇掉期、外汇期货和期权及其组合。

3. 我国外币交易的会计处理中采用国际上比较普遍的“两项交易观点”，对于未实现的汇兑差额在当期确认当期损益，不递延。该方法在各期汇率逆向变动时会造成企业各期利润的巨大波动，所以财政部可增加外币交易会计处理的选择方法供企业选择。同理 CAS19 规定外币财务报表折算方法基本上使用的是现行汇率法，但我国跨国公司目前的现状是中小企业在数量上占相当比重，其海外子公司规模偏小且海外子公司多数属于母公司的国外有机组成部分，所以关于外币财务报表的折算还是先根据其与报告企业相关的融资和经营方式，将“境外经营”划分为“报告企业经营组成部分的境外经营”和“境外实体”两种类型从而分别采用时态法和现行汇率法比较合适。

第七章

习题答案

（一）单项选择题

1. D　2. D　3. C　4. B　5. B　6. A　7. A　8. C
9. D　10. C　11. B　12. B　13. B　14. A　15. C

（二）多项选择题

1. ABC　2. ACD　3. ABCD　4. ABC　5. ABC　6. BCD
7. ABC　8. ABC　9. AD　10. ACD　11. AD　12. AC
13. AD　14. ABC　15. AB

（三）判断题

1. √　2. √　3. √　4. ×　5. ×　6. ×　7. ×　8. √
9. ×　10. ×　11. ×　12. ×　13. √　14. √　15. ×

（四）计算与账务处理题

1.（1）甲公司应将其划分为以公允价值计量且其变动计入其他综合收益的金融资产，通过“其他债权投资”科目核算。

企业应将其为购入其他债权投资支付的相关交易费用计入初始入账价值中，因此，其他债权投资的初始入账成本 =2 200 +10 =2 210（万元）。

借：其他债权投资——成本　2 000
　　　　　　　　——利息调整　210
　贷：银行存款　2 210

（2）2020 年应确认的票面利息 =2 000 ×5% = 100（万元）

应确认的实际利息 =2 210 ×2.73% =60.33（万元）

利息调整的分摊金额 = 100 -60.33 =39.67（万元）

期末摊成本 =2 210 -39.67 =2 170.33（万元）

期末账面价值 =2 170.33 万元

期末公允价值 =2 000 万元

本期应确认公允价值变动 =2 170.33 -2 000 =170.33（万元）（下跌）

相关会计分录为：

借：应收利息　　1 000 000

　　贷：投资收益　　603 300

　　　　其他债权投资——利息调整　　396 700

借：其他综合收益　　1 703 300

　　贷：其他债权投资——公允价值变动　　1 703 300

2020 年末，确认公允价值变动之后，期末摊余成本 =2 170.33 万元

期末账面价值 =2 170.33 -170.33 =2 000（万元）

（3）2021 年应确认的票面利息 =2 000 ×5% =100（万元）

应确认的实际利息 =2 170.33 ×2.73% =59.25（万元）

利息调整的分摊金额 = 100 -59.25 =40.75（万元）

本期应确认公允价值变动 =(2 000 -40.75) -1 100

=859.25（万元）（下跌）

该项金融资产在 2021 年末应计提损失准备。因为该项金融资产的信用风险自初始确认后已显著增加。

相关会计分录为：

借：应收利息　　1 000 000

　　贷：投资收益　　592 500

　　　　其他债权投资——利息调整　　407 500

借：其他综合收益　　8 592 500

　　贷：其他债权投资——公允价值变动　　8 592 500

借：信用减值损失　　11 295 800

　　贷：其他综合收益　　11 295 800

（4）“成本”明细 =2 000 万元。

“利息调整”明细 =210 -39.67 -40.75 =129.58（万元）（借方余额）。

“公允价值变动”明细 = 170.33 +859.25 =1 029.58（万元）（贷方余额）。

处置时账面价值 = 2 000 + 129.58 -1 029.58 =1 100（万元）。

处置分录：

借：银行存款　　（13 100 000 - 100 000）13 000 000
　　其他债权投资——公允价值变动　　10 295 800
　　贷：其他债权投资——成本　　20 000 000
　　　　　　　　　——利息调整　　1 295 800
　　　　投资收益　　2 000 000
借：其他综合收益　　1 000 000
　　贷：投资收益　　1 000 000

2.（1）取得对丙公司股权时：
借：其他权益工具投资——成本　　26 000 000
　　贷：银行存款　　26 000 000

2020 年确认公允价值变动的增加额 = 2 800 - 2 600 = 200（万元）。
借：其他权益工具投资——公允价值变动　　2 000 000
　　贷：其他综合收益　　2 000 000

确认现金股利收入：
借：应收股利　　100 000
　　贷：投资收益　　100 000

2021 年 1 月 1 日收到时：
借：银行存款　　100 000
　　贷：应收股利　　100 000

2021 年应确认公允价值变动的增加额 = 3 200 - 2 800 = 400（万元）。
借：其他权益工具投资——公允价值变动　　4 000 000
　　贷：其他综合收益　　4 000 000

2022 年 4 月 1 日处置对丙公司股权投资时：
借：银行存款　　33 000 000
　　其他综合收益　　6 000 000
　　贷：其他权益工具投资——成本　　26 000 000
　　　　公允价值变动　　6 000 000
　　　　盈余公积　　700 000
　　　　利润分配——未分配利润　　6 300 000

（2）取得对丁公司股权时：
借：交易性金融资产——成本　　22 000 000
　　投资收益　　10 000
　　贷：银行存款　　22 010 000

2020 年末确认公允价值变动的增加额 = 2 700 - 2 200 = 500（万元）。

借：交易性金融资产——公允价值变动　　5 000 000

　　贷：公允价值变动损益　　5 000 000

2021 年末确认公允价值变动的增加额 =2 400 - 2 700 = - 300（万元），即公允价值下降 300 万元。

借：公允价值变动损益　　3 000 000

　　贷：交易性金融资产——公允价值变动　　3 000 000

2022 年 4 月 1 日处置对丁公司股权时：

借：银行存款　　24 500 000

　　贷：交易性金融资产——成本　　22 000 000

　　　　公允价值变动　　2 000 000

　　　　投资收益　　500 000

（3）企业处置对丙公司股权不影响 2022 年的净利润，增加 2022 年的盈余公积的金额 =（3 300 - 3 200 + 200 + 400）×10% =70（万元），增加 2022 年的“利润分配 - 未分配利润” =（3 300 - 3 200 + 200 + 400）×90% =630（万元），即不影响 2022 年度的净利润，增加 2022 年 12 月 31 日所有者权益总额 100 万元。

企业处置对丁公司股权增加 2022 年净利润 50 万元（2 450 - 2 400），不直接影响 2022 年的所有者权益，年末因利润归集增加盈余公积的金额 =50 ×10% =5（万元），增加“利润分配 - 未分配利润”的金额 =50 ×90% =45（万元），即增加 2022 年度的净利润 50 万元，增加 2022 年 12 月 31 日的所有者权益总额 50 万元（5 +45）。

3.（1）甲公司应将其分类为以摊余成本计量的金融资产核算。

理由：甲公司持有 A 类资产支持证券的目的是收取合同现金流量，且该证券满足基本借贷安排，即在特定日期产生的现金流量，仅为对本金和以未偿付本金金额为基础的利息的支付，所以，应分类为以摊余成本计量的金融资产。

（2）甲公司应将其分类为以公允价值计量且其变动计入当期损益的金融资产核算。理由：根据甲公司购买银行理财产品合同的约定，将客户投资理财产品募集的资金投资于 3A 级公司债券、申购新股和购买国债，底层资产不满足基本借贷安排，即无法通过合同现金流量测试，所以，应分类为以公允价值计量且其变动计入当期损益的金融资产。

（3）①甲公司保理的应收账款在初始确认时应当分类为以公允价值计量且其变动计入其他综合收益的金融资产核算。

理由：由于甲公司初始确认时对应收账款进行管理的目标是将应收账款持有到期后收取款项，同时兼顾流动性要求转让应收账款，属于既收取合同现金流量又出售该金融资产为目标的业务模式，所以，应分类为以公允价值计量且其变动计入其他综合收益的金融资产。

②甲公司应收账款业务不能终止确认。

理由：甲公司与该项应收账款所有权上的风险报酬没有转移，因为如果应收账款到期后债务人不能按期支付款项，甲公司有义务向其开户银行偿付，所以，不能终止确认。

与应收账款变现相关的会计分录为：

借：银行存款　　4 800

　　财务费用　　50

　　贷：长期借款　　4 850

③应收账款在2020年12月31日资产负债表中列示的项目名称为“应收款项融资”。

（4）甲公司发行的永续债应当分类为权益工具。

理由：甲公司根据合同条款可以无条件地避免交付现金或其他金融资产，即甲公司有权取消支付永续债当期的利息，且不构成违约，本次发行的永续债不设置投资者回售条款也不设置强制转换为普通股的条款，所以，应分类为权益工具。

会计分录为：

借：银行存款　　3 000

　　贷：其他权益工具　　3 000

（5）①甲公司应将拟出售丁公司20%股权划分为持有待售类别，不再按照权益法核算。

②会计处理为：

借：持有待售资产——长期股权投资　　2 400

　　贷：长期股权投资——投资成本　　1 600

　　　　　　　　　　——损益调整　　600

　　　　　　　　　　——其他综合收益　　200

③甲公司保留所持有丁公司10%股权应在20%股权投资出售前继续采用权益法进行会计核算。

4.（1）不符合终止确认条件。

理由：长城公司由于既没有转移也没有保留该笔组合贷款所有权上几乎所有的风险和报酬，也未放弃对其控制，而且因为贷款没有活跃的市场，中国建设银行深圳支行不具备出售该笔贷款的“实际能力”，导致长城公司也未放弃对该笔贷款的控制，所以，应当按照继续涉入该笔贷款的程度确认有关资产和负债。

（2）不符合终止确认条件。

理由：由于期权的行权价（400 万元）小于行权日债券的预计公允价值(500 万元)，因此，该看涨期权属于重大价内期权，即长城公司在行权日将重新购回该债券。所以，在转让日，可以判定债券所有权上的风险和报酬尚未全部转移给长江公司，长城公司不应当终止确认该债券。

（3）符合终止确认条件。

理由：通过企业与购买方华夏银行之间签订的协议，企业按一定价格出售了一项金融资产，同时约定到期日企业再将该金融资产购回，回购价为到期日该金融资产的公允价值。在回购等待期内，该项金融资产如果发生减值，其减值损失由购买方承担；如果升值，其收益由购买方享有。企业在金融资产转移后只保留了优先按照公允价值回购该金融资产的权利，因此可以认定企业已经转移了该项金融资产所有权上几乎所有的风险和报酬。因此，应当终止确认该金融资产。

（4）不符合终止确认条件。

理由：由于此项出售属于附回购协议的金融资产出售，到期后长城公司应将该笔国债购回，回购价固定，因此可以判断，该笔国债所有权上几乎所有的风险和报酬没有转移给黄河公司，长城公司不应终止确认该笔国债。

（五）案例

1.（1）金融资产，是指企业持有的①现金、②其他方的权益工具、③从其他方收取现金或其他金融资产的合同权利；④在潜在有利条件下，与其他方交换金融资产或金融负债的合同权利；⑤将来须用或可用企业自身权益工具进行结算的非衍生工具合同，且企业根据该合同将收到可变数量的自身权益工具；⑥将来须用或可用企业自身权益工具进行结算的衍生工具合同，但以固定数量的自身权益工具交换固定金额的现金或其他金融资产的衍生工具合同除外。

货币资金属于现金，交易性金融资产是指符合金融资产定义的为交易而持有的金融资产，应收票据、应收账款、其他应收款具有从其他方收取现金的权利，其他债权投资符合与其他方交换金融负债的合同权利的定义、其他权益工具投资符合其他方的权益工具的定义。因此，公司持有的金融资产有：货币资金、交易性金融资产、应收票据及应收账款、其他应收款、其他债权投资、其他权益工具投资。

（2）金融负债，是指企业符合下列条件之一的负债：①向其他方交付现金或其他金融资产的合同义务。②在潜在不利条件下，与其他方交换金融资产或金融负债的合同义务。③将来须用或可用企业自身权益工具进行结算的非衍生工具合同，且企业根据该合同将交付可变数量的自身权益工具。④将来须用或可用企业自身权益工具进行结算的衍生工具合同，但以固定数量的自身权益工具交换固定金额的现金或其他金融资产的衍生工具合同除外。

短期借款、应付票据、应付账款和长期应付款符合向其他方交付现金的合同义务定义，交易性金融负债属于以公允价值计量且其变动计入当期损益的金融负债。因此，公司持有的金融负债有：短期借款、交易性金融负债、应付票据及应付账款、长期应付款。

（3）权益工具，是指能证明拥有某个企业在扣除所有负债后的资产中的剩余权益的合同。企业发行的金融工具同时满足下列条件：①该金融工具应当不包括交付现金或其他金融资产给其他方，或在潜在不利条件下与其他方交换金融资产或金融负债的合同义务；②将来须用或可用企业自身权益工具结算该金融工具。如为非衍生工具，该金融工具应当不包括交付可变数量的自身权益工具进行结算的合同义务；如为衍生工具，企业只能通过以固定数量的自身权益工具交换固定金额的现金或其他金融资产结算该金融工具。因此，公司持有的权益工具有股本（普通股）。

（4）值得注意的是：

①预付、预收款项不属于金融资产和金融负债，因为该项目要求主体交付一项实物资产，而不是交付现金或其他金融工具的义务。

②应交税费（含所得税和其他税费）是法定义务而不是合同义务，因此不属于金融负债或金融资产。

③应付职工薪酬中，金额确定且需向职工支付现金或其他金融资产的部分属于金融负债。非货币性福利、工会经费和职工教育经费等不属于金融负债。

2.（1）新准则与原准则差异

在分类上，“四分类”改为“三分类”，原准则将金融资产分类为“以公允价值计量且其变动计入当期损益的金融资产”“持有至到期投资”“贷款和应收款项”和“可供出售金融资产”四类，而修订后的新准则将金融资产分为“以摊余成本计量的金融资产”“以公允价值计量且其变动计入其他综合收益的金融资产”和“以公允价值计量且其变动计入当期损益的金融资产”三类。

在确认流程上，新准则引入了对业务模式金额和合同现金流量的判断，金融资产确认首先应确定业务模式，其次确定是否满足合同现金流量测试，再判断是否使用公允价值选择权消除会计错配，最终确定金融资产的分类。

在后续计量中，金融资产减值由“已发生损失法”改为“预期损失法”。在“已发生损失法”下，客观证据表明金融资产已经发生损失时，才对相关金融资产计提减值准备。“预期损失法”则要求金融企业自金融工具初始确认时确认未来12月的信用损失，并对信用风险是否显著增加进行持续监控，以便确定是否需计算其整个存续期内的预期信用损失。

在重分类上，金融资产重分类的要求变化。旧准则对于FVTPL与其他类金融资产之间的重分类作出了禁止性的规定，仅允许将“持有至到期投资”重分类为“可供出售金融资产”。新准则中，对于金融资产，三类金融资产之间都允许重分类；但对于金融负债，所有金融负债均不得进行重分类。

（2）新金融工具准则的颁布对公司财务报告的影响

①可供出售金融资产分类为“以公允价值计量且其变动计入其他综合收益的金融资产”（FVTOCI）

2017年12月31日，中新药业可供出售金融资产账面价值1.49亿元，核算项目包括天房发展、滨海能源、天津港、华东医药等9家公司的股权投资。在本次执行新准则过程中，中新药业将其全部划分为FVTOCI，作为非交易性权益工具核算，以“其他权益工具投资”报表科目列示。

将原可供出售金融资产划分为FVTOCI的非交易性权益工具，也意味着新准则下，由于以前年度公允价值变动形成的其他综合收益，即使在该金融工具处置时，也不能够再影响损益，而是直接转入留存收益。

②其他流动资产中部分银行短期理财产品转入“以公允价值计量且其变动计入当期损益的金融资产”（FVTPL）

年报显示，2017年12月31日，中新药业其他流动资产中，包含银行理财产品1.005亿元，其中交易成立后不支持本金提前兑付的理财产品有两笔，合计金额0.88亿元；支持本金提前兑付的理财产品0.125亿元，为向农行购入的短期理财产品。中新药业在本次新金融工具分类中，将可提前兑付本金的理财产品划分为FVTPL，以“交易性金融资产”报表科目列示。

③持有至到期投资分类为“以公允价值计量且其变动计入其他综合收益的金融资产”（FVTOCI）

2017年12月31日，中新药业持有至到期投资账面余额5.42亿元，核算项目为债券投资（国债、公司债、金融债券等）。在本次金融工具按新准则分类中，5.27亿元被划分为FVTOCI的债权工具，在“其他债权投资”报表科目列示，并确认公允价值变动－1 937.86万元，补提其他综合收益。

④其他流动负债（融资回购业务）转入交易性金融负债

2017年底中新药业账面的其他流动负债余额为2.34亿元，性质为融资回购业务中的标准券——即从证券交易市场进行融资回购，将公司持有的长期债券进行质押，以回购标准券形式融入资金。2018年中报中，也一并进行了重新划分，转入交易性金融负债（以公允价值计量且其变动计入当期损益）中核算。

第八章

习题答案

（一）单项选择题

1. A　2. A　3. C　4. A　5. D　6. D　7. A　8. C
9. B　10. D　11. D　12. D　13. D　14. C　15. C

（二）多项选择题

1. ABCD　2. ABCD　3. ABCD　4. ABCD　5. BCD　6. ABC
7. ABD　8. ABC　9. CD　10. ACD　11. ABC　12. ABCD
13. BCD　14. AC　15. BD

（三）判断题

1. ×　2. √　3. ×　4. ×　5. √　6. ×　7. √　8. ×
9. ×　10. √　11. ×　12. √　13. ×　14. ×　15. √

（四）计算与账务处理题

1. （1）大华公司的账务处理如下：

2020 年 1 月 1 日，将甲库存商品套期：

借：被套期项目——甲库存商品　　1 000 000
　　贷：库存商品——甲　　1 000 000

2020 年 6 月 30 日，确认 A 衍生金融工具和被套期的甲库存商品的公允价值变动，出售甲库存商品并结算 A 衍生金融工具。

结转套期工具 A 的公允价值变动：

借：套期工具——衍生金融工具 A　　25 000

贷：套期损益 25 000

结转被套期项目甲库存商品的公允价值变动：

借：套期损益 25 000

贷：被套期项目——甲库存商品 25 000

售出甲库存商品，货款收到存入银行：

借：银行存款 1 075 000

贷：主营业务收入 1 075 000

结转甲库存商品的销售成本 975 000 元（1 000 000 - 25 000）：

借：主营业务成本 975 000

贷：被套期项目——甲库存商品 975 000

收到 A 套期工具结算款 50 000 元，存入银行，编制会计分录如下：

借：银行存款 25 000

贷：套期工具——衍生金融工具 A 25 000

（2）大华公司的账务处理如下：

2020 年 1 月 1 日，将甲库存商品套期：

借：被套期项目——甲库存商品 1 000 000

贷：库存商品——甲 1 000 000

2020 年 6 月 30 日，确认 A 衍生金融工具和被套期的甲库存商品的公允价值变动，出售商品甲并结算 A 衍生金融工具。

结转套期工具 A 的公允价值变动：

借：套期工具——衍生金融工具 A 22 500

贷：套期损益 22 500

结转被套期项目甲库存商品的公允价值变动：

借：套期损益 25 000

贷：被套期项目——甲库存商品粮 25 000

售出甲库存商品，货款收到存入银行：

借：银行存款 1 075 000

贷：主营业务收入 1 075 000

结转甲库存商品的销售成本：

借：主营业务成本 975 000

贷：被套期项目——甲库存商品 975 000

收到套期工具 A 结算款存入银行：

借：银行存款 22 500

贷：套期工具——衍生金融工具 A 22 500

2. （1）2020 年 1 月 1 日，甲公司不作会计处理。

（2）2020 年 6 月 30 日：

确认衍生金融工具的公允价值变动：

借：套期工具——衍生金融工具 B 25 000

贷：资本公积——其他资本公积（套期工具价值变动） 25 000

A 商品对外售出，收到款项存入银行：

借：银行存款 1 075 000

贷：主营业务收入 1 075 000

B 衍生金融工具以银行存款结算：

借：银行存款 25 000

贷：套期工具——衍生金融工具 B 25 000

确认将原计入资本公积的衍生金融工具公允价值变动转出，调整销售收入：

借：资本公积——其他资本公积（套期工具价值变动） 25 000

贷：主营业务收入 25 000

3. 甲公司的做法不完全正确。

（1）甲公司将远期外汇合同划分为公允价值套期的处理是正确的，根据套期保值准则，对外汇确定承诺的套期既可以划分为公允价值套期，也可以划分为现金流量套期。

（2）远期外汇合同公允价值金额计算正确。

2020 年 12 月 31 日远期外汇合同的公允价值 $=[(4.5-4.48)\times 6\ 000/(1+6\%\times 1/12)]=119.4$（元人民币）

2021 年 1 月 30 日远期外汇合同的公允价值 $=(4.5-4.46)\times 6\ 000$

$=2\ 40$（元人民币）

（3）油脂厂将套期保值认定为公允价值套期后，远期外汇合同公允价值应该计入当期损益（套期损益），如果认定为现金流量套期才应该计入资本公积。

（4）库存商品的金额 $=60\times 100\times 4.46+2\ 40=27\ 000$（元）。公允价值套期下远期外汇合同公允价值影响库存商品的金额，现金流量套期不影响库存商品的金额。

4. （1）甲公司上述套期可以划分为现金流量套期。理由：对确定承诺的外汇风险进行的套期，既可以划分为公允价值套期，也可以划分为现金流量套期。

（2）该项尚未确认的确定承诺被指定为被套期项目，外币远期合同被指定为公允价值套期的套期工具。甲公司签订设备购买合同的当日即 2021 年 3 月 3 日无须进行会计处理，理由：远期合同和确定承诺当日公允价值均为 0。

（3）2021 年 3 月 31 日

①确认确定承诺因汇率变动引起的公允价值变动：

借：套期损益　　[（6.68－6.65）×3 000］90

　　贷：被套期项目——确定承诺　　90

②确认套期工具的公允价值变动：

借：套期工具——远期合同　　90

　　贷：套期损益　　90

（4）2021 年 4 月 30 日

①确认确定承诺因汇率变动引起的公允价值变动：

借：套期损益　　[（6.80－6.68）×3 000］360

　　贷：被套期项目——确定承诺　　360

②确认套期工具的公允价值变动：

借：套期工具——远期合同　　360

　　贷：套期损益　　360

③结算远期合同：

借：银行存款　　450

　　贷：套期工具——远期合同　　450

（5）甲公司 2021 年 4 月 30 日履行该项确定承诺时购入的固定资产原值＝3 000×6.80－（90＋360）＝19 950（万元）。

借：固定资产——设备　　20 400

　　贷：银行存款　　（3 000×6.80）20 400

借：被套期项目——确定承诺　　450

　　贷：固定资产——设备　　450

（五）案例

1. 衍生品投资具有较大的风险与不确定性，作为公众公司必须重视衍生品投资的制度建设与风险防控。深圳证券交易所为此专门发布了《深圳证券交易所上市公司信息披露工作指引第 8 号：衍生品投资》文件。文件主要内容有：

（1）上市公司在衍生品投资前，应建立有效的衍生品投资风险控制及信息披露制度，明确规定衍生品投资的授权范围、审批程序、操作要点、风险管理及信息披露等具体要求。应指定相关部门评估衍生品的投资风险，分析衍生品投资的可行性与必要性，及时上报突发事件及风险评估变化情况。

（2）在投资决策过程中，应当建立恰当的投资审议程序。在进行衍生品投资时，应当根据相应会计政策，确定衍生品投资业务的计量及核算方法，公允披露与衍生品相关的价值变动情况，尽可能地避免以套期保值为借口从事衍生品投机。

（3）上市公司应披露衍生品初始投资相关信息，主要有：

①履行合法表决程序的说明。②拟投资衍生品的主要条款。③本次衍生品投资的必要性。④公司投资衍生品的准备情况。⑤衍生品投资的风险分析。⑥风险管理策略的说明。⑦衍生品公允价值分析。⑧会计政策及核算原则。⑨相关机构及人员发表的意见。

从案例中披露的关于衍生品投资管理信息可以看出，该公司较好地遵循了衍生品投资信息披露的相关规定。

2.（1）《企业会计准则第 24 号——套期会计》将套期分为公允价值套期、现金流量套期和境外净投资套期三类。

公允价值套期是指对已确认资产或负债、尚未确认的确定承诺，或上述项目组成部分的公允价值变动风险敞口进行的套期。

现金流量套期是指对现金流量变动风险敞口进行的套期。该现金流量变动源于与已确认资产或负债、极可能发生的预期交易，或与上述项目组成部分有关的特定风险，且将影响企业的损益。

境外经营净投资套期是指对现金流量变动风险敞口进行的套期。该现金流量变动源于与已确认资产或负债、极可能发生的预期交易，或与上述项目组成部分有关的特定风险，且将影响企业的损益。

（2）会计处理

公允价值套期会计：

①套期工具产生的利得或损失应当计入当期损益。如果套期工具是对选择以公允价值计量且其变动计入其他综合收益的非交易性权益工具投资（或其组成部分）进行套期的，套期工具产生的利得或损失应当计入其他综合收益。

②被套期项目因被套期风险敞口形成的利得或损失应当计入当期损益，同时调整未以公允价值计量的已确认被套期项目的账面价值。

被套期项目分类为以公允价值计量且其变动计入其他综合收益的金融资产（或其组成部分）的，其因被套期风险敞口形成的利得或损失应当计入当期损益，其账面价值已经按公允价值计量，不需要调整。

被套期项目为企业选择以公允价值计量且其变动计入其他综合收益的非交易性权益工具投资（或其组成部分）的，其因被套期风险敞口形成的利得或损失应当计入其他综合收益，其账面价值已经按公允价值计量，不需要调整。

被套期项目为尚未确认的确定承诺（或其组成部分）的，其在套期关系指定后因被套期风险引起的公允价值累计变动额应当确认为一项资产或负债，相关的利得或损失应当计入各相关期间损益。当履行确定承诺而取得资产或承担负债时，应当调整该资产或负债的初始确认金额，包括已确认的被套期项目的公允价值累计变动额。

现金流量套期会计：

①套期工具产生的利得或损失中属于有效套期的部分，作为现金流量套期储备，应当计入其他综合收益。现金流量套期储备的金额，应当按照下列两项的绝对额中较低者确定：套期工具自套期开始的累计利得或损失；被套期项目自套期开始的预计未来现金流量现值的累计变动额。

每期计入其他综合收益的现金流量套期储备的金额应当为当期现金流量套期储备的变动额。

②套期工具产生的利得或损失中属于无效套期的部分（即扣除计入其他综合收益后的其他利得或损失），应当计入当期损益。

与境外净投资套期中，套期工具利得或损失中属于有效套期的部分，应当直接确认为所有者权益，并单列项目反映。无效部分应当计入当期损益。

3. 案例公司使用阴极铜、金、银商品期货合约对阴极铜、金、银等金属产品的预期销售进行套期，以此来规避本公司承担的随着阴极铜、金、银市场价格的波动，阴极铜、金、银等金属产品的预期销售带来的预计未来现金流量发生波动的风险。案例公司采取的是现金流量套期。公司于 2020 年购入的阴极铜、金、银商品期货合约，与相应的预期销售合约的条款相对应。

截至资产负债表日，已经计入其他综合收益的现金流量套期工具公允价值变动产生的税前利得为人民币 -990 394 298.90 元，并预期将在资产负债表日后 3 个月（预期阴极铜商品销售期间）内逐步转入利润表。2020 年度，公司自其他综合收益转出计入损益的金额为人民币 -33 173 704.93 元。

第九章

习题答案

（一）单项选择题

1. B　2. A　3. D　4. D　5. B　6. C　7. C　8. A
9. B　10. A　11. B　12. D　13. D　14. B　15. B

（二）多项选择题

1. ABCD　2. ABC　3. AB　4. ABCD　5. BCD　6. AB
7. ACD　8. BD　9. ABC　10. ACD　11. ABD　12. ACD
13. ABD　14. AD　15. ABC

（三）判断题

1. ×　2. √　3. √　4. ×　5. √　6. √　7. ×　8. ×
9. √　10. √　11. ×　12. √　13. ×　14. √　15. √

（四）计算与账务处理题

1.（1）甲公司应当将其作为融资租赁。本题条件中租赁期满乙公司可以远低于租赁到期日租赁资产公允价值的金额购买租赁资产，因而甲公司在租赁开始日，就可以合理确定乙公司将行使购买选择权，因此，甲公司应将该租赁认定为融资租赁。

（2）租赁收款额 $=200\times3+0.2=600.2$（万元）。租赁收款额按市场利率折现的现值 $=200\times(P/A, 5\%, 3)+0.2\times(P/F, 5\%, 3)=200\times2.7232+0.2\times0.8638=544.81$（万元）。按照租赁资产公允价值与租赁收款额按市场利率折现的现值两者孰低的原则，确认收入为544.81万元。

（3）销售成本 = 账面价值 - 未担保余值的现值 = 400 - 0 = 400（万元）

2019 年 1 月 1 日相关会计分录：

①借：应收融资租赁款——租赁收款额　600.2
　　贷：主营业务收入　544.81
　　　　应收融资租赁款——未实现融资收益　55.39

②借：主营业务成本　400
　　贷：库存商品　400

③借：销售费用　1
　　贷：银行存款　1

（4）租赁期内各期间甲公司

租赁相关金额的计算

单位：万元

日期	收取租赁款项	确认的融资收入	应收租赁款减少额	应收租赁款净额
2019.1.1				544.81
2019.12.31	200	27.24	172.76	372.05
2020.12.31	200	18.60	181.4	190.65
2021.12.31	200.2	9.55*	190.65	
合　计	600.2	55.39	544.81	

注：*作尾数调整：9.55 = 200 - 190.45（万元）。

（5）2019 年 12 月 31 日会计分录：

①借：应收融资租赁款——未实现融资收益　27.24
　　贷：租赁收入　27.24

②借：银行存款　200
　　贷：应收融资租赁款——租赁收款额　200

2.（1）使用权资产的初始确认金额 = 100 000 × (P/A, 6%, 10)
= 100 000 × 7.3601 = 736 010（元）

相关会计分录：

借：使用权资产　736 010
　　租赁负债——未确认融资费用　263 990
　　贷：租赁负债——租赁付款额　1 000 000

（2）2020 年使用权资产计提折旧金额 = 736 010 ÷ 10 = 73 601（元）

相关会计分录：

借：管理费用　73 601
　　贷：使用权资产累计折旧　73 601

（3）在租赁变更生效日（即第6年初），甲公司基于以下情况对租赁负债进行重新计量：①剩余租赁期为5年；②年付款额为60 000元；③采用修订后的折现率5%进行折现。据此，计算得出租赁变更后的租赁负债金额＝60 000×（P/A，5%，5）＝60 000×4.3295＝259 770（元）。

（4）甲公司应基于原使用权资产部分终止的比例（即缩减的2 500平方米占原使用权资产的50%）来确定使用权资产账面价值的调减金额。在租赁变更之前，原使用权资产的账面价值＝736 010×5/10＝368 005（元），终止原使用权资产部分金额＝368 005×50%＝184 002.5（元）；原租赁负债的账面价值＝100 000×（P/A，6%，5）＝100 000×4.2124＝421 240（元），50%的账面价值为210 620元。因此，在租赁变更生效日（第6年初），甲公司终止确认50%的原使用权资产和原租赁负债，并将租赁负债减少额与使用权资产减少额之间的差额26 617.5元（即210 620－184 002.5）作为利得计入当期损益。其中，租赁负债的减少额210 620元，包括：租赁付款额的减少额250 000元（即100 000×50%×5），以及未确认融资费用的减少额39 380元（即250 000－210 620）。

甲公司终止确认50%的原使用权资产和原租赁负债的账务处理为：

借：租赁负债——租赁付款额　　250 000
　　贷：租赁负债——未确认融资费用　　39 380
　　　　使用权资产　　184 002.5
　　　　资产处置损益　　26 617.5

此外，甲公司将剩余租赁负债（210 620元）与变更后重新计量的租赁负债（259 770元）之间的差额49 150元，相应调整使用权资产的账面价值。其中，租赁负债的增加额（49 150元）包括两部分：租赁付款额的增加额50 000元［即(60 000－100 000×50%)×5］，以及未确认融资费用的增加额850元（即50 000－49 150）。甲公司调整使用权资产价值的账务处理为：

借：使用权资产　　49 150
　　租赁负债——未确认融资费用　　850
　　贷：租赁负债——租赁付款额　　50 000

3.（1）租赁期为15年。理由：在租赁期开始日，A公司（承租人）评估后认为可以合理确定将行使续租选择权，并且本题只有出租人（B公司）有权终止租赁，则不可撤销的租赁期包括终止租赁选择权所涵盖的期间，因此，租赁期确定为15年。

（2）尚未支付的租赁付款额＝14×(5 100－100)＝70 000（万元）；租赁负债的初始入账金额＝(5 100－100)×(P/A,6%,14)＝5 000×9.2950＝46 475（万元）。

（3）使用权资产的成本 = 46 475 + 5 000 + 80 + 120 ×（P/F, 6%, 15）= 46 475 + 5 000 + 80 + 120 × 0.4173 = 51 605.08（万元）。

相关会计分录：

借：使用权资产　　51 605.08

　租赁负债——未确认融资费用　　（70 000 − 46 475）23 525

　贷：租赁负债——租赁付款额　　（5 000 × 14）70 000

　　银行存款　　（5 000 + 80）5 080

　　预计负债　　（120 × 0.4173）50.08

（4）A 公司 2020 年度使用权资产的折旧额 = 51 605.08 ÷ 15 = 3 440.34（万元）。

相关会计分录：

借：管理费用　　3 440.34

　贷：使用权资产累计折旧　　3 440.34

（5）A 公司 2020 年度租赁负债的利息费用 = 46 475 × 6% = 2 788.5（万元）。

相关会计分录：

①借：财务费用　　2 788.5

　贷：租赁负债——未确认融资费用　　2 788.5

需确认恢复成本的利息费用，恢复成本的利息费用 = 50.08 × 6%
= 3（万元）。

②借：财务费用　　30 000

　贷：预计负债　　30 000

4.（1）2016 年 1 月 1 日

①借：使用权资产　　［1 000 ×（P/A, 6%, 10）］7 360

　租赁负债——未确认融资费用　　2 640

　贷：租赁负债——租赁付款额　　10 000

2016 年 12 月 31 日

②借：管理费用　　736

　贷：使用权资产累计折旧　　736

③借：租赁负债——租赁付款额　　1 000

　贷：银行存款　　1 000

④借：财务费用　　441.6

　贷：租赁负债——未确认融资费用　　441.6

（2）①该项租赁的使用权资产 2019 年 12 月 31 日的账面价值 = 1 000 ×（P/A, 6%, 10）× 6/10 = 4 416（万元）。

②该项租赁的租赁负债 2019 年 12 月 31 日的账面价值 = 1 000 ×（P/A，6%，6）= 4 917. 3（万元）。

（3）终止部分的使用权资产 2020 年 1 月 1 日的账面价值 = 4 416 × 40% = 1 766. 4（万元），终止部分的租赁负债 2020 年 1 月 1 日的账面价值 = 4 917. 3 × 40% = 1 966. 92（万元），终止部分的资产处置损益 = 1 966. 92 - 1766. 4 = 200. 52（万元）。

（4）变更后部分的租赁负债 2020 年 1 月 1 日的账面价值 = 600 ×（P/A，5%，6）= 3 045. 42（万元），租赁负债调整数 = 3 045. 42 - 4 917. 3 × 60% = 95. 04（万元），所以变更后部分的使用权资产 2020 年 1 月 1 日的账面价值 = 4 416 × 60% + 95. 04 = 2 744. 64（万元）。

（5）①借：租赁负债——租赁付款额　（1 000 × 6 × 40%）2 400

贷：租赁负债——未确认融资费用

（2 400 - 1 966. 92）433. 08

使用权资产　（4 416 × 40%）1 766. 4

资产处置损益　（1 966. 92 - 1 766. 4）200. 52

②借：使用权资产　（3 045. 42 - 4 917. 3 × 60%）95. 04

贷：租赁负债——未确认融资费用　95. 04

（6）2020 年 12 月 31 日租赁负债确认的利息费用 = 3 045. 42 × 5% = 152. 27（万元）

2020 年 12 月 31 日使用权资产计提的折旧 = 2 744. 64 ÷ 6 = 457. 44（万元），上述租赁业务对甲公司 2020 年营业利润的影响金额 = 资产处置收益 200. 52 - 财务费用 152. 27 - 管理费用 457. 44 = 409. 19（万元）。

①借：财务费用　1 522 700

贷：租赁负债——未确认融资费用　1 522 700

②借：租赁负债——租赁付款额　6 000 000

贷：银行存款　6 000 000

③借：管理费用　4 574 400

贷：使用权资产累计折旧　4 574 400

（五）案例

1. 除案例中提及的优点外，租赁还具有以下优点：（1）企业可以灵活选择与企业现金流量相匹配的支付租金的方式；（2）可以减少资产陈旧的风险；（3）可以避免因通货膨胀而造成的损失；（4）筹资成本相对低廉；（5）对租期较短的租赁而言，租赁能使承租人取得资产负债表表外筹资的效果，其结果是提高了承租人的借款能力。

2. 企业对于租赁的IT设备及办公电脑，需务必在租赁合同中规定资产出租人负有切实保护好承租人使用租赁资产期间的信息安全的责任，承租人也须时刻对信息安全风险保持警惕。

3. 在新租赁准则颁布前，原租赁准则要求承租人区分经营租赁和融资租赁，对于被分类为经营租赁的租赁只需要将每期支付的租金费用化，计入当期损益，而无须确认经营租赁产生的资产和负债，这就为某些企业利用长期经营租赁进行表外筹资提供了便利，不利于财务报表的公允性。因此，新租赁准则产生的变革具有正面的积极意义。

第十章

习题答案

（一）单项选择题

1. D　2. A　3. A　4. B　5. A　6. D　7. D
8. A　9. B　10. D　11. A　12. C　13. C　14. B　15. C

（二）多项选择题

1. ABCD　2. ABC　3. ABCD　4. ABC　5. ACD　6. ABCD
7. ABD　8. ABD　9. ABCD　10. ABCD　11. BCD　12. ABCD
13. ABCD　14. ABCD　15. ABCD

（三）判断题

1. √　2. ×　3. ×　4. ×　5. ×　6. √　7. √　8. ×
9. ×　10. ×　11. ×　12. √　13. ×　14. √　15. √

（四）计算与账务处理题

1. 根据上述资料，甲公司计算笔记本电脑的售价总额及其增值税销项税额如下：

笔记本电脑的售价总额 = 1.40 × 1 700 + 1.40 × 300
= 2 380 + 420 = 2 800（万元）

笔记本电脑的增值税销项税额 = 1 700 × 1.40 × 16% + 300 × 1.40 × 16%
= 380.80 + 67.20 = 448（万元）

应当计入生产成本的职工薪酬金额 = 2 380 + 380.80 = 2 760.80（万元）

应当计入管理费用的职工薪酬金额 = 420 + 67.20 = 487.20（万元）

甲公司有关账务处理如下：

借：生产成本　　27 608 000

管理费用 4 872 000

贷：应付职工薪酬——非货币性福利 32 480 000

借：应付职工薪酬——非货币性福利 32 480 000

贷：主营业务收入 27 608 000

应交税费——应交增值税（销项税额） 4 872 000

借：主营业务成本 20 000 000

贷：库存商品 20 000 000

2. 乙公司在2020年12月31日预计由于职工累积未使用的带薪年休假权利而导致预期将支付的工资负债即为75天（50×1.5）的年休假工资金额22 500元（75×300），并作如下账务处理：

借：管理费用 22 500

贷：应付职工薪酬——累积带薪缺勤 22 500

3. ①2020年12月31日的财务处理如下：

借：生产成本 （10 000 000×50%×1%） 50 000

管理费用 （10 000 000×50%×1.5%） 75 000

贷：应付职工薪酬——利润分享计划

（10 000 000×50%×2.5%） 125 000

②2021年6月30日的账务处理如下：

借：生产成本 （10 000 000×1.1% －50 000） 60 000

管理费用 （10 000 000×1.7% －75 000） 95 000

贷：应付职工薪酬——利润分享计划

（10 000 000×2.8% －125 000） 155 000

4. （1）计算在退休日的退休金义务现值 10×10×（P/A，10%，15）=760.61（万元）

（2）计算服务期间每年服务成本、设定受益义务（如下表）

（3）设定受益计划账务处理

第1年

借：管理费用 477 200

贷：应付职工薪酬——设定受益计划义务 477 200

第2年

借：财务费用 47 700

贷：应付职工薪酬——设定受益计划义务 47 700

借：管理费用 477 200

贷：应付职工薪酬——设定受益计划义务 477 200

单位：万元

服务年份	1	2	3	4	5	6	7	8	9	10
期初义务	0	47.72	100.21	157.95	221.47	291.34	368.19	452.73	545.72	648.01
当年	47.72	47.72	47.72	47.72	47.72	47.72	47.72	47.72	47.72	47.72
利息	0	4.77	10.02	15.8	22.15	29.13	36.82	45.27	54.57	64.88
期末义务	47.72	100.21	157.95	221.47	291.34	368.19	452.73	545.72	648.01	760.61

注：表格中相关数据的计算过程如下：

①$47.72 = 760.61 \div (1 + 10\%)^{10}$

②$4.77 = 47.72 \times 10\%$

③$100.21 = 47.72 + 47.72 + 4.77$

④由于前面计算的误差，在此做尾数调整，$64.88 = 760.61 - 648.01 - 47.72$（万元）。

（五）案例

1. 本案例中，案例公司为职工提供的薪酬包括了工资及奖金、职工福利费、社会保险费（具体包含医疗保险费、工伤保险费、生育保险费）、住房公积金、工会经费和职工、教育经费。同时提供了离职后福利，包括设定提存计划及设定受益计划。

其中设定提存计划具体包含企业应向社会保险机构缴纳的基本养老保险费、企业年金缴费、失业保险费等。

设定受益计划团是案例公司的子公司永隆银行为其员工设有设定受益计划，包括设定受益计划部分和设定受益退休计划部分。

案例公司提供的薪酬体系体现了中国特色社会主义新时代中，企业面临新的发展形势，对公司定位、职工需求和业务需要的重新思考。形成了以企业战略、组织和人才是互相支持、互相促进的薪酬体系。整体薪酬体系较为完整，也包含了固定激励、弹性激励多方面因素，能够与职工的职业发展体系、层级定位要求相匹配，实现精准激励，能够发挥良好的引导与激励效果。

2. 根据本案例提供的设定受益计划信息，讨论设定收益计划的列报方式。

（1）在综合收益表中的列报

设定受益义务现值核算时产生的利息费用、本期服务成本及过去服务成本；以及计划资产公允价值核算时产生的利息收入应当直接计入综合收益表的损益部分。设定受益义务及计划资产核算倒轧出来的重新计量部分，计入综合收益表的其他综合收益部分。

（2）在资产负债表中的列报

在资产负债表中列报的是设定受益计划净资产或净负债，即设定受益计划的义务现值与计划资产公允价值抵销的余额。之所以能设定受益计划资产与义务能抵销，是因为此项计划资产与义务存在密切关联性，复合财务报告中资产与负债抵销列报的条件。需要注意的是，如果抵销产生了净资产，则需要考虑资产上限的存在，并以资产上限为资产负债表中列报的金额。

3. 精算假设是公司对影响离职后福利最终费用的各种变量的最佳估计。精算假设包括：

（1）关于有权获得福利的现有和以前雇员（和他们的被赡养人）未来特征的人口统计假设。与人口统计假设有关的事项如：

①死亡率；

②雇员的流动比率、伤残比率和提前退休比率；

③其被赡养人有权享受福利的计划成员的比例；

④将选择计划条款下各种可能形式的支付的计划成员比例；以及

⑤医疗计划下的索付比率。

（2）财务假设，涉及的有关项目如：

①折现率；

②福利水平（扣除雇员实现福利的成本）和未来薪金；

③在医疗福利的情况下，未来的医疗费用，包括索付处理成本（即处理和解决索付发生的成本，包括法律和调解费）；以及

④与报告日之前服务相关的提存计划或由该服务产生的福利计划所导致的应付税款。

公司在作出精算假设时，应当是无偏的，既不能冒进也不能过于保守，以反应诸如通货膨胀、薪金增长率和折现率等因素之间的经济关系。对折现率的假设，应参考报告期末高质量公司债券的市场收益率确定。对那些没有成熟的高质量公司债券市场的货币而言，应使用该国货币计价的政府债券（在报告期末）的市场收益率。公司债券或政府债券的币种和期限应与离职后福利义务的币种和预计期限一致。

案例公司在评估时采用的主要精算假设如下：

项　目	2020 年	2019 年
折算率	%	%
——设定受益计划部分	0.4	1.6
——设定受益退休计划部分	0.1	1.7
设定受益计划设定受益部分的长期平均薪酬升幅	5.0	6.0
设定受益退休计划的退休金增长幅度	—	—

同期（2020年）的国债利率，3年期限的储蓄国债，票面年利率3.8%，5年期限的储蓄国债，票面年利率3.97%。通过比较发现，案例公司的折现率明显低于国债利率，可能造成高估设定受益计划义务的风险。

第十一章

习题答案

（一）单项选择题

1. B　2. A　3. D　4. C　5. B　6. D　7. A　8. D
9. C　10. C　11. C　12. B　13. A　14. B　15. C

（二）多项选择题

1. ABC　2. AD　3. AC　4. BD　5. ABCD　6. ABD
7. CD　8. ACD　9. CD　10. BC　11. ABC　12. ABCD
13. ACD　14. AC　15. ACD

（三）判断题

1. √　2. √　3. ×　4. ×　5. ×　6. ×　7. √　8. √
9. ×　10. √　11. ×　12. √　13. ×　14. √　15. √

（四）计算与账务处理题

1. （1）① 2018 年应确认的费用 = 200 ×（1 - 20%）× 1 000 × 18 × 1/3
= 960 000（元）

②2019 年累计确认的费用 = 200 ×（1 - 30%）× 1 000 × 18 × 2/3
= 1 680 000（元）

则 2019 年应确认的费用 = 1 680 000 - 960 000 = 720 000（元）

③2020 年累计确认的费用 =（200 - 15 - 20 - 12）× 1000 × 18
= 2 754 000（元）

则 2020 年应确认的费用 = 2 754 000 - 1 680 000 = 1 074 000（元）

（2）① 2018 年 1 月 1 日授予日不作账务处理

② 2018 年 12 月 31 日

借：管理费用　　960 000

　　贷：资本公积——其他资本公积　　960 000

③ 2019 年 12 月 31 日

借：管理费用　　720 000

　　贷：资本公积——其他资本公积　　720 000

④2020 年 12 月 31 日

借：管理费用　　1 074 000

　　贷：资本公积——其他资本公积　　1 074 000

2. ① 2018 年末，虽然甲公司未实现销售额增长 15% 的要求，但预计下年将以同样比例增长，可实现两年平均增长 12% 以上要求，因此将预计等待期调整为 2 年。

2018 年应确认的费用 $=(30-3-3)\times 10\ 000\times 30\times 1/2=3\ 600\ 000$（元）

② 2019 年末，虽然仍未实现两年平均增长 12% 的要求，但预计 2020 年至少增长 8%，可实现三年平均增长超过 8%，因此将预计等待期调整为 3 年。

2019 年累计确认的费用 $=(30-3-2-2)\times 10\ 000\times 30\times 2/3$

$=4\ 600\ 000$（元）

则 2019 年应确认的费用 $=4\ 600\ 000-3\ 600\ 000=1\ 000\ 000$（元）

③2020 年末，目标实现，实际离开总人数为 6 人。

2020 年累计确认的费用 $=(30-3-2-1)\times 10\ 000\times 30=7\ 200\ 000$（元）

则 2020 年应确认的费用 $=7\ 200\ 000-4\ 600\ 000=2\ 600\ 000$（元）

3. （1）授予日：2019 年 1 月 2 日。因为甲公司与高管人员在当日签订了股权激励协议并经股东大会批准。

2019 年，甲公司应确认的管理费用 $=60\times 4\times 5\times 1/1+60\times 4\times 5\times 1/2+60\times 4\times 5\times 1/3=2\ 240$（万元）

相关会计分录如下：

借：管理费用　　22 400 000

　　贷：资本公积——其他资本公积　　22 400 000

2020 年，甲公司应确认的管理费用 $=(60\times 4\times 5\times 1/1+60\times 4\times 5\times 2/2+60\times 4\times 5\times 2/3)-2\ 240=960$（万元）。

相关分录如下：

借：管理费用　　9 600 000

　　贷：资本公积——其他资本公积　　9 600 000

（2）因职工行权增加的股本 = 60 × 4 × 1 = 240（万元）；确认的资本公积 - 股本溢价金额 =（60 × 4 × 5 × 1/1 + 60 × 4 × 8） - 240 = 2 880（万元）

借：银行存款　　1 920

　　资本公积——其他资本公积　　1 200

　　贷：股本　　240

　　　　资本公积——股本溢价　　2 880

4.（1）

单位：元

年份	应付职工薪酬计算	支付现金	应付职工薪酬	当期费用
2016	100 ×（1 - 25%）× 2 000 × 10 × 1/3 = 500 000		500 000	500 000
2017	100 ×（1 - 20%）× 2 000 × 12 × 2/3 = 1 280 000		1 280 000	780 000
2018	（100 - 10 - 6 - 3 - 50）× 2 000 × 15 = 930 000	50 × 2 000 × 13 = 1 300 000	930 000	950 000
2019	（100 - 10 - 6 - 3 - 50 - 15）× 2 000 × 16 = 512 000	15 × 2 000 × 15 = 450 000	512 000	32 000
2020	0	16 × 2 000 × 20 = 640 000	0	128 000
合计		2 390 000		2 390 000

（2）① 2016 年 1 月 1 日授予日不作账务处理

② 2016 年 12 月 31 日

借：管理费用　　500 000

　　贷：应付职工薪酬——股份支付　　500 000

③ 2017 年 12 月 31 日

借：管理费用　　780 000

　　贷：应付职工薪酬——股份支付　　780 000

④ 2018 年 12 月 31 日

借：管理费用　　950 000

　　贷：应付职工薪酬——股份支付　　950 000

借：应付职工薪酬——股份支付　　1 300 000

　　贷：银行存款　　1 300 000

⑤ 2019 年 12 月 31 日

借：公允价值变动损益　　32 000

　　贷：应付职工薪酬——股份支付　　32 000

借：应付职工薪酬——股份支付　　450 000

　　贷：银行存款　　450 000

⑥2020 年 12 月 31 日

借：公允价值变动损益　　128 000

　　贷：应付职工薪酬——股份支付　　128 000

借：应付职工薪酬——股份支付　　640 000

　　贷：银行存款　　640 000

5. （1）借：库存股　　20 000 000

　　　　贷：银行存款　　20 000 000

（2）① 2017 年应确认的费用 =（50 − 2 − 3）×5×18×1/3 =1 350（万元）

借：管理费用　　13 500 000

　　贷：资本公积——其他资本公积　　13 500 000

② 2018 年累计确认的费用 =（50 − 2 − 2）×5×18×2/3 =2 760（万元）

则 2018 年应确认的费用 =2 760 − 1 350 =1 410（万元）

借：管理费用　　14 100 000

　　贷：资本公积——其他资本公积　　14 100 000

③ 2019 年累计确认的费用 =（50 − 2 − 1）×5×18 =4 230（万元）

则 2019 年应确认的费用 =4 230 − 2 760 =1 470（万元）

借：管理费用　　14 700 000

　　贷：资本公积——其他资本公积　　14 700 000

（3）借：银行存款　　11 750 000

　　　　资本公积——其他资本公积　　42 300 000

　　　　贷：库存股　　18 800 000

　　　　　　资本公积——股本溢价　　35 250 000

（五）案例

1. 为进一步完善公司法人治理结构，建立、健全公司长效激励约束机制，吸引和留住管理人才及核心骨干人员，充分调动其积极性和创造性，有效提升核心团队凝聚力和企业核心竞争力，有效地将股东、公司和核心团队三方利益结合在一起，使各方共同关注公司的长远发展，确保公司发展战略和经营目标的实现。

2. 非市场条件。根据案例中行权条件来看，该企业股权激励考虑的是企业业绩指标（如主营业务收入增长率），并没有加入市场指标。

3. 根据《企业会计准则第 11 号——股份支付》的有关规定，公司将在本激励计划有效期内的每个资产负债表日，以可行权期权数量的最佳估计为基础，按照权益工具授予日的公允价值，将当期取得的服务计入相关成本或费用和资本公积。该计划的股权激励成本在经常性损益中列支，将对本计划有效期内公司各年度主营业务收入有所影响，从而对业绩考核指标中的主营业务收入增长率指标造成一定影响，但是不会直接减少公司净资产，也不会影响公司现金流。同时，若考虑该计划对公司发展产生的正向激励作用，公司业绩的提升将远高于因其带来的费用增加。

第十二章

习题答案

（一）单项选择题

1. C　2. B　3. B　4. D　5. D　6. B　7. D　8. D
9. B　10. D　11. D　12. C　13. B　14. C　15. C

（二）多项选择题

1. ABD　2. ABCD　3. ABC　4. ABCD　5. ABCD　6. BC
7. ABC　8. ABCD　9. ABCD　10. AD　11. ABCD　12. BC
13. BCD　14. ABCD　15. ABCD

（三）判断题

1. √　2. √　3. ×　4. √　5. √　6. ×　7. √　8. √
9. ×　10. √　11. √　12. √　13. ×　14. ×　15. √

（四）简述题

1. 科创板的招股说明书与现行的主板和创业板相比，在内容与结构上都进行了调整，并新增了关于科创板属性的分析及制度创新突破点（如特别表决权、协议控制等）的相关披露要求。从结构上看，科创板的招股说明书将“同业竞争与关联交易”和“公司治理”合并为“公司治理与独立性”一节，将“董事、监事、高级管理人员与核心技术人员”合并至“发行人基本情况”一节，此外还新增“投资者保护”一节，纳入“股利分配政策”和发行人5%以上股东及其董监高重要承诺相关内容，并补充了投资者关系主要安排、投票机制、特别表决权、协议控制下的投资者保护安排等相关披露要求。

从主体内容上看，科创板的招股说明书的整体内容与创业板相似，但在“业务与技术”章节中存在较大幅度的调整与改进。科创板招股说明书在该章节中作出的调整可以细分为行业部分与企业部分，在行业部分中科创板招股说明书要求企业披露所属行业的确定依据，以及所属行业在新技术、新产业、新业态、新模式等方面的近三年的发展情况与未来发展趋势，同时还要求企业披露自身面临的机遇和挑战，以及与行业内可比公司在市场地位、技术实力和经营情况等方面的数据对比。与此同时，科创板招股说明书取消了有关行业上下游及出口业务这两方面的披露要求。在企业部分中，科创板招股说明书要求企业增加以下六部分的披露内容：

（1）结合行业技术水平和对行业的贡献，披露发行人的技术先进性及其具体表征。

（2）披露发行人的核心技术是否取得专利或其他技术保护措施、在主营业务及产品或服务中的应用和贡献情况。

（3）披露核心技术的科研实力和成果情况，包括获得重要奖项，承担的重大科研项目，核心学术期刊论文发表情况等。

（4）披露正在从事的研发项目、所处阶段及进展情况、相应人员、经费投入、拟达到的目标；结合行业技术发展趋势，披露相关科研项目与行业技术水平的比较；披露报告期内研发投入的构成、占营业收入的比例。

（5）披露核心技术人员的学历背景构成，取得的专业资质及重要科研成果和获得奖项情况，对公司研发的具体贡献，发行人对核心技术人员实施的约束激励措施。

（6）披露发行人保持技术不断创新的机制、技术储备及技术创新的安排。

从以上新增的披露内容中可以看出，科创板招股说明书对企业的行业地位、科技水平、科研成果以及技术人员等方面的披露要求更为严格，体现了科创板与主板、创业板在主要关注点上的不同之处。

2. 鉴于2019年12月28日新修订的《证券法》对第四章“上市公司的收购”进行了完善，中国证监会本次对《收购办法》进行了配套调整，进一步完善对持股5%以上股东持股变动的监管要求，细化对持股变动信息的披露要求，明确对免除要约收购义务的监管安排，强化事中事后监管机制。本次修订的主要变化包括：

（1）明确要约收购豁免行政许可取消后的监管安排。本次新《证券法》针对上市公司收购的最大调整为取消了要约收购义务豁免的行政许可审批，本次《收购办法》同步调整了向中国证监会申请要约豁免的相关表述，尤其是原第六章“豁免申请”的相关内容。

（2）增加持股5%以上股东的持股变动达到1%时的信息披露要求。投资者及其一致行动人拥有权益的股份达到一个上市公司已发行股份的5%后，其拥有权益的股份占该上市公司已发行股份的比例每增加或者减少1%，应当在该事实发生的次日通知该上市公司，并予公告。

但是，需要注意的是，新《证券法》将股东权益变动界定为“持有一个上市公司已发行的有表决权股份”达到相应的比例，而本次《收购办法》的修订并未严格按照新《证券法》进行调整或者予以明确，使得对于新《证券法》的该等界定仍然留有歧义。

（3）明确超比例增持的股份在一定期限内不得行使表决权。通过证券交易所的证券交易，投资者及其一致行动人拥有权益的股份达到一个上市公司已发行股份的5%，以及在此之后通过证券交易所的证券交易导致拥有权益的股份比例每增加或者减少5%，投资人均应当履行信息披露义务并遵守限制交易规定。违反前述要求的，在买入后的36个月内，对超比例买入的股份不得行使表决权。

（4）简式权益变动报告书增加披露要求。投资者及其一致行动人不是上市公司的第一大股东或者实际控制人，其拥有权益的股份达到或者超过该公司已发行股份的5%但未达到20%的，应当编制简式权益变动报告书。本次修订后，简式权益变动报告书应当披露增持资金的来源以及在上市公司中拥有权益的股份变动的时间及方式。

（5）延长上市公司收购中收购人所持股份的锁定期。在上市公司收购中，收购人持有的被收购公司的股份，在收购完成后的锁定期由12个月延长至18个月。

3. 公开发行公司债券的公司披露年度报告时，应当以专门章节披露公司债券相关情况。公司发行多只公司债券的，披露本章节相关事项时应当指明与公司债券的对应关系。

公司应当披露所有在年度报告批准报出日存续的债券情况。公司报告期内合并财务报表范围亏损超过上年末净资产10%的，应当披露亏损情况、亏损原因以及对公司生产经营和偿债能力的影响。公司应当披露报告期末除债券外的有息债务逾期情况，包括但不限于金额、发生原因及处置进展。报告期内是否有违反法律法规、公司章程、信息披露事务管理制度规定的情况以及债券募集说明书约定或承诺的情况，并披露相关情况对债券投资者权益的影响。公司存续面向普通投资者交易的债券的，应当采用数据列表方式，披露截至报告期末公司近两年的主要会计数据和财务指标。

4. 科创公司自愿披露的信息，应当服务于投资者决策需要，基于一定的客观事实，或者具备实施的基础条件。不宜披露与投资者决策关联不大的信息，更不应披露可能误导投资者错误估计公司价值的市场热点相关信息，不能以重大风险提示替代应有的事实基础。一般而言，自愿信息披露包含以下常见类型：

（1）战略信息，指与公司长期发展目标和规划相关的信息，例如三年规划或者向某个领域拓展的发展战略。

（2）财务信息，指能够反映公司财务状况及经营成果的数据及其分析信息，例如非会计准则下的财务信息。

（3）预测信息，指基于现有事实作出的对未来的判断和预测，例如对技术发展趋势或者某个产品市场开拓的前瞻性预测、盈利预测。

（4）研发信息，指反映公司新技术、新产品研究开发进展以及所取得成果的信息，例如，生物医药公司新药研发进展。

（5）业务信息，指财务信息之外能够反映公司业务发展、经营情况及其趋势的信息，例如按月度披露的主要经营数据。

（6）行业信息，指公司所处行业发生的对公司经营发展具有影响的行业信息，例如，国家对于相关行业的重点支持或者鼓励性政策。

（7）社会责任信息，指公司承担的对消费者、员工、社会环境等方面的责任情况，例如重大突发公共事件中公司发挥的作用。

5. 科创公司不得利用自愿披露信息不当影响股票交易价格，干扰投资者价值判断，扰乱证券市场秩序，甚至从事市场操纵、内幕交易或者其他违法违规行为。实践中，部分上市公司利用与市场热点不当关联的自愿披露，干扰投资者理性决策，引起股票交易异常波动，滋生内幕交易、市场操纵等违法违规行为。因此，科创公司披露与市场热点相关公告时，应当更加谨慎。自愿披露与市场热点有关的信息，除遵守一般原则和要求外，还应当额外关注披露可能造成的市场影响，避免误导投资者。在实际操作中，公司可以从以下两个方面进行审慎判断和决策。

（1）审慎评估披露的必要性。公司自愿披露与市场热点相关的信息，应当审慎评估披露信息的必要性和对公司股票价格的影响，避免披露仅与市场热点有关，但对公司不具有重大影响的信息。尤其不得利用自愿披露，与市场热点进行不当关联，故意夸大所披露事项对公司生产、经营、研发、销售、未来发展等方面的影响，误导投资者过度评估公司股票的投资价值。

（2）避免披露内容误导投资者。公司和相关信息披露义务人经审慎评估，认为确有必要自愿披露市场热点相关事项的，除参考本指引的一般提示外，同时也应当关注披露事项可能对投资者造成的误导，避免由于信息误传而造成公司股价出现异常波动。

（五）案例

1. “海印股份”在信息披露中存在哪些问题？

（1）对许启太及其研究团队拥有相关专利技术的披露不准确。海印股份6月12日公告中披露的“许启太教授及其研究团队对非洲猪瘟的预防取得一定的研究成果，并拥有相关专利技术”与实际情况不符，农业农村部表示未受理过任何针对非洲猪瘟病毒的预防治疗药物或疫苗，所谓“可以防治非洲猪瘟的今珠多糖注射液”，没有申请兽药注册。

（2）对支付履约保证金情况的披露不准确。海印股份于2019年6月11日签署了《合作合同》，而海印股份于2019年6月6日向今珠公司支付了2 000万元履约保证金，即支付履约保证金的时间早于《合作合同》签订。公告此前称“在合同签订后，公司拟根据合同约定为许启太教授及其研究团队提供10 000万元人民币作为履约保证金”，与实际情况不符。

（3）对今珠公司股权结构的披露前后矛盾。海印股份6月12日披露，今珠公司股东为自然人许可和陈玉鸾，各持有该公司50%股权，许可为今珠公司实际控制人，而海印股份2019年6月22日回复深交所关注函中披露，今珠公司股权为许启太及研发团队所实际持有；今珠公司股东已变更为许可和郦福妹，均为代持人，公司前后的公告内容存在矛盾。

（4）对今珠多糖注射液预防有效率的披露缺乏相关依据。截至2019年6月20日，海印股份尚未取得关于今珠多糖注射液对非洲猪瘟不低于92%预防有效率的相关实验结果等支撑性资料或相关部门出具的证明材料。农业农村部网站2019年6月13日披露，今珠多糖注射液未申请兽药注册，相关企业未取得生产许可证，也没有开展过相应动物实验，报道所称“今珠多糖可有效防止非洲猪瘟”缺乏科学依据。综上，海印股份披露今珠多糖注射液“可以实现对非洲猪瘟不低于92%有效率的预防”，缺乏相关依据，不能保证其真实。

（5）对未来业绩预测和生产基地建设等情况的披露缺乏相关依据。海印股份曾在此前公告中大胆预测今珠公司“2019—2021年营业收入5亿元、50亿元、100亿元，净利润2亿元、10亿元、20亿元”，并夸下“启动年产10亿支今珠多糖注射液的GMP生产基地的建设”的海口。经查，海印股份在公告披露前未对上述情况开展充分有效的可行性论证和尽职调查，未对相关事项的合理性和可实现性等进行研究分析，不能保证相关信息披露的准确性。

海印股份的以上行为既违反了《证券法》第六十三条关于发行人、上市公司依法披露的信息，必须真实、准确、完整，不得有虚假记载、误导性陈述或者重大遗漏的规定，又违反了《上市公司信息披露管理办法》第二条明确指出的信息披露义务人应当真实、准确、完整、及时地披露信息，不得有虚假记载、误导性陈述或者重大遗漏的规定。

2. 如何加强对信息披露的监管？

目前，对上市公司信息披露进行监管的部门最主要的是中国证监会及其派出机构，上海证券交易所、深证证券交易所和中国注册会计师协会，其中中国证监会包括发行监管部和上市公司监管部。

让上市公司及时、真实、准确、完整地进行信息披露，是提高上市公司质量、促进资本市场健康持续发展的重要环节，尤其当前IPO注册制不断深入推进，信息披露的监管体系必须发挥实际作用。因此，对于监管部门而言，在继续坚持“零容忍”的同时，要加大对违法违规行为的惩戒力度，通过严格执法重拳治乱，让那些造假的、耍花招的责任主体付出更加沉重的代价。同时通过持续监管、精准监管，提高上市公司信息披露质量，督促上市公司和大股东讲真话、做真账，积极营造诚实守信、规范披露的良好市场氛围。

信息披露是上市公司的法定义务，关系到投资者的知情权和投资权益。海印股份故意释放误导信息，宣称成功研发非洲猪瘟疫苗，该行为严重干扰了投资者的投资判断，影响资本市场的健康有序发展。作为信息披露的主体，上市公司应充分认识到信息披露的严肃性，及时纠正侥幸、投机心理，提升信息披露的责任意识，老老实实进行信息披露、本本分分做事。通过建立自我约束、自我规范、自我促进的有效机制，提升公司管理水平，真正做到对投资者负责，为市场创造价值。

3. 在此案例中，上市公司及相关责任人员应该负什么法律责任？

对于上市公司和相关责任人员，按照《证券法》第一百九十三条，发行人、上市公司或其他信息披露义务人未按照规定披露信息，或信息披露存在虚假记录、误导性陈述或重大遗漏的，责令改正，给予警告，并处以30万元以上60万元以下的罚款，相关责任人员给予警告，并处于3万元以上30万元以下的罚款。海印股份的行为违反了《证券法》第六十三条关于上市公司依法披露的信息，必须真实、准确和完整，不得有虚假记载、误导性陈述或者重大遗漏的规定，构成了《证券法》第一百九十三条所述的上市公司报送的报告有虚假记载、误导性陈述或者重大遗漏的违法行为。海印股份董事长邵建明，董事、总经理邵建佳，董事会秘书潘尉，未按照《上市公司信息披露管理办法》第三条、第四十二条等规定履行勤勉尽责义务，对公司上述违法违规行为负有主要责任。因此，中国证监会对海印股份给予警告，并处35万元罚款；对邵建明给予警告，并处以10万元罚款；对邵建佳、潘尉给予警告，并分别处以5万元罚款。

第十三章

习题答案

（一）单项选择题

1. B　2. B　3. B　4. C　5. A　6. A　7. D　8. A
9. A　10. C　11. B　12. A　13. D　14. B　15. C

（二）多项选择题

1. BC　2. ABD　3. BD　4. ABCD　5. ABCD　6. ABD
7. BC　8. BD　9. BD　10. CD　11. BCD　12. ABC
13. ABC　14. AB　15. ABCD

（三）判断题

1. √　2. ×　3. √　4. √　5. ×　6. ×　7. √　8. √
9. ×　10. ×　11. ×　12. √　13. √　14. ×　15. √

（四）计算与账务处理题

1.

甲公司 2021 年 6 月 30 日比较中期财务报表

报表类型	本年度中期财务报表时间（或期间）	上年度比较财务报表时间（或期间）
合并资产负债表	2021 年 6 月 30 日	2020 年 12 月 31 日
母公司资产负债表	2021 年 6 月 30 日	2020 年 12 月 31 日
合并利润表	2021 年 1 月 1 日至 6 月 30 日	2020 年 1 月 1 日至 6 月 30 日
母公司利润表	2021 年 1 月 1 日至 6 月 30 日	2020 年 1 月 1 日至 6 月 30 日
合并现金流量表	2021 年 1 月 1 日至 6 月 30 日	2020 年 1 月 1 日至 6 月 30 日

续表

报表类型	本年度中期财务报表时间（或期间）	上年度比较财务报表时间（或期间）
母公司现金流量表	2021 年 1 月 1 日至 6 月 30 日	2020 年 1 月 1 日至 6 月 30 日
合并所有者权益变动表	2021 年 1 月 1 日至 6 月 30 日	2020 年 1 月 1 日至 6 月 30 日
母公司所有者权益变动表	2021 年 1 月 1 日至 6 月 30 日	2020 年 1 月 1 日至 6 月 30 日

2. 需要披露。尽管该批存货的跌价损失仅占三季度利润的 120 ÷ 2 500 = 4.8%，似乎并不重要。但是，该金额却占乙公司前三季度结论的 120 ÷ 500 = 24%；所以，应当在第三季度的财务报告中对外披露。

3. 由于企业的会计政策变更发生在会计年度内第 2 季度，那么企业除了计算会计政策变更的累积影响数并作相应的账务处理之外，在财务报表的列报方面，还需要调整根据规定要求提供的 2020 年 12 月 31 日资产负债表的期初留存收益和比较财务报表其他相关项目的数字，以及在 2021 年 4 月 1 日至 6 月 30 日财务报告相关项目的数字。

在财务报表附注的披露方面，企业需要披露会计政策变更对 2020 年的累积影响数，包括对比较财务报表 2020 年期初留存收益的影响数和 2020 年 4 月 1 日至 6 月 30 日、2020 年 1 月 1 日至 6 月 30 日可比中期损益的影响数，以及对 2021 年第二季度、2021 年 1 月 1 日至 6 月 30 日损益的影响数和 2021 年 1 月 1 日至 3 月 30 日损益的影响数，同时，在发生会计政策变更以后季度财务报表附注中也需要作相应披露。

4. 第一，分部收入计算

轿车分部的分部收入 20 000 + 500 = 20 500（万元）

货车分部的分部收入 400 + 100 = 500（万元）

零配件分部的分部收入 1 200 + 800 = 2 000（万元）

第二，判定对外交易收入占分部收入的比例

三个分部的对外交易收入均超过收入的 50%

第三，收入判定

所有分部收入为 20 500 + 500 + 2 000 = 23 000（万元），所以判定值为 2 300 万元。

只有轿车分部达到了这一要求。

第四，利润判定

先计算盈利分部的盈利合计，6 000 + 100 = 6 100（万元），亏损分部的绝对值为 200 万元，选择两者中较大的 6 100 万元，故判定标准为 610 万元。只有轿车分部达到这一要求。

第五，资产判定

三分部资产合计为 15 200 + 2 000 + 800 = 18 000（万元），则判定值为 1 800 万元。

此时，轿车分部与货车分部均达到这一要求。

第六，75% 的收入列报标准

轿车分部与货车分部的对外收入占企业对外收入的比例均大于 75%，故无须增加报告分部。

最终结论，轿车分部与货车分部应列报为报告分部。

5. 从数据可知：

（1）从营业收入的资料来看，A 分部和 B 分部的对外交易收入均超过营业收入的 50%，且各自营业收入合计数均已超过汇总收入数的 10%，为可编制分部报告的单位；而 C、D、E 分部的收入额未超过总收入的 10%，暂为不编制分部报告的单位。

（2）从营业利润的资料来看，A 分部和 B 分部也应为编报单位，因它们各自的营业利润均超过了利润额 54 450 万元的 10%，而 C、D、E 分部的营业利润未达此数的 10%，也不为编制分部报告的单位。

（3）从资产总额的数据来看，由于 A、B、C 分部的资产总额都超过了合计额的 10%，可列为编报分部，而 D、E 分部的资产总额未达到此水平，不列为报告分部。

综上，由于 A、B、C 分部满足了“重要性”三个标准之一，可暂列为报告分部。

（五）案例

1. 案例中的中期财务报告在编制上体现了以下原则：

（1）与年度财务报告相一致的会计政策原则

西部牧业在编制 2021 年度半年报时，所采用的会计政策与年度财务报告所采用的会计政策相一致，包括会计要素确认和计量原则相一致，并且该企业在此中期未随意变更会计政策。

（2）重要性原则

西部牧业的 2021 年度半年报体现了重要性原则。该公司中期报告中体现的重要性程度的判断是以中期财务数据为基础的。例如，企业中期中发生的非经常性损益项目金额、媒体质疑的情况、出售资产的情况、与日常经营相关的、公司对子公司的担保情况、承诺事项等，有的在全年看来，与预计的全年有关数据相比较，还达不到重要性水平，但在中期看来，与中期的有关数据相比，已经达到重要性水平，公司如实予以披露。同时，该公司在2021年半年报中重要性原则的运用确保了中期财务报告包括与理解企业中期末财务状况和中期经营成果及其现金流量相关的信息。

（3）及时性原则

为了体现编制中期财务报告的及时性原则，西部牧业在编制2021年度半年报时相对于年度财务数据的计量而言，在很大程度上依赖于估计。在中期末，由于时间上的限制和成本方面的考虑，有时不大可能对存货进行全面、详细的实地盘点，在这种情况下，对于中期末存货的计价就可在更大程度上依赖于会计估计，但是，该公司确保所提供的中期财务报告包括了相关的重要信息，并将本中期相关数据和上年同期数据进行了对比。

2. 中期财务报告是否要经过中国注册会计师审计出具报告，只有上市公司有关信息披露准则中做过规定，其他企业并无相应的规定。根据《公开发行股票公司信息披露的内容与格式准则第3号〈中期报告的内容与格式〉（2021年修订稿）》第9条规定，上市公司的中期财务会计报告（半年度报告）可以不经过审计，但“中国证监会和证券交易所另有规定的除外”。另有规定通常涉及：（1）公司拟在下半年办理配股和公募增发申报事宜的；（2）在中期拟定分红预案或公积金转增股本预案，并将在下半年实施的；（3）中国证监会或证券交易所认为应当进行审计的其他情形。

西部牧业所编制的2021年度半年报无上述必须经审计的事项出现，因此，此中期报告未经注册会计师审计。

第十四章

习题答案

（一）单项选择题

1. A　2. C　3. B　4. B　5. C　6. C　7. A　8. B
9. B　10. D　11. D　12. A　13. A　14. C　15. B

（二）多项选择题

1. ABCD　2. CD　3. ABD　4. BC　5. AD　6. ACD
7. ABCD　8. BC　9. ABD　10. ABCD　11. ABC　12. ABCD
13. ABC　14. ABCD　15. BCD

（三）判断题

1. ×　2. √　3. √　4. √　5. √　6. ×　7. √　8. ×
9. ×　10. ×　11. √　12. ×　13. ×　14. ×　15. √

（四）计算与账务处理题

1. （1）应收账款的回收数额为 600 000 元，其余为坏账损失。

	借方	贷方
借：银行存款	600 000	
清算损失	30 000	
贷：应收账款		630 000

（2）在产品进一步加工费用为 90 000 元，变现收入为 400 000 元。

①支付进一步加工费用：

	借方	贷方
借：生产成本	90 000	
贷：银行存款		90 000

②结转生产成本，确认完成产品：

借：产成品　　220 000

　　贷：生产成本　　220 000

③确认销售收入：

借：银行存款　　400 000

　　贷：主营业务收入　　400 000

④结转产品销售成本：

借：主营业务成本　　220 000

　　贷：产成品　　220 000

（3）账面价值210 000元的原材料，变现收入为280 000元。

借：银行存款　　280 000

　　贷：原材料　　210 000

　　　　清算收益　　70 000

（4）房屋变现收入为300 000元。

借：银行存款　　300 000

　　贷：固定资产　　200 000

　　　　清算收益　　100 000

（5）机器设备变现收入为520 000元。

借：银行存款　　520 000

　　清算损失　　100 000

　　贷：固定资产　　620 000

（6）核销长期待摊费用。

借：清算损失　　13 000

　　贷：长期待摊费用　　13 000

清算过程中，发生清算费用21 000元。

借：清算费用　　21 000

　　贷：银行存款　　21 000

（7）假定清算过程中不涉及流转税，公司所得税税率25%。

计算过程：[（70 000+400 000+100 000）-（30 000+21 000+220 000+100 000+13 000）]×25%=465 000元。

①支付清算所得税

借：清算费用——所得税　　46 500

　　贷：银行存款　　46 500

②将清算费用与清算损益转入未分配利润

借：主营业务收入　　400 000
　　清算收益　　（70 000 + 100 000）170 000
　　贷：主营业务成本　　220 000
　　　　清算损失　　（30 000 + 100 000 + 13 000）143 000
　　　　清算费用　　（21 000 + 46 500）67 500
　　　　未分配利润　　139 500

此时，剩余银行存款 2 089 000 元，开始偿还债务。

（8）偿还优先债务。

借：应付职工薪酬　　280 000
　　应缴税费　　396 500
　　贷：银行存款　　676 500

（9）偿还普通债务。

借：短期借款　　850 000
　　应付账款　　100 000
　　其他应付款　　100 000
　　贷：银行存款　　1 050 000

（10）此时，剩余银行存款 362 500 元，按照股份比例支付给股东，结清所有者权益。

借：实收资本　　200 000
　　留存收益　　23 000
　　未分配利润　　139 500
　　贷：银行存款　　362 500

2.（1）由于没有货币资金，则先进行应收账款回收、原材料、房屋、机器设备的变现，然后再进行在产品加工出售、支付清算费用。其会计处理同前，则在这些义务完成之后，剩余货币资金为：

600 000 + 280 000 + 300 000 + 520 000 +（400 000 − 90 000）− 21 000 − 465 000 = 1 524 000（元）

（2）然后，偿还优先债务 280 000 + 350 000 后，剩余 894 000 元。此时，还有普通债权 1 680 000 −（280 000 + 350 000）= 105 000（元）。

（3）因为，A 公司净资产不足以偿还债务，则进入破产程序。此时，债务偿还比例为：894 000 ÷ 105 000 = 85.14%

3.（1）处置对外投资的会计处理：

借：银行存款　　600 000
　　清算损益　　200 000

贷：长期股权投资　　800 000

（2）处置固定资产和无形资产应交营业税金的会计处理：

借：清算损益　　87 200

贷：应交税费　　87 200

4. 第一部分，债务清偿顺序：

（1）支付未付职工工资和解散费用 62 400 元；

（2）支付未付的应缴税款 9 100 元；

（3）支付管理人为接管企业和清算资产发生管理费 16 250 元；

（4）支付抵押借款 297 050 元，其中本金 286 000 元、利息 11 050 元；抵押物变卖获得 312 000 元；

（5）支付无担保银行贷款 44 850 元，其中本金 3900 元、利息 5 850 元；

（6）支付未付应付账款 128 700 元；

（7）支付预收货款 1 950 元。

第二部分：实际支付按照有优先权的债务与普通债务分别进行。

首先，支付具有优先权的债务，剩余可分配现金 486 850 - 62 400 - 9 100 - 16 250 = 399 100（元）

其次，偿还有担保债权 297 050 元，剩余 399 100 - 297 050 = 102 050（元）

再次，计算负债合计 44 850 + 128 700 + 1 950 = 175 500（元）

最后，计算偿债比例 102 050 ÷ 175 500 = 58.15%

5. 清算收益 = 1 300 - (3 700 - 2 500 + 10) + (1 600 - 1 500) = 190（万元）

清算损失 300 - 250 = 50（万元）

清算费用 20 万元

清算损益 190 - 50 - 20 = 120（万元）

各方可分得金额：

[（200 + 250 + 1 600 + 1 600 × 17% + 1 300）-（1 200 + 210 + 1 600 × 17% - 170 + 10 + 60 + 800 + 20]/4 = (3 622 - 2 402)/4 = 305（万元）

（五）案例

1. 案例有如下文字表述：据广州会计师事务所清产核资报告，“广信深圳公司”资产总额抵减负债总额后亏损折合人民币 12.4 亿元。因“广国投”不能支付到期债务，为了维护债权人的合法权益，中国人民银行依法决定：于 1998 年 10 月 6 日关闭“广国投”。

可见，本案例破产标准是“资产负债表”标准与“现金流量表”标准的结合。其中，资产、负债相抵后所有者权益为负值，表明“广信深圳公司”采用